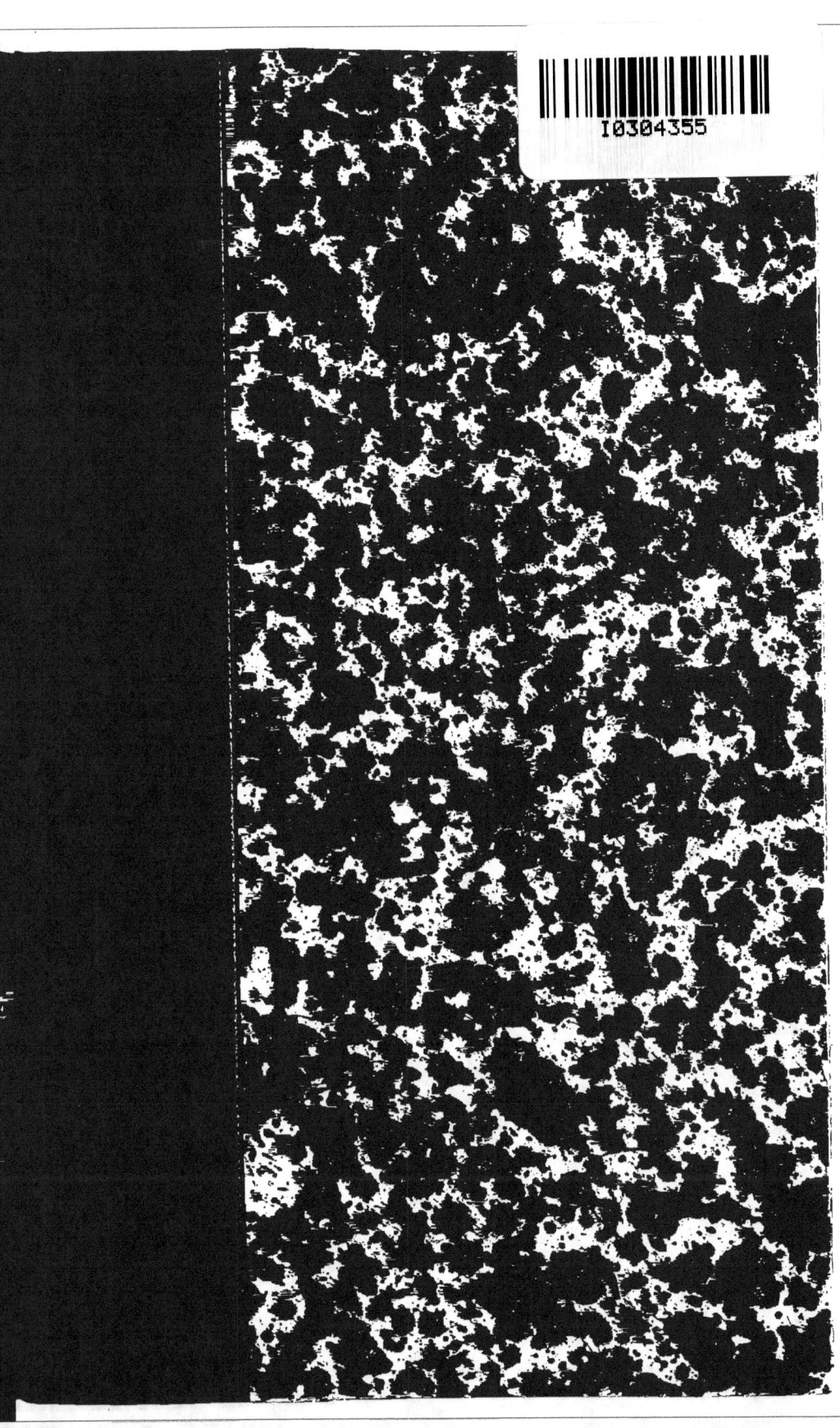

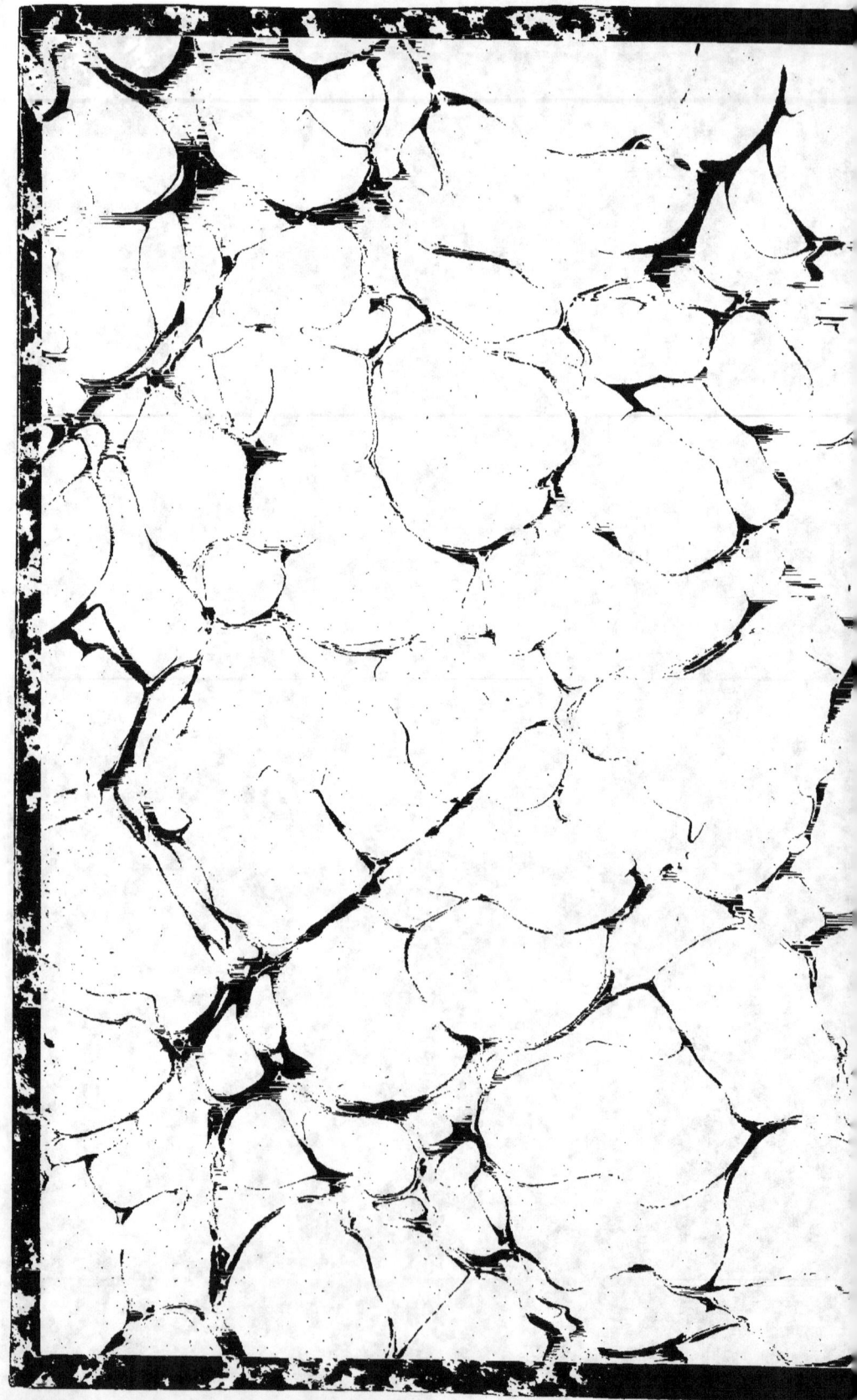

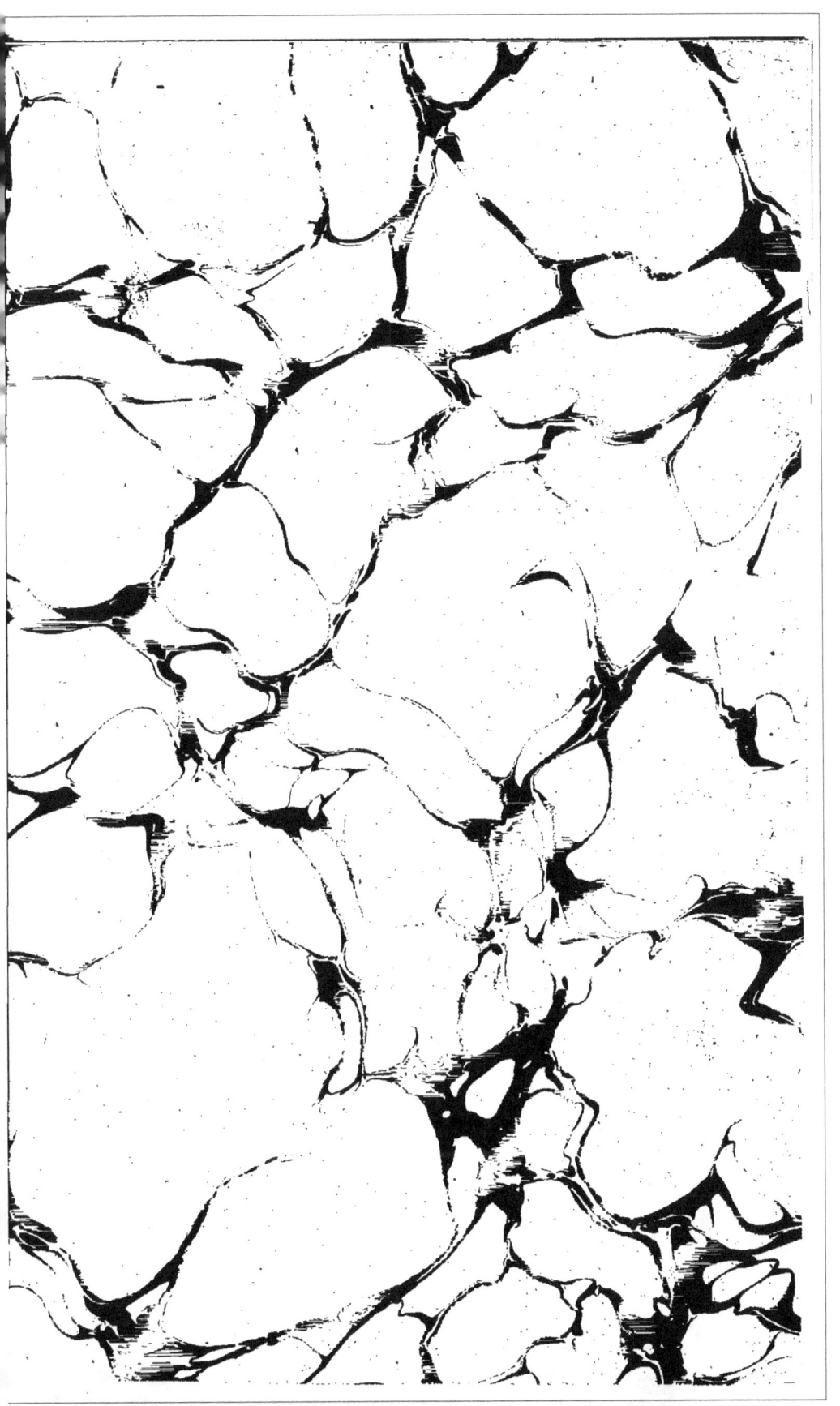

COLLECTION PLACÉE SOUS LE HAUT PATRONAGE

DE

L'ADMINISTRATION DES BEAUX-ARTS

COURONNÉE PAR L'ACADÉMIE FRANÇAISE
(Prix Montyon)

ET

PAR L'ACADÉMIE DES BEAUX-ARTS
(Prix Bordin)

Droits de traduction et de reproduction réservés.
Cet ouvrage a été régulièrement déposé au Ministère de l'Intérieur.

BIBLIOTHÈQUE DE L'ENSEIGNEMENT DES BEAUX-ARTS
PUBLIÉE
SOUS LA DIRECTION DE M. JULES COMTE

L'ARCHITECTURE GOTHIQUE

PAR

ÉDOUARD CORROYER

MEMBRE DE L'INSTITUT
ARCHITECTE DU GOUVERNEMENT
INSPECTEUR GÉNÉRAL DES ÉDIFICES DIOCÉSAINS

NOUVELLE ÉDITION

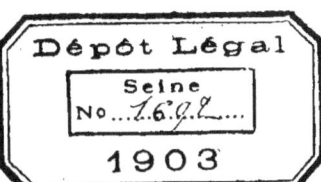

PARIS
Librairie d'Éducation nationale
ALCIDE PICARD & KAAN, ÉDITEURS
11, RUE SOUFFLOT, 11

SOMMAIRE

Introduction.

Ire PARTIE. — Architecture religieuse.
IIe PARTIE. — Architecture monastique.
IIIe PARTIE. — Architecture militaire.
IVe PARTIE. — Architecture civile.

Tables.

INTRODUCTION

La dénomination *gothique,* désignant la période architectonique qui s'étend du milieu du XIIe siècle à la fin du XVe, est purement conventionnelle.

Cette expression ne peut s'appliquer à l'architecture des *Goths* ou des *Visigoths,* puisque ces peuples, vaincus par Clovis au VIe siècle, ne laissèrent aucune trace monumentale de leur passage sur notre sol et, par conséquent, n'eurent aucune influence sur l'art. Elle est radicalement fausse au double point de vue de l'histoire et de l'archéologie, car elle ne repose que sur une erreur contre laquelle il faut protester en essayant de faire cesser une équivoque qui a duré trop longtemps. Singulière fortune de ce mot *gothique,* qui n'était au siècle dernier qu'un qualificatif ironique, synonyme de barbarie, et qui est devenu, malgré son origine germanique, le vocable adopté depuis soixante ans pour désigner l'époque la plus civilisée du moyen âge et précisément l'une de celles dont l'*Art national* peut être le plus légitimement fier.

L'architecture romane, ou plus exactement l'architecture qualifiée *romane,* en vertu de la convention archéologique de 1825[1], a emprunté aux Romains et aux Byzantins des éléments constitutifs que les architectes

---

[1]. Proposée par la Société des antiquaires de Normandie. (Voir *l'Architecture romane.*)

du temps se sont assimilés et qu'ils ont perfectionnés dans l'Europe occidentale ; mais la période architecturale du xiie siècle à la fin du xve, et qu'on a baptisée injustement du nom étranger de *gothique*, est absolument française, puisqu'elle est née dans les provinces qui ont formé la France moderne. C'est dans l'Aquitaine, l'Anjou, le Maine qu'elle a ses origines incontestables ; c'est dans le domaine royal, et principalement dans l'Ile-de-France, qu'elle a accompli ses transformations les plus étonnantes, et c'est du cœur même de la France qu'elle a si brillamment rayonné sur l'Europe.

Nous aurions voulu intituler ce volume : l'*Architecture du moyen âge*, si la tyrannie de l'usage ne nous obligeait à conserver la dénomination d'*Architecture gothique*.

Cette dernière dénomination est d'ailleurs absolument arbitraire, tout autant que celle d'*Architecture ogivale*, acceptée par des auteurs qui admettent que l'arc-brisé, improprement appelé *ogive*, est le caractère particulier de l'architecture dite gothique.

Il existe encore sur ce point une erreur à propos de laquelle il convient de s'expliquer, car on s'est mépris sur le mot en lui donnant une signification qu'il n'a jamais eue.

L'ogive, ou plus exactement : l'*augive*, suivant l'orthographe ancienne, est l'arc diagonal ou l'arc ogif, employé dans l'architecture dite *gothique* ; il est le plus souvent en plein-cintre et ne doit pas être confondu avec l'*arc-brisé* improprement nommé : ogive.

L'*arc-brisé*, qui se compose de deux courbes opposées se coupant sur un angle plus ou moins aigu, était connu bien longtemps avant son application systématique : au Caire, dès le ixe siècle de notre ère, auparavant en Arménie et, encore plus anciennement, en Perse où les constructeurs n'ont pas employé d'autres cintres depuis les derniers Sassanides. C'est un expédient, un moyen de donner plus de résistance à l'arc en diminuant ses poussées latérales ; mais les architectes des xiie et xiiie siècles ne se sont pas servis de l'expression : *ogive* pour désigner la *forme* de l'arc-brisé, forme qui varie à l'infini, qui n'est plus déterminée par les proportions classiques, les *canons* pour ainsi dire, de l'arc plein cintre, et ne connaît pas d'autre loi que la nécessité. On voit en effet l'arc-brisé se rapprocher du plein cintre au xiie siècle, puis s'en éloigner, *s'aiguiser* de plus en plus à la fin du xiiie siècle et pendant tout le xive, alors que les édifices prennent une élévation plus considérable par des dispositions d'une hardiesse inquiétante et souvent aux dépens d'une parfaite solidité.

Au surplus, il importe peu que l'architecture du xiie au xvie siècle soit qualifiée *gothique* ou *ogivale* : nous savons que ces deux qualificatifs ne sont pas plus exacts l'un que l'autre ; le point capital auquel nous devons nous attacher, c'est de démontrer que la filiation que nous avons établie et prouvée par l'*Architecture* dite *romane* s'est continuée lentement, mais sûrement, en suivant les progrès de la civilisation dont l'art de l'architecture est une des manifestations les plus évidentes.

L'*architecture* dite *gothique* n'est pas le produit d'une génération spontanée ; elle est la continuation ininterrompue, régulière, logique de l'architecture romane, de même que celle-ci n'a fait que suivre à son origine les traditions antiques pour les transformer successivement selon les besoins et les usages du temps. C'est ainsi que la coupole, d'origine orientale, traduite en pierre par nos ancêtres aquitains, vers la fin du xie siècle, a donné naissance à la voûte sur *arcs-ogifs* ou *croisée d'ogives* dont nous avons vu l'embryon dans les pendentifs des coupoles de Saint-Front.

Les grandes églises qui s'élevèrent, vers le milieu du xiie siècle, dans les riches provinces de l'Ouest, voisines de l'Aquitaine, étaient déjà voûtées sur croisée d'ogives, non pas à l'état d'essais timides ou rudimentaires, mais avec toute la sûreté acquise par des architectes expérimentés, en possession de puissants moyens d'exécution, et, dès la seconde moitié du xiie siècle, le nouveau système avait remplacé dans l'Europe occidentale tout autre mode pour la construction des voûtes.

Les architectes du domaine royal, et surtout ceux de l'Ile-de-France, avaient adopté les premiers la croisée d'ogives et, vers la fin du xiie siècle, familiarisés avec le nouveau système, guidés par leur esprit ingénieux et leur hardiesse professionnelle, ils inventèrent l'*arc-boutant*.

La *croisée d'ogives* succédant à la coupole, dont elle procède, fut la conséquence directe des traditions antiques; le parti adopté était une des étapes de la marche des idées, un perfectionnement logique, accompli sans s'écarter de la voie que les Romains, tout aussi hardis, mais plus prudents constructeurs, avaient sûrement tracée. La *croisée d'ogives* n'est donc elle-même qu'une suite des principes romains, perpétués et perfectionnés par l'expérience, tandis que *l'arc-boutant,* ou plutôt le système de construction dont l'arc-boutant est le caractère très particulier, accomplit à son tour une révolution radicale dans l'art de bâtir au xiie siècle. La *stabilité,* assurée dans les anciennes constructions à l'aide des masses formant les culées des arcs et des voûtes, était remplacée par *l'équilibre* des charges, système d'une hardiesse surprenante, dont les architectes ont tiré des effets merveilleux ; mais en même temps innovation dangereuse parce qu'elle a pour conséquence de reporter *au dehors* les organes principaux, essentiels, vitaux que les anciens avaient toujours préservés en les établissant sagement *au dedans.*

Aussi faut-il constater que, si la voûte sur *croisée d'ogives* s'était généralisée en moins de cinquante ans dans toute l'Europe occidentale et même en Orient, le succès de *l'arc-boutant* fut beaucoup moins rapide dans sa propagation et plus restreint dans son application. Alors que dans le Nord, pendant le xiiie siècle et une partie du xive, on édifiait, ou même on réédifiait en grand nombre les monuments religieux selon les formules de l'art nouveau, on élevait en même temps, dans le Midi, de grandes églises suivant les principes antiques.

Au Nord, les constructeurs hardis avaient adopté avec enthousiasme les nouvelles dispositions des églises à plusieurs nefs, toutes voûtées sur *croisée d'ogives* et dans lesquelles les voûtes surélevées de la nef principale étaient contrebutées par des arcs-boutants extérieurs.

Au Midi, soit par résistance à l'entraînement ou réaction contre le mouvement novateur, soit encore par fidélité aux traditions anciennes, les architectes prudents donnaient à leurs édifices une nef unique, large et haute, dont les voûtes, également sur *croisée d'ogives,* étaient maintenues par des contreforts puissants construits en dedans du vaisseau et dont on utilisait les saillies intérieures en disposant des chapelles dans les intervalles.

Ce dernier système de construction, d'une grande sagesse, parce qu'il est d'une solidité parfaite, rappelle ceux de la basilique de Constantin ou du *Tepidarium* des thermes romains de Caracalla ; il assure la constante stabilité de l'édifice par la résistance de la masse des culées, et il semble être une protestation contre les miracles d'équilibre si fort en faveur alors dans les pays du Nord.

Du reste, le nouveau système des voûtes *arc-boutées*, qui n'apparaît dans le Midi qu'exceptionnellement et comme une importation, ne s'était pas établi, même dans son berceau originel, sans de grandes difficultés, car de graves mécomptes avaient signalé son avènement. En l'absence des sciences mathématiques qui ont apporté de si puissants leviers aux architectes modernes, il fallait aux constructeurs du xiiie siècle une habileté et une expérience étonnantes pour construire des voûtes intérieures et surtout neutraliser l'énergie de leurs poussées par des arcs-boutants réduits à leurs véritables fonctions d'étais permanents, les poussées de ces voûtes et les forces de ces arcs-boutants étant essentiellement variables suivant leurs portées et la résistance des matériaux. Il fallut de longs tâtonnements pour transformer en règles à peu près fixes les formules nécessairement empiriques des constructeurs novices, et ce n'est que vers la fin du xiiie siècle, et surtout dès les premières années du xive, qu'on voit se résoudre ce difficile problème de construction. Et encore la solution n'en fut-elle pas acceptée partout, car ce qui était relativement facile dans les contrées où la pierre abonde devenait difficile, sinon impossible, dans celles où la brique, par exemple, était l'unique ressource des constructeurs.

Cependant la fortune de l'architecture dite gothique fut considérable, si grande même que des symptômes de déchéance, nés du succès trop rapide, se manifestèrent dès le xive siècle. L'abus de l'équilibre, la diminution excessive des points d'appui, aggravée souvent par l'insuffisance des fondations et l'exagération de hauteur des édifices, la mauvaise qualité des matériaux, jointe à leur appareil défectueux par suite de l'empirisme des méthodes, la rapidité de l'exécution excitée par une émulation mal entendue, la pénurie des ressources, conséquence des convulsions sociales et politiques compliquées par les malheurs des guerres, sont autant de causes qui pourraient expliquer la ruine d'un art qui a brillé d'un si vif éclat, et l'on pourrait surtout en trouver la cause initiale dans l'abandon des traditions antiques. Suivies sans interruption pendant toute la période dite romane, ces traditions avaient préparé l'avènement d'un art séduisant sous sa forme nouvelle, s'affranchissant du passé suivant les idées du temps, mais dont le déclin fut aussi rapide que son ascension, car, à son aurore sous Louis le Gros et parvenu à son apogée sous le règne de saint Louis, il semblait être en décadence profonde avant la fin du xve siècle.

Le cadre restreint qui nous est assigné ne permet pas de faire la monographie des principaux monuments ni même de citer les plus célèbres ; nous devons borner notre ambition, en suivant la filiation ininterrompue que nous avons prouvée dans l'*Architecture romane*, à essayer de faire la synthèse de la période architectonique qui, succédant à l'époque dite *romane*, commence au xiie siècle et paraît s'éteindre au xve.

La *croisée d'ogives* étant le caractère essentiel de l'*architecture* dite *gothique* et l'*arc-boutant* l'une de ses manifestations les plus intéressantes, nous étudierons leurs origines, leurs transformations et leurs principales applications dans l'architecture *religieuse, monastique, militaire* et *civile*. Nous nous arrêterons particulièrement sur l'architecture *religieuse*, parce qu'elle marque plus visiblement et plus grandement les progrès de l'art, non seulement par ses admirables édifices, mais aussi par les chefs-d'œuvre de sculpture et de peinture qu'elle a créés dans notre pays.

L'ARCHITECTURE GOTHIQUE

PREMIÈRE PARTIE

L'ARCHITECTURE RELIGIEUSE

CHAPITRE PREMIER

INFLUENCE DE LA COUPOLE SUR L'ARCHITECTURE DITE GOTHIQUE.

La coupole, sous sa forme symbolique, est l'œuf d'où est sorti un système architectonique qui a causé une révolution des plus fécondes dans le domaine de l'art[1].

L'architecture dite *gothique* ne s'est pas manifestée spontanément et par une sorte de miracle. Comme toute œuvre humaine, elle a eu une fin qu'il est possible de constater; mais il est moins facile de fixer son commencement, même par une date approximative. Son origine se confond avec une période architecturale antérieure qui a préparé son avènement par une évolution et une transformation ininterrompues.

1. *L'Architecture romane*, par Éd. Corroyer. — A. Picard & Kaan, *éditeurs*.

Les coupoles de Saint-Front ne sont pas une imitation de celles de Saint-Marc à Venise, car elles procèdent toutes de l'église bâtie par Justinien à Constantinople et dédiée aux saints Apôtres[1]. Ce qui est d'abord **une** importation en Aquitaine, par la forme, devient ensuite une œuvre originale par les particularités de la construction. Les architectes résolurent alors un merveilleux problème en établissant cet admirable principe architectonique qui consiste à reporter les charges des voûtes sur quatre points d'appui solidarisés par des pendentifs.

La construction des coupoles de Saint-Front, en pierre appareillée, fut à cette époque un événement considérable dans une contrée réputée comme le pays même de l'architecture et dans lequel les principes gallo-romains s'étaient le mieux conservés[2]. Aussi, dès la fin du xɪᵉ siècle, de grandes églises abbatiales s'élevèrent-elles dans les provinces voisines, à l'exemple de celle de Saint-Front.

Cependant, tout en acceptant les principes nouveaux, les architectes du temps s'ingénièrent à les perfectionner; leurs efforts sont visibles et il est possible de constater le succès dans les premières années du xɪɪᵉ siècle. L'église d'Angoulême et celle de Fontevrault, entre autres, en donnent la preuve évidente. « On sent la préoccupation constante des constructeurs romans cherchant à diminuer les énormes masses des églises à cou-

---

1. *L'Architecture romane*, par Éd. Corroyer. — A. Picard & Kaan, éditeurs.
2. Les documents recueillis récemment par l'auteur permettent *d'affirmer* que l'église à cinq coupoles de Saint-Front existait *entièrement* lors de l'incendie de 1120.

poles primitives par une répartition plus pondérée et mieux entendue des poussées et des résistances, et en accusant ces points principaux par des contreforts qui commencent à saillir sur les faces extérieures de l'édifice[1]. »

Le nouveau système de construction se propagea rapidement en s'affinant, en se perfectionnant, surtout en Anjou et dans le Maine. Les architectes des richissimes abbayes de ces provinces, puissantes par elles-mêmes et par leurs relations avec le monde religieux si fortement organisé en ce temps, perfectionnèrent encore les méthodes de l'école aquitaine. Ils transformèrent les pendentifs des coupoles en arcs indépendants ayant exactement les mêmes fonctions, découvrant logiquement un principe architectonique d'une simplicité étonnante, dont le succès fut si rapide que, dès le milieu du XIIe siècle, il était appliqué systématiquement pour la construction des grandes églises à Angers, à Laval et à Poitiers.

Les travaux des architectes angevins furent nécessairement connus de leurs confrères du Nord, qui cherchaient, comme tous les constructeurs à cette époque, la solution parfaite de la grande question des voûtes. Les architectes de l'Ile-de-France, avec leur adresse professionnelle si particulièrement ingénieuse, s'approprièrent rapidement le système angevin et l'appliquèrent à la construction de leurs églises, grandes et petites, toutes bâties suivant les traditions basilicales, c'est-à-dire à trois et même à cinq nefs.

La coupole aquitaine *en pierre appareillée* a donc

---

1. *L'Architecture romane*, par Éd. Corroyer. — A. PICARD & KAAN, *éditeurs*.

exercé une influence absolument directe sur l'*architecture* dite *gothique*, puisqu'elle a donné naissance à la *croisée d'ogives*, qui en est le principal caractère. Cette influence s'est manifestée d'abord dans la disposition générale des édifices à une seule nef, procédant directement de la coupole et voûtée sur des *croisées d'ogives*, puis dans les grandes églises, abbatiales ou cathédrales, bâties suivant les traditions basilicales et toutes voûtées de même.

Angers et Laval donnent des exemples *originels* des églises dont les travées sur *plan carré* sont voûtées sur des *croisées d'ogives*, qui remplacent désormais les *pendentifs* des coupoles.

L'église abbatiale de Noyon montre l'application de ce principe, nouveau au xiie siècle, aux églises à plusieurs nefs construites par les architectes du Nord. Les voûtes — primitives [1] — de Noyon étaient disposées sur *plan carré*; les arcs-ogifs, ou *croisée d'ogives*, reliaient diagonalement les piliers principaux et l'effort de ces arcs-ogifs était soulagé par un arc-doubleau, de secours pour ainsi dire, reposant sur des piles secondaires accusées à l'extérieur par des contreforts moins saillants que ceux des piliers principaux, et à l'intérieur par une colonne recevant les archivoltes latérales unissant les piles principales.

Ce système de construction, dont le principe a été

---

1. La disposition primitive des voûtes de l'église, bâtie vers 1160, est indiquée par les *naissances* des arcs au-dessus des chapiteaux et par le plan des bases des piliers principaux. — Les voûtes actuelles sur *plan rectangulaire* ont été faites selon le mode du temps depuis l'incendie de 1238.

appliqué, logiquement à Noyon par exemple, n'existe plus qu'à l'état traditionnel dans les grandes églises de Laon, les cathédrales de Paris, de Sens et de Bourges, pour ne citer que les principales et sans parler des innombrables églises édifiées suivant ces principes dans toute l'Europe occidentale. Dans ces grandes cathédrales les voûtes sont encore sur plan carré, jusqu'à l'adoption par les architectes, dans la première moitié du XIIIe siècle, des travées égales voûtées sur plan rectangulaire et marquées, extérieurement et intérieurement, par des saillies et des piles égales, comme à Amiens, à Reims et dans un grand nombre d'édifices élevés depuis cette époque.

L'influence de la coupole sur l'architecture dite *gothique* est donc certaine. La vérité même se manifeste par les monuments qui existent encore et dont l'étude fournit les documents *lapidaires* les plus incontestables[1]. Il faut faire connaître cette vérité, non seulement pour obtenir une satisfaction archéologique, mais surtout pour démontrer de nouveau que la filiation existant depuis l'antiquité jusqu'à la période dite *romane* se continue certainement entre celle-ci et l'architecture dite *gothique*. Elle s'établit directement dans cette dernière période par la coupole de l'Aquitaine dont procèdent celles de l'Angoumois, qui donnent naissance en Anjou à la *croisée d'ogives*, précédant l'invention ou l'application de *l'arc-boutant,* qui est à son tour le point de départ d'une évolution nouvelle.

1. Voir la curieuse église de *Montagne* (Gironde), signalée par l'archiviste de la Gironde. (*Correspondance historique et archéologique.* Paris, 1896.)

CHAPITRE II

ORIGINE DE LA CROISÉE D'OGIVES.

Dès le xie siècle on construisait des églises à une ou à plusieurs nefs et, la plupart du temps, pour ces dernières, les bas côtés seuls étaient voûtés d'arêtes, la nef principale étant couverte par une charpente. Puis on voûta les trois nefs, celles des bas côtés en voûtes d'arêtes ou en demi-berceaux continus destinés à contrebuter la nef centrale voûtée en berceau plein cintre, renforcée par des doubleaux saillants, et elles furent abritées par un comble s'étendant sur les trois vaisseaux. Ces édifices, timidement et lourdement construits, n'étaient qu'une imitation des basiliques romaines; ils avaient l'inconvénient d'être étroits, pour plus de sûreté, et sombres, parce qu'ils n'étaient plus éclairés dans la partie supérieure. Les architectes du moyen âge connaissaient donc, bien avant l'apparition de la coupole, la voûte en berceau et la voûte d'arêtes; cette dernière formée, suivant la tradition, par la pénétration de deux demi-berceaux. Ils avaient même essayé d'en perfectionner la construction en renforçant par une nervure saillante la courbe de pénétration, qui donne une ellipse ou un arc surbaissé. Mais ce nerf était simplement décoratif, car, dans la voûte romaine, l'arêtier en pierre, nervé ou non, est solidaire des maçonneries de remplissage au milieu desquelles il est noyé et dont il suit passivement les mouvements.

Par conséquent, il n'est pas possible, comme on l'a dit, de trouver dans la voûte d'arêtes romaine le *germe* de l'arc ogif ou *croisée d'ogives* dont les fonctions sont essentiellement *actives*.

C'est dans la coupole de Saint-Front, construite en pierre appareillée, vers le milieu du xɪ^e siècle, et c'est principalement dans les pendentifs de la coupole, construits comme elle en pierre appareillée, qu'il faut chercher et trouver l'origine de l'arc-ogif ou *croisée d'ogives*.

La figure 1 donne le plan d'une des coupoles de Saint-Front; elle se compose de quatre arcs-doubleaux puissants retombant sur quatre

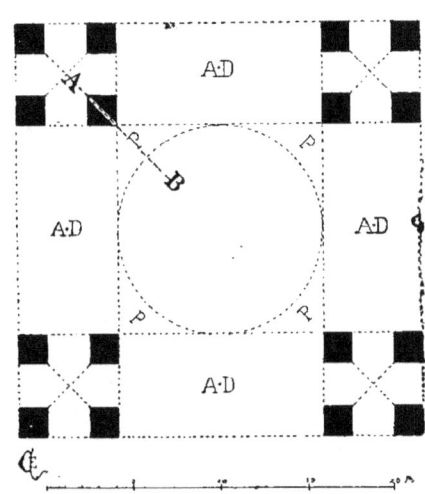

Fig. 1. — Plan d'une des coupoles de l'église abbatiale de Saint-Front, à Périgueux.

piliers reliés par des pendentifs (fig. 2 et 3), passant des angles rentrants du plan carré de la naissance des arcs au plan circulaire solidement établi, chacune des assises concentriques formant claveau qui réunit les clefs des arcs-doubleaux et reçoit la voûte en coupole qui les couronne; ce système ayant pour effet de reporter la charge des voûtes sur les quatre piles.

La figure 3 est la coupe faite sur un des quatre pendentifs d'une des coupoles de Saint-Front et suivant la ligne A B; elle indique la structure du pendentif dont les cinq ou six premières assises, disposées horizonta-

Fig. 2. — **Pendentif (en A) d'une des coupoles de l'église abbatiale de Saint-Front.**

lement et, suivant l'expression technique, en *tas de charge*, sont taillées suivant les courbes sphériques, le reste des claveaux des pendentifs étant appareillés normalement à ces courbes.

Le *voûtement* des édifices religieux ayant été la préoccupation constante des architectes du moyen âge et le but de leurs études incessantes, la construction des

coupoles de Saint-Front dut être un événement dont le retentissement fut considérable, car, dès la fin du xie siècle, on éleva un grand nombre d'églises à coupoles qui sont des imitations de l'église mère de Périgueux.

La construction des églises d'Angoulême et de Fontevrault[1], dans les premières années du xiie siècle, indique que les architectes cherchaient à couvrir des espaces de plus en plus vastes suivant les méthodes

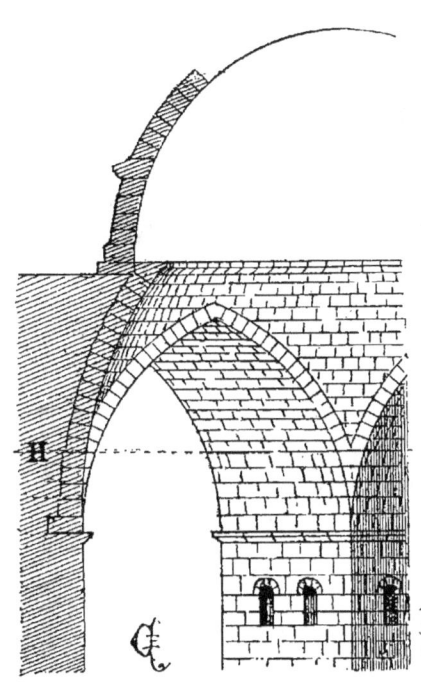

Fig. 3. — Coupe d'un pendentif sur la diagonale A B du plan figure 1.

aquitaines, mais en allégeant les voûtes et, par conséquent, en réduisant les points d'appui et de soutènement.

1. *L'Architecture romane,* par Éd. Corroyer. — A. Picard & Kaan, *éditeurs.*

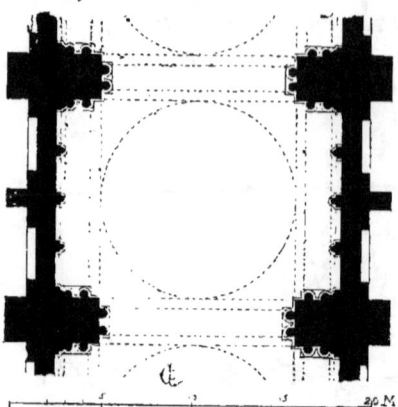

Fig. 4. — Plan d'une des coupoles d'Angoulême ou de Fontevrault.

La figure 4 donne le plan d'une des coupoles de l'église d'Angoulême, ou de celle de Fontevrault, qui furent bâties sur un plan identique, sauf le nombre des travées de la nef.

La figure 5 indique la coupe d'une travée de ces églises et elle marque la différence considérable qui existe déjà entre la coupole mère de Saint-Front et celles qu'elle avait engendrées. La voûte en coupole sur pendentifs s'affine alors, et on peut bientôt constater un progrès nouveau qui prouve la préoccupation persistante des architectes d'alléger les voûtes.

L'église de Saint - Avit - Senieur, de même que celle de Montagne (Gironde), nous en fournit un exemple des plus utiles à étudier.

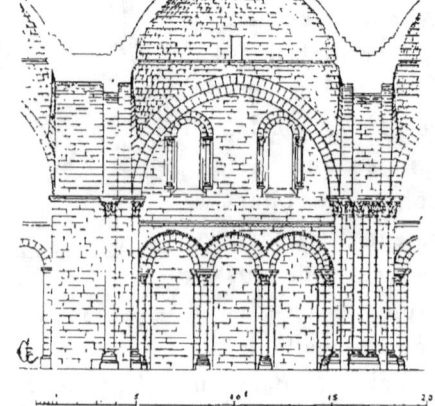

Fig. 5. — Coupe d'une travée des coupoles d'Angoulême.

La coupole de cet édifice est renforcée par des *nervures* qui la raidissent ; elle devient une voûte annulaire, formée d'assises à peu près horizontales disposées en claveaux, soutenue comme elle le serait à l'aide de cintres permanents en pierre figurés par des *nerfs* transversaux et diagonaux.

L'église de Saint-Pierre, à Saumur, marque encore un progrès dans la construction des voûtes dérivant de la coupole[1].

Enfin, les architectes de l'Anjou et du Maine réalisent un perfectionnement décisif. Les pendentifs se transforment en ne conservant que

Fig. 6. — Coupe d'une travée de l'église de Saint-Avit-Senieur.

leurs parties utilement actives, qui se manifestent par des arcs-diagonaux, c'est-à-dire par des arcs-ogifs ou *croisée d'ogives*, saillants et indépendants, qui sont appareillés exactement comme les pendentifs de la coupole (fig. 3) et dont les fonctions sont identiques (fig. 8).

La voûte proprement dite n'est plus formée d'assises concentriques comme dans la *coupole mère*.

---

1. *L'Architecture romane,* par Éd. Corroyer. — A. Picard & Kaan, *éditeurs.*

Elle est désormais construite en claveaux appareillés normalement à la courbe et remplissant les triangles A B C D (fig. 7) déterminés par les *arcs-formerets* — latéraux, les *arcs-doubleaux* — transversaux et les *arcs-ogifs* — diagonaux ou *croisée d'ogives;* ces arcs formant une charpente de pierre, une ossature — tout aussi solide, mais plus légère que les pendentifs des coupoles — destinée à soutenir les voûtes en reportant leurs charges sur les quatre points d'appui.

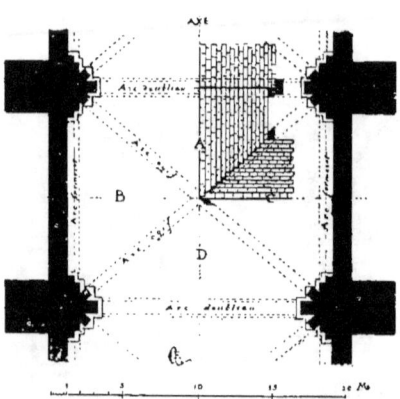

Fig. 7. — Plan d'une voûte sur arcs-ogifs ou croisée d'ogives.

Les remplissages triangulaires n'emprisonnent plus l'arêtier — plus exactement les arcs-ogifs ou *croisée d'ogives* — et ne neutralisent plus ses fonctions actives. Au contraire, ces remplissages sont indépendants comme la *croisée d'ogives* elle-même et ils contribuent à assurer l'élasticité des divers organes de la voûte, condition essentielle de sa solidité. La disposition particulière des *arcs-ogifs* de la nef d'Angers fournit une preuve incontestable de la filiation directe de cet édifice avec la coupole aquitaine; les claveaux des arcs-ogifs ont comme section une largeur à peu près égale à celle des arcs-doubleaux, et comme hauteur l'épaisseur des voûtes de remplissage, augmentée de la saillie intérieure accusant la fonction de ces arcs diagonaux, qui semblent avoir été *tranchés* dans les pendentifs d'une coupole — en A de la figure 8 — il faut remarquer que les triangles des voûtes de remplissage dont les claveaux sont perpendiculaires aux arcs-doubleaux et formerets ne *reposent pas encore* sur l'extrados des arcs-ogifs, — en B de la figure 8 selon le mode de construction adopté dans l'Ile-de-France et ailleurs quelques années plus tard.

L'identité des fonctions architectoniques du pendentif et de la croisée d'ogives, construits

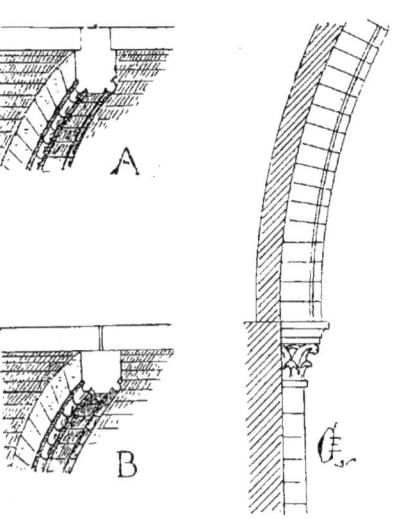

Fig. 8. — Coupe d'un arc-ogif ou *croisée d'ogives*.

l'un et l'autre en pierre, appareillés normalement à leurs courbes, démontre la communauté de leur origine et que, comme conséquence d'une filiation certaine, c'est la coupole aquitaine qui a engendré la *croisée d'ogives*.

CHAPITRE III

PREMIÈRES VOUTES SUR CROISÉE D'OGIVES.

Les premières applications du système de construction des voûtes sur croisée d'ogives apparaissent dans les grandes églises d'Angers et de Laval.

Il est probable que les nouvelles méthodes, propagées par les architectes religieux de l'Aquitaine ou des provinces voisines, avaient excité l'émulation des architectes du Nord et, particulièrement, ceux de l'Ile-de-France ; quelques parties secondaires des édifices élevés par ceux-ci, comme des bas côtés ou des chapelles absidales, pourraient en fournir les preuves par des dispositions timides qui rappellent plutôt les voûtes romaines dont les arêtes seraient accusées par des nervures, qu'elles n'indiquent une révolution dans le mode de voûtement des églises.

Mais nulle part, au XIIe siècle, le nouveau système des voûtes sur croisée d'ogives ne s'est manifesté avec

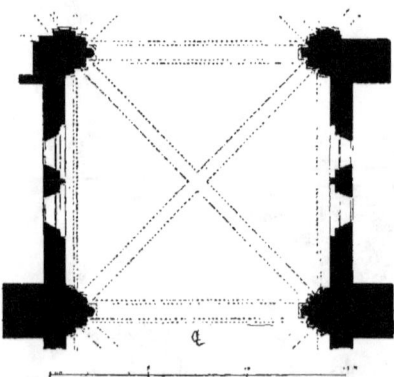

Fig. 9. — **Plan d'une travée de l'église d'Angers (Saint-Maurice).**

plus de puissance qu'à Angers, dont les nefs ont plus de seize mètres de largeur, si ce n'est à Laval. L'am-

Fig. 10. — Coupe transversale de la nef de l'église d'Angers (Saint-Maurice).

pleur de la composition architecturale, aussi bien que les détails techniques d'une admirable exécution, démontrent l'expérience consommée que les architectes de ces magnifiques édifices avaient acquise dès le milieu du xiie siècle.

Les plans de ces églises ressemblent à ceux d'Angoulême et de Fontevrault, et nullement aux édifices du Nord.

Les nefs uniques, comme celles des églises à coupoles, sont formées de travées sur plan carré, mais la construction des voûtes s'est perfectionnée par l'emploi raisonné de l'arc-ogif ou croisée d'ogives remplaçant les pendentifs de la coupole, les constructeurs du temps ayant réalisé dès lors les progrès considérables que nous avons constatés et expliqués dans le chapitre précédent.

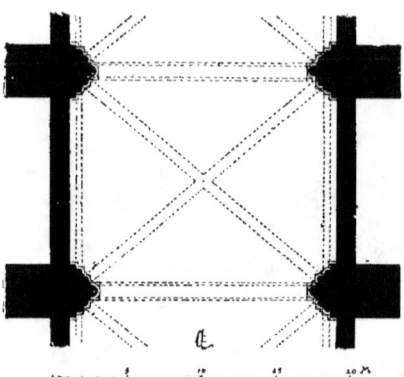

Fig. 11. — Plan d'une travée de la nef de Laval (la Trinité).

Ces immenses nefs, voûtées sur croisée d'ogives, ressemblent aux coupoles; elles rappellent leurs formes générales, mais les dispositions des voûtes sont différentes. Les croisées d'ogives ne sont plus de simples nervures décoratives, mais bien des arcs possédant des fonctions aussi actives que les doubleaux et les formerets; leur réunion composant une ossature élastique dont le poids est reporté sur les quatre points d'appui, recevant les retombées des arcs qui composent, pour ainsi dire, la charpente en pierres appareillées.

Les coupes comparées (fig. 13 et 14) des églises

d'Angoulême et d'Angers déterminent nettement la filiation certaine qui existe entre ces édifices élevés : l'un dans les premières années du xiie siècle et l'autre trente ou quarante ans plus tard; elles marquent en

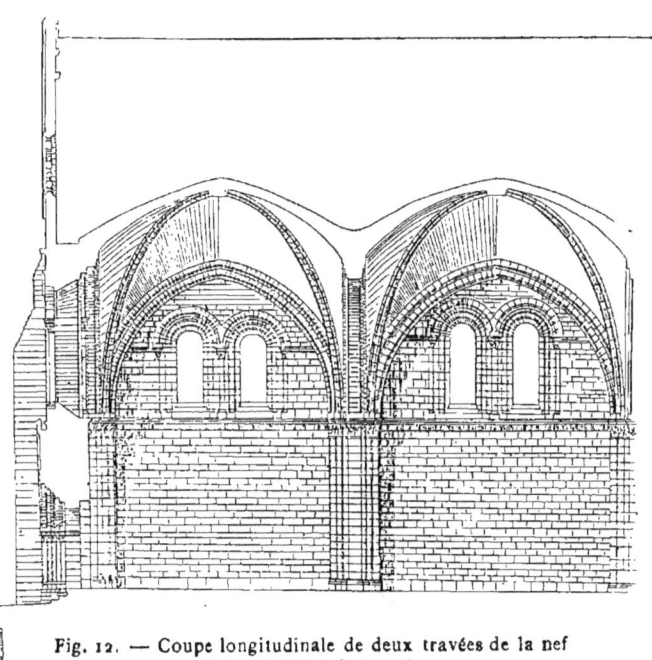

Fig. 12. — Coupe longitudinale de deux travées de la nef (Sainte-Trinité, à Laval).

même temps les progrès réalisés par les architectes angevins dans la construction des voûtes sur croisée d'ogives remplaçant les coupoles sur pendentifs, d'où elles dérivent, par l'application plus raisonnée et plus perfectionnée des mêmes principes architectoniques.

L'église de Laval, élevée en même temps que celle

30   L'ARCHITECTURE GOTHIQUE.

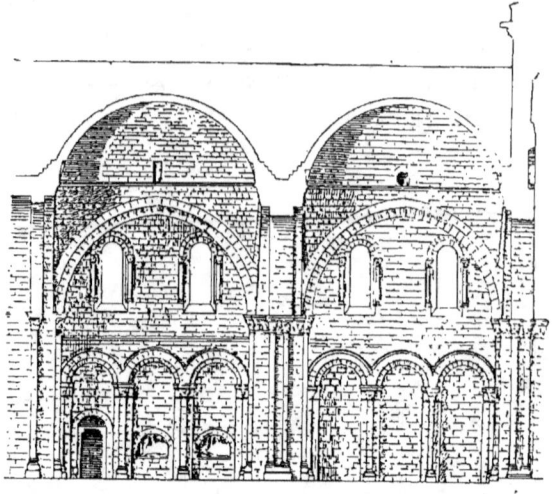

Fig. 13 et 14. — Coupes comparées des églises d'Angoulême
et d'Angers.

d'Angers ou peu d'années après, montre de nouveaux

Fig. 15. — Vue perspective des voûtes de la nef
(Saint-Maurice d'Angers).

perfectionnements, très sensibles, non seulement au point de vue de la forme, mais encore par les combinaisons plus savantes ou plus ingénieuses et par la sûreté méthodique de l'exécution.

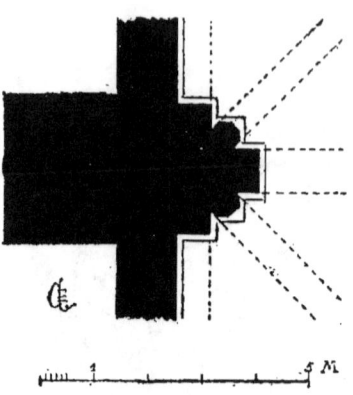

Fig. 16. — Plan du sommier des voûtes de la nef (Sainte-Trinité, à Laval).

Les arcs formant l'ossature des voûtes sont, dès leur naissance au-dessus des tailloirs des chapiteaux, indépendants comme à Angers, ce qui est le caractère essentiel du système, nouveau dans la première moitié du XIIe siècle. Les points d'appui latéraux se composent des piles proprement dites et de colonnes engagées, couronnées de chapiteaux encorbellés, accusant en les prolongeant les arcs-formerets, doubleaux et ogifs qui retombent sur les tailloirs des chapiteaux. Il est facile de voir dans ces dispositions l'origine des faisceaux de colonnes engagées, combinées pour dissimuler autant que possible les points d'appui dont l'usage devint général — et même excessif — aux XIIIe et XIVe siècles.

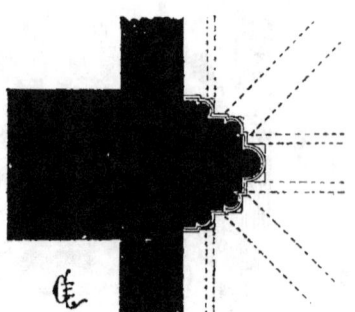

Fig. 17. — Plan d'un des piliers de la nef (Sainte-Trinité de Laval).

La coupe (fig. 12) et les détails qui précèdent, montrant le mode de construction des voûtes, affirment à Laval, au moins autant qu'à Angers, la filiation certaine existante entre les coupoles sur pendentifs et les voûtes sur croisée d'ogives.

CHAPITRE IV

ÉDIFICES VOUTÉS SUR CROISÉE D'OGIVES.

Le nouveau système de voûtes sur croisée d'ogives, dérivant de la coupole sur pendentifs, qui s'était si brillamment manifesté dans l'Anjou et le Maine, dès la première moitié du XIIe siècle, avait été dès lors adopté par les architectes religieux. L'admirable simplicité de la méthode nouvelle, applicable aux grandes églises abbatiales aussi bien qu'à des édifices plus modestes, explique sa propagation rapide dans toute l'Europe occidentale, où les corporations religieuses avaient fondé d'innombrables abbayes, grandes et petites, de règles et d'ordres différents, mais toutes reliées par une organisation puissante.

A l'exemple des édifices angevins un grand nombre d'églises s'élevèrent aussi bien dans les provinces voisines — Sainte-Radegonde à Poitiers, Notre-Dame de la Coulture et la nef de Saint-Julien au Mans — que dans les plus éloignées, vers le midi. La charmante église de Thor, dédiée à Sainte-Marie-du-Lac, entre Avignon et la fontaine de Vaucluse; celle du Saint-Sauveur à Saint-Macaire près de Bordeaux; la nef de Saint-André à Bordeaux, commencée en 1252 suivant le plan d'une église à coupoles, modifiée et enfin couronnée par des voûtes sur croisée d'ogives; Saint-Caprais, à

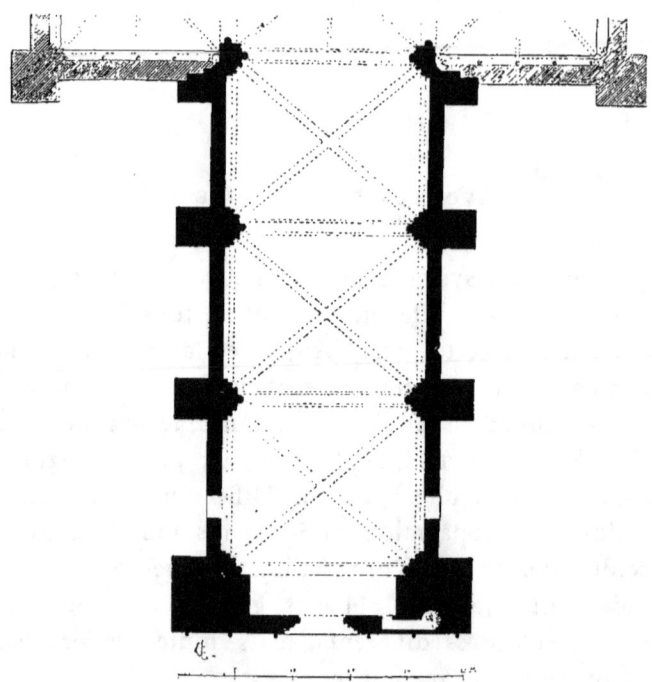

Fig. 18. — Plan de la nef de l'église de Saint-Maurice, à Angers.

Agen, qui montre les mêmes modifications et l'immense nef — de 19 mètres de largeur — de Saint-Étienne à Toulouse, construite toute en briques, sont autant de preuves, pour ne citer que les plus importantes, de la progression des principes nouveaux dans la seconde moitié du XIIe siècle.

Vers le Nord la marche est tout aussi générale. Les édifices démontrent le parti que les constructeurs du temps tirèrent de la croisée d'ogives permettant, sous tous les climats, l'emploi judicieux des matériaux les plus divers. Mais il était donné à Angers, son berceau, de perfectionner encore cet ingénieux système.

L'église de la Sainte-Trinité, sur la rive droite de la Maine, construite par les fils ou les disciples des architectes qui avaient bâti Saint-Maurice sur la colline dominant la rive opposée, marque encore un nouveau progrès dans la construction de ces voûtes. La nef, unique comme à Saint-Maurice, est divisée en trois travées, carrées ou à très peu de chose près. Le système des voûtes, dérivant de la coupole sur pendentifs, s'affine en divisant et, par conséquent, en diminuant les

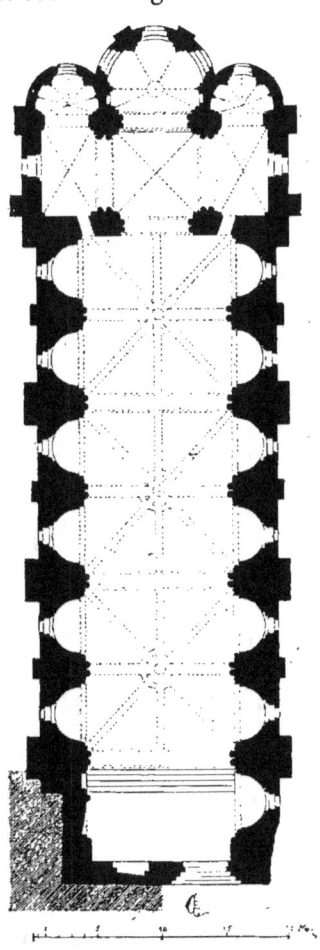

Fig. 19. — Plan de l'église de la Sainte-Trinité, à Angers.

charges réparties sur les quatre points d'appui principaux par la croisée d'ogives, qui elle-même se trouve

Fig. 20. — Coupe longitudinale d'une travée de l'église de la Sainte-Trinité, à Angers.

soulagée par un arc-doubleau soutenant les arcs-ogifs à leur point de croisement, c'est-à-dire à la clef.

La figure 19 donne le plan de ces voûtes dont l'exemple fut bientôt suivi par les architectes du Nord, car la grande église abbatiale de Noyon paraît avoir été une des premières copies de la nouvelle transformation des voûtes angevines.

De grandes églises abbatiales et d'immenses cathédrales élevées de la seconde moitié du XIIe siècle jusqu'au milieu du XIIIe prouvent, par la disposition de leurs voûtes sur plan carré, l'importance du perfectionnement réalisé à la Sainte-Trinité d'Angers; car il faut en constater l'application dans les églises ou cathédrales de Noyon, de Laon, de Notre-Dame de Paris, de Sens

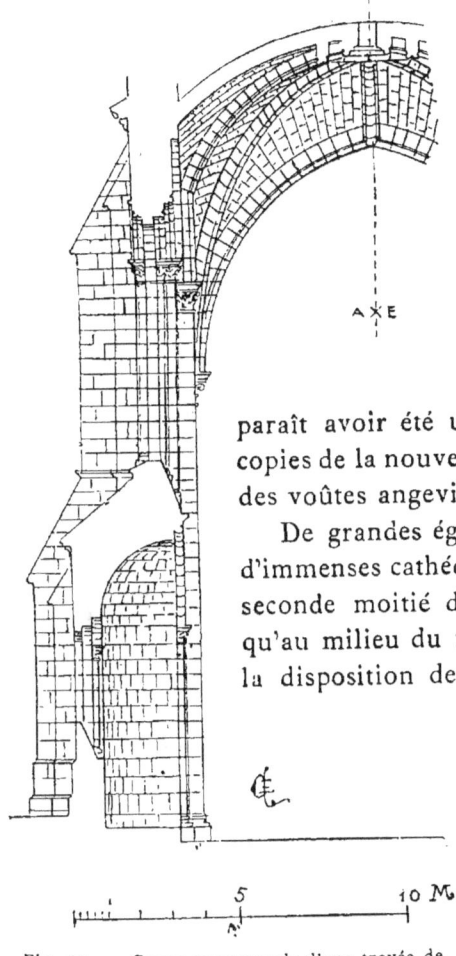

Fig. 21. — Coupe transversale d'une travée de l'église de la Sainte-Trinité, à Angers.

et de Bourges, pour ne parler que de celles qui passent pour les chefs-d'œuvre de l'architecture dite gothique.

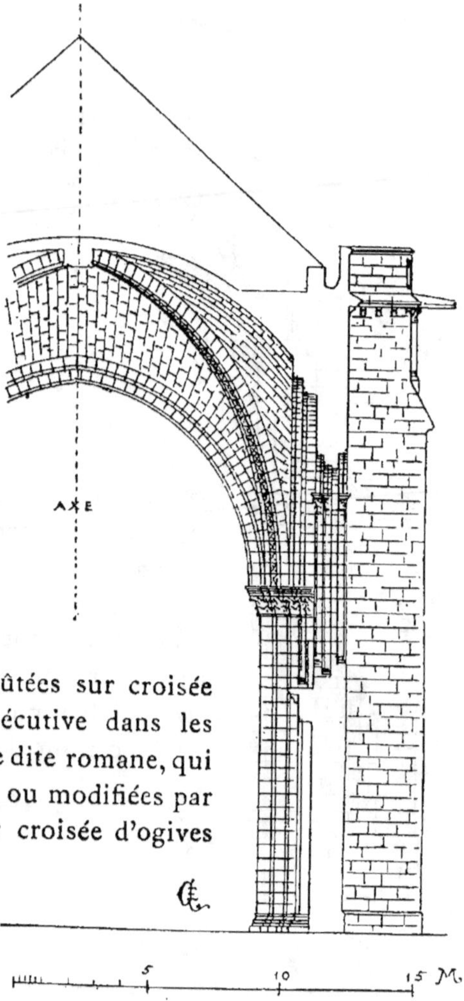

L'influence de la coupole, que nous avons établie au chapitre premier, s'est exercée directement et consécutivement. Elle est directe sur les églises à une seule nef voûtées sur croisée d'ogives, et consécutive dans les églises de l'époque dite romane, qui furent complétées ou modifiées par le voûtement sur croisée d'ogives en pierre appareillée de la nef centrale, remplaçant la charpente. Un grand nombre d'édifices, en Angleterre, en Normandie, en Allemagne, dans l'Italie du

Fig. 22. — Coupe d'une église à nef unique voûtée sur croisée d'ogives et maintenue par des contreforts.

Nord, en Suisse, dans les provinces rhénanes et celles du nord de la France, fournissent des documents des plus intéressants sur les transformations qu'ils ont subies après l'invention de la voûte sur croisée d'ogives et son application générale.

Les architectes,

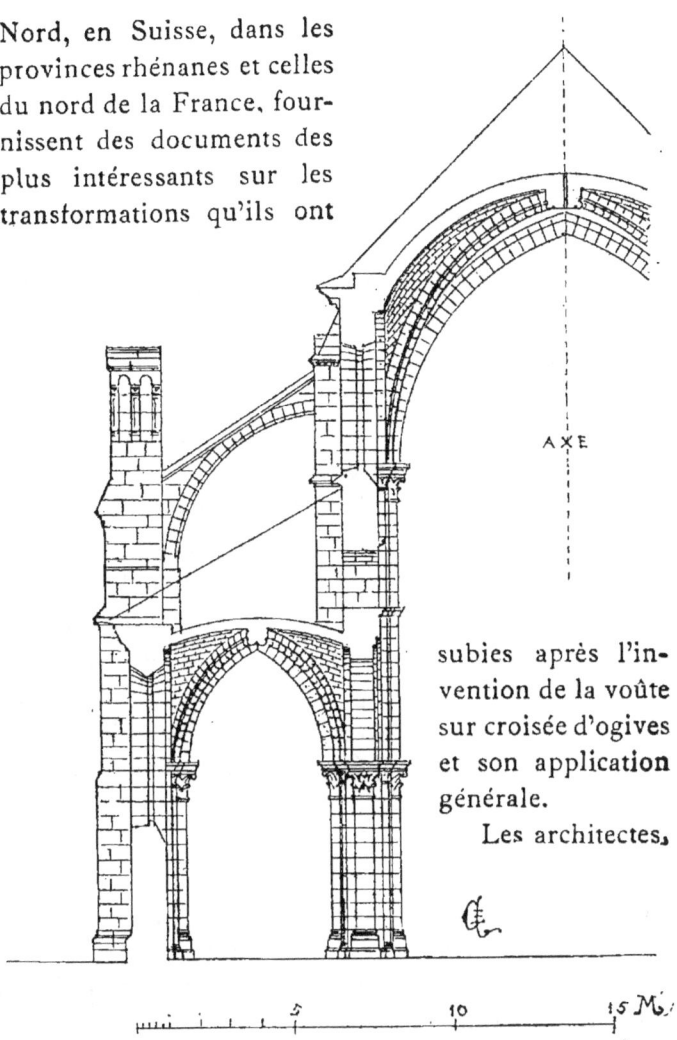

Fig. 23. — Coupe d'une église à trois nefs voûtée sur croisée d'ogives et maintenue par des arcs-boutants.

instruits aux grandes écoles des abbayes, fortifiés par

les travaux de leurs devanciers et par leur propre expérience, construisirent de toutes parts d'immenses cathédrales dans lesquelles tous les perfectionnements connus furent appliqués avec une hardiesse incomparable. De progrès en progrès, ils abandonnèrent les traditions antiques et, changeant les conditions statiques qui ont assuré la durée des édifices anciens, ils inventèrent un système de construction qui n'est qu'une charpente de pierre, pour ainsi dire; son expression, c'est l'étai permanent en pierre, — l'*arc-boutant;* — sa loi, c'est l'équilibre, qui n'est assuré qu'à l'aide de stratagèmes architectoniques des plus ingénieux, mais aussi des plus précaires (fig. 22 et 23). Son existence ou sa durée dépend le plus souvent de la qualité des matériaux et de leur degré de résistance, l'organe essentiel, c'est-à-dire la partie *portante,* l'étai permanent, le soutien suprême dont l'écroulement entraînerait la ruine totale de l'édifice étant à l'extérieur et, par conséquent, plus exposé à toutes les causes de destruction que la partie *portée,* c'est-à-dire les voûtes, mieux protégées, puisqu'elles se trouvent à l'intérieur de l'édifice.

Les grands édifices construits par ces nouveaux procédés architectoniques comprenaient une nef centrale accompagnée de deux et même de quatre bas côtés. Il fallait éclairer ces immenses vaisseaux, d'abord par des fenêtres basses pour les collatéraux, puis par des fenêtres hautes. Par conséquent, il était nécessaire de surélever la voûte de la nef centrale, et surtout de la contrebuter par des arcs libres, en forme de quart de cercle, c'est-à-dire des *arcs-boutants.* Ces arcs, surmontés de rampants obliques, faisant fonction d'*étais permanents*, butent leurs sommets ou clefs sur les flancs des piles recevant le faisceau des retombées des arcs, *formerets, doubleaux* et *croisées d'ogives,* aux points de leurs poussées ; les bases, ou sommiers de ces arcs libres, reposent sur des contreforts qui, fortement chargés pour neutraliser les effets de renversement des voûtes et des arcs, maintiennent en *équilibre* toutes les parties actives de l'ossature intérieure de l'édifice.

CHAPITRE V

ORIGINE DE L'ARC-BOUTANT.

Le mode primitif de voûtement adopté dans les provinces du centre de la France pour la construction des églises à trois nefs, dont la principale était voûtée en berceau plein cintre, maintenue par des demi-berceaux, nécessitait des formes basses et lourdes ; l'édifice éclairé seulement par les fenêtres des bas côtés, la nef principale était par conséquent fort sombre. Les architectes normands, en Normandie d'abord et en Angleterre après la conquête, avaient tourné la difficulté en ne voûtant que les bas côtés à un ou à deux étages, et en élevant librement les murs latéraux de la nef centrale, qui était couverte par une charpente apparente et permettait d'éclairer la nef principale par des fenêtres ménagées au-dessus des toitures en appentis couvrant les bas côtés.

La galerie disposée latéralement au premier étage des collatéraux, dans les églises normandes de forme basilicale, n'est qu'une suite des traditions antiques [1]; elle est désignée sous le nom moderne de *triforium*, parce que chaque travée de cette galerie intérieure, entre les piles principales, était originellement — dit-on — divisée en trois parties par des pilastres supportant des plates-bandes, ou par des colonnettes recevant de petites arcades.

Vers la fin du xie siècle, les constructeurs normands élevaient des deux côtés du détroit d'immenses églises dont les bas côtés, voûtés d'arêtes, étaient surmontés d'une galerie couverte — comme les basiliques primitives — par une charpente apparente, de même que la nef centrale. Les travées étaient marquées, dans cette nef et dans les bas côtés des galeries supérieures latérales, par des arcs-doubleaux servant de soutènements à ceux du vaisseau principal. Mais, après l'adoption générale, vers le milieu du xiie siècle, des méthodes angevines pour le voûtement des édifices religieux, le rôle des murs et des arcs de soutènement latéraux devint plus actif, parce que ces murs et arcs devaient contrebuter l'arc-doubleau, ainsi que les arcs-ogifs ou croisées d'ogives retombant sur les piles, et qui augmentaient encore l'énergie des poussées de ces arcs réunis.

C'est alors que les murs transversaux des bas côtés ou les arcs-doubleaux se modifient et deviennent des arcs de soutènement cachés sous la toiture des collatéraux.

1. *L'Architecture romane*, par Éd. Corroyer. — A. Picard & Kaan. — Chapitres 1er, iii et iv.

Nous avons vu cette modification à l'Abbaye-aux-Dames de Caen[1]; la figure 24 nous en donne un exemple, et on peut, en Angleterre, la suivre dans un grand nombre d'autres églises, en Italie à Pavie, en

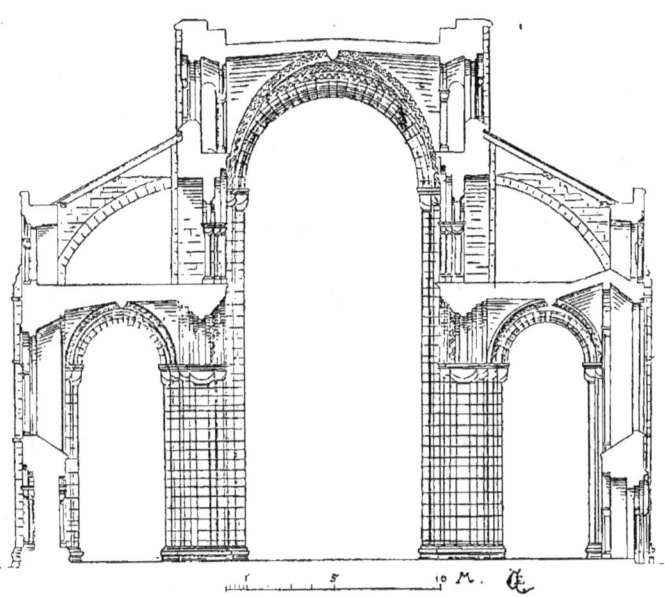

Fig. 24. — Eglise de Durham (Angleterre). — Coupe transversale.

Suisse à Zurich, sur les bords du Rhin à Bâle, pour ne citer que quelques-unes des églises dans lesquelles la modification des voûtes s'est opérée longtemps après la construction de l'édifice même.

En France, Noyon présente un sujet d'études des plus intéressantes, parce qu'il paraît être un des premiers

---

1. *L'Architecture romane*, par Éd. Corroyer. — A. Picard & Kaan, *éditeurs*. — Chapitre XVII.

grands édifices résumant, à l'époque de sa construction, vers le dernier quart du XIIe siècle, les progrès réalisés par les architectes de l'Ile-de-France. On trouve réunies, dans ce curieux édifice, les traditions antiques suivies par les Normands pour les triforiums; les méthodes angevines qui se manifestent par les voûtes sur croisée d'ogives dérivant de la coupole, et perfectionnées par celles de la Sainte-Trinité d'Angers, c'est-à-dire par les voûtes sur croisée d'ogives, mais disposées sur plan carré, reportant les charges sur les piles principales et soulagées par un arc-doubleau intermé-

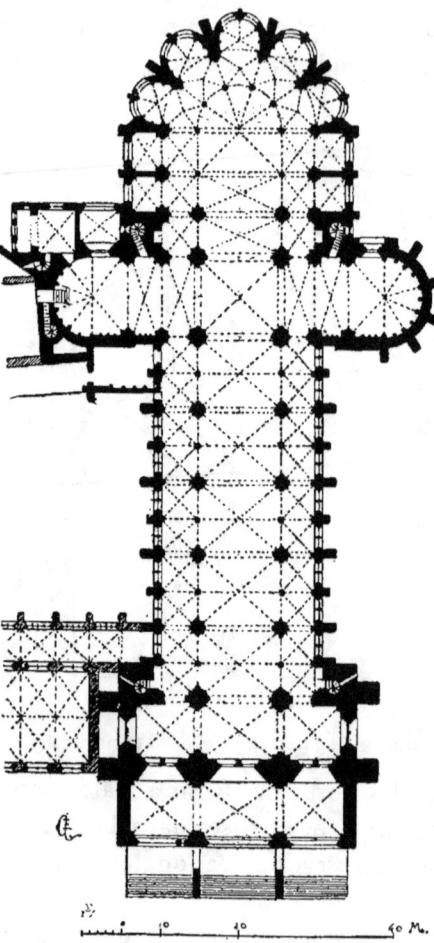

Fig. 25. — Eglise de Noyon. — Plan.

diaire. On voit apparaître l'arc de soutènement intérieur sous la toiture du collatéral, et qui se confond à sa naissance avec l'arc-doubleau latéral, afin de maintenir les poussées des arcs-doubleaux et croisées d'ogives formant les voûtes du vaisseau principal.

On a dit que Noyon procède de Tournai, sans doute parce qu'on n'en considère que l'aspect; mais là s'arrête la ressemblance, car le mode de construction n'est pas semblable. A Tournai, les transsepts semi-circulaires nord et sud sont voûtés par des arcs-doubleaux très puissants, réunis au centre par une clef en couronne appareillée, et au pourtour par des voûtains en pénétration reliant les arcs-doubleaux, disposition très ingénieuse qui rappelle la voûte de la salle des Capitaines au-dessus du porche de l'église du Moustier, à Moissac.

La combinaison de ces arcs-doubleaux, fortement établis à l'intérieur et solidement maintenus par les murs très épais du circuit formant culée, est très particulière, car elle ne nécessite aucun arc de soutènement ni même de contrefort. Tournai n'a donc pas engendré Noyon, car, dans ce dernier édifice, les voûtes, construites sur croisée d'ogives, devaient être contrebutées par des contreforts ou des

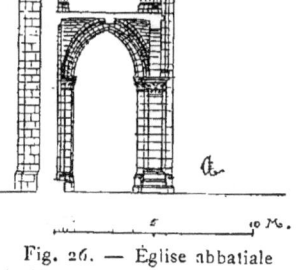

Fig. 26. — Église abbatiale de Noyon. — Coupe transversale.

arcs apparents ou cachés, pour soutenir les poussées de ces voûtes au-dessus des arcs-doubleaux latéraux.

Fig. 27. — Église de Tournai (Belgique). — Vue extérieure du transsept nord vers l'Escaut.

Mais ces dispositions ingénieuses n'avaient pas modifié le mode de soutènement suivi par les constructeurs du XIIe siècle, même après l'adoption des voûtes sur croisée d'ogives, et qui consistaient en des contreforts, des murs ou des arcs dissimulés sous les toi-

tures des collaté-
raux.

C'est à Soissons que nous voyons les premières applications d'un système architectonique, dont le caractère particulier est l'*arc-boutant*.

Le transsept sud de la cathédrale de Soissons procède évidemment de Noyon comme parti de construction déterminé par

Fig. 28. — Église du Moustier, à Moissac.
Voûte de la salle, dite des Capitaines, au-dessus du porche.

les bas côtés à deux étages et la forme semi-circulaire; mais le voûtement sur croisée d'ogives dans les deux églises s'est affiné à Soissons. Réduites à leur plus simple expression de torce par la délicatesse *nerveuse* de l'appareil, les voûtes n'en exercent pas moins fortement leurs poussées dans

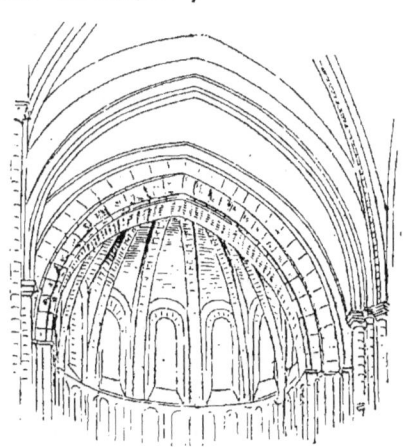

Fig. 29. — Église de Tournai (Belgique).
Vue intérieure du transsept nord.

la partie qui se dégage au-dessus de la galerie haute.

L'architecte de Soissons ne s'est pas contenté, comme à Noyon, de maintenir latéralement la voûte par des arcs intérieurs combinés avec les arcs-doubleaux du triforium, butant sur un contrefort qui vient épauler le flanc de la nef centrale, il a construit à l'extérieur des arcs libres, naissant au-dessus des combles du triforium, des contreforts, et divisant chacune des travées, c'est-à-dire des *arcs-boutants*, accusant franchement leur destination effective et leurs fonctions spéciales, qui sont de contrebuter les arcs et les voûtes intérieures aux points de leurs poussées.

L'arc-boutant, combiné avec la croisée d'ogives, en donnant l'essor à un système qui a créé d'immenses édifices qu'il faut admirer, étudier surtout, mais non refaire, prouve la merveilleuse habileté des architectes des XIIe et XIIIe siècles

Fig. 30. — Cathédrale de Soissons.
Transsept sud.
Coupe de l'arc-boutant.

et en même temps les dangers d'un rationalisme — plus apparent que réel, — qu'ils ont poussé à son extrême limite en s'affranchissant de tout principe traditionnel

Fig. 31. — Vue perspective du transsept sud (cathédrale de Soissons)[1].

et, par conséquent, de toute autorité. Il semble que les

1. Ces arcs-boutants dont la pierre était *usée* par l'action destructive des intempéries, insuffisants pour contrebuter les voûtes, s'étaient déformés par le travail incessant de leurs poussées, plus actives en raison de la forme semi-circulaire de l'édifice dont les voûtes intérieures s'étaient disloquées parce qu'elles n'étaient pas suffisamment contrebutées. Ils ont dû être reconstruits en 1880 pour arrêter la ruine totale du transsept sud.
La réfection de ces arcs-boutants, de même que celles qui ont été faites sur un grand nombre d'édifices du même temps, est la critique *ad hominem* de ce système de construction.

ARCH. GOTHIQUE.

constructeurs de ce temps, depuis Noyon, Soissons, Laon, Paris, Sens et Bourges, s'enhardissant à Reims, à Amiens, au Mans, jusqu'à la suprême folie architectonique de Beauvais, se soient ingéniés, en renchérissant les uns sur les autres, à créer des monuments aussi étonnants par leurs dimensions que par les problèmes d'équilibre qu'ils ont posés, sinon résolus.

CHAPITRE VI

ÉGLISES ET CATHÉDRALES DES XIIe ET XIIIe SIÈCLES.

L'étude des grands édifices du moyen âge est des plus attachantes, mais il faut convenir qu'elle est en même temps des plus difficiles. L'obscurité qui couvre l'origine de ces monuments est profonde et souvent impénétrable.

L'indécision sur la date de leur construction doit provenir de ce que la date de fondation d'un édifice est souvent prise pour celle de sa consécration; généralement il a été construit, puis simplement modifié plutôt que complètement réédifié sur le même emplacement consacré.

La cause principale de la destruction partielle ou totale de ces édifices religieux était la foudre. Tombant sur le clocher, sur la tour ou sur la toiture, elle incendiait la charpente de la nef centrale, ce qui n'était qu'un accident réparable; mais la charpente s'écroulant, les bois incandescents calcinaient les piles et entraînaient la ruine de l'édifice ; on le restaurait alors ou on le reconstruisait selon les usages du temps De sorte que, suivant que les notes historiques sont plus ou moins authentiques ou que les faits sont traduits plus ou moins fidèlement, il résulte souvent une confusion pour les monuments disparus ou une contradiction entre les relations transmises et les édifices qui existent encore.

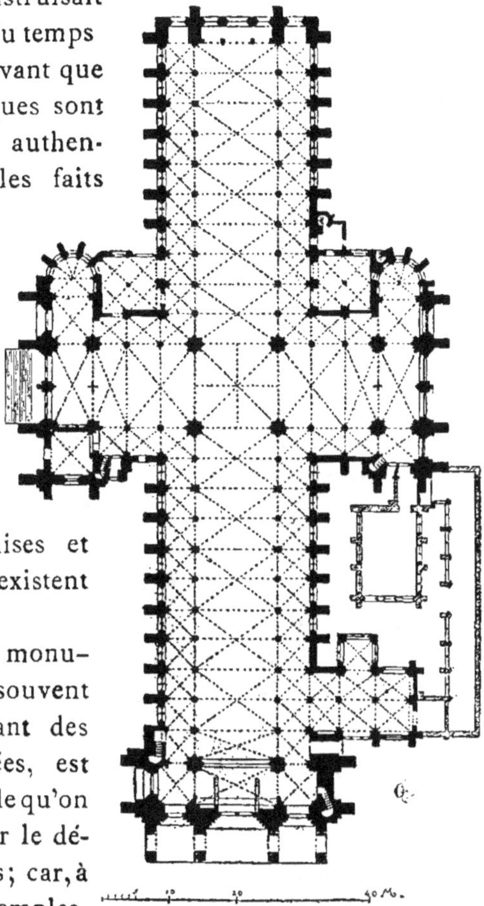

Rajeunir les monuments ou le plus souvent les vieillir, suivant des théories intéressées, est d'autant plus facile qu'on n'a pas à redouter le démenti des auteurs ; car, à part quelques exemples, il est souvent difficile

Fig. 32. — Eglise de Laon. — Plan.

d'assigner une date exacte à la construction des grandes églises abbatiales et des cathédrales, ou, si l'on peut fixer ces dates, on ne connaît pas exactement les auteurs de ces magnifiques monuments. Cet anonymat s'expliquerait peut-être par ce fait que les architectes étaient des religieux et que l'honneur de leurs travaux s'attachait à la corporation même, à l'*ordre* tout entier plutôt qu'aux individus, membres de l'ordre qui, presque toujours, avaient fait vœu d'humilité.

Les savants modernes, architectes et archéologues les plus autorisés, n'ont pas encore fait la lumière totale sur cette question; ils procèdent la plupart du temps par des hypothèses ingénieuses, par des raisonnements savamment déduits, qui ne donnent pas cependant des dates absolument sûres. Mais ce qui ne trompe pas, c'est l'étude architectonique qu'il faut faire de l'édifice même, sans négliger, bien entendu, les documents historiques; elle établit que l'art a suivi au moyen âge, comme en tout temps, les lois immuables de la filiation et de la transformation; elle montre le parti adopté par les constructeurs, leurs recherches, leurs hésitations, leurs erreurs et leurs repentirs même.

C'est sur ces documents *certains* qu'il convient d'étudier l'origine d'un édifice et ses transformations successives, ce qui a eu lieu plus souvent qu'une reconstruction totale; car ce n'est qu'à partir du commencement du XIIIe siècle que l'on construisit de toutes pièces ces grandes églises, ces immenses cathédrales qui existent encore en grand nombre [1].

---

[1]. Il est possible, sinon facile, de suivre les progrès architectoniques des édifices du moyen âge sur un grand nombre d'églises ou cathédrales construites pendant les XIIe et XIIIe siècles; cependant, pour faire la synthèse que nous voulons établir, nous avons pris comme types des églises ou cathédrales du domaine royal et principalement de l'Ile-de-France, parce que ce sont elles qui

Les grandes églises abbatiales élevées dans le domaine royal pendant les dernières années du xii° siècle, continuées et achevées dans les premières années du xiii°, conservent des traditions plus anciennes.

A Laon, qui procède de Noyon et du transsept sud de Soissons, l'église se compose d'une nef, avec transsepts, et de bas côtés à deux étages, voûtés sur croisée d'ogives, au-dessus desquels s'élèvent des arcs-boutants — comme à Soissons — qui maintiennent les voûtes supérieures du vaisseau central.

Fig. 33. — Église de Laon.
Vue intérieure de la nef.

ont servi d'exemples aux constructeurs de ces temps et celles qui réunissent, au plus haut degré, les caractères des diverses transformations que nous voulons étudier.

Cette disposition des bas côtés prouve la continuité

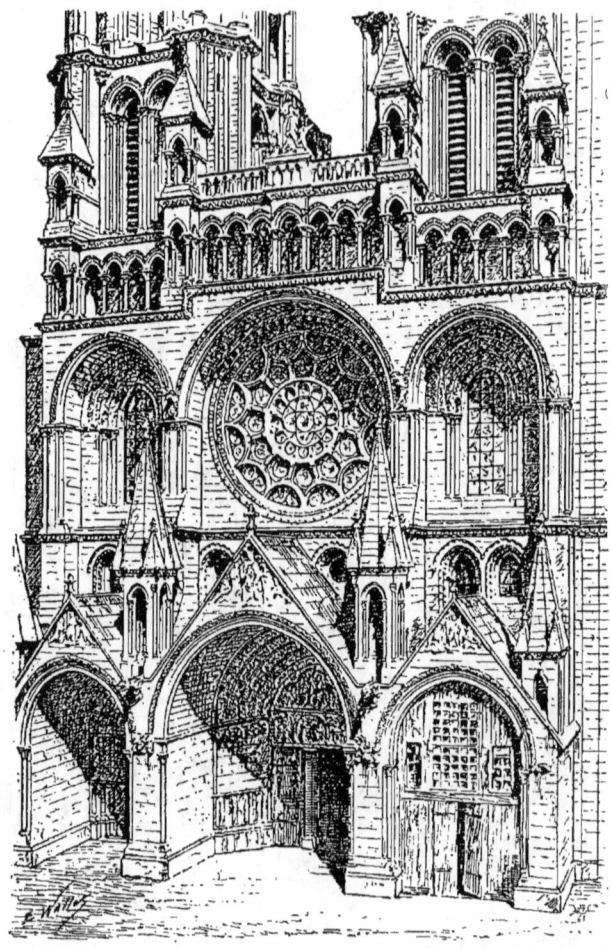

Fig. 34. — Église de Laon.
Façade principale.

des formules normandes, de même que le mode de

Fig. 35. — Église de Laon. — Façade de l'abside.

construction des voûtes principales démontre l'influence persistante de la coupole[1].

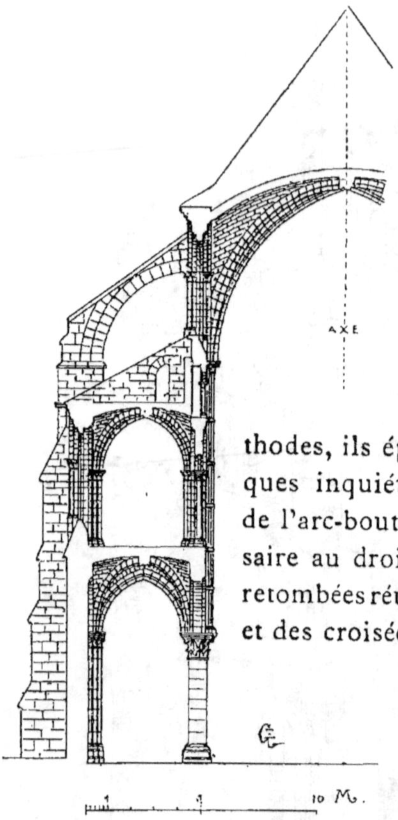

La voûte centrale, admirablement construite sur plan carré comprenant deux travées, selon les méthodes angevines dérivant directement de la coupole aquitaine, indique que, si les constructeurs de l'église de Laon étaient en pleine possession de ces méthodes, ils éprouvaient encore quelques inquiétudes sur les fonctions de l'arc-boutant. Celui-ci est nécessaire au droit des piles recevant les retombées réunies des arcs-doubleaux et des croisées d'ogives, mais il n'est pas rationnel que la pile intermédiaire qui ne reçoit que l'arc-doubleau de secours, secondaire par conséquent, soit contrebuté par un arc-boutant semblable à celui des piles principales qui reçoivent en même temps les arcs-doubleaux et les croisées d'ogives.

Fig. 36. — Église de Laon.
Coupe sur la nef.

[1]. Voir le chapitre 1er, *Influence de la coupole sur l'architecture dite gothique*.

L'ARCHITECTURE RELIGIEUSE. 57

Cet illogisme, si frappant à Laon, ne s'est pas manifesté à Noyon où les architectes — ceux de la construction primitive, — avaient accusé extérieurement les fonctions des piles principales par des contreforts plus saillants et plus puissants que ceux des piles secondaires.

Notre-Dame de Paris, commencée vers la fin du xiie siècle et achevée, sauf les chapelles, dans la première moitié du xiiie, suit, comme à Laon, les mêmes traditions normandes dans la disposition des galeries hautes des bas côtés et subit encore l'influence de la coupole par le parti des voûtes sur plan carré comprenant deux travées et contrebutées aussi illogiquement qu'à Laon.

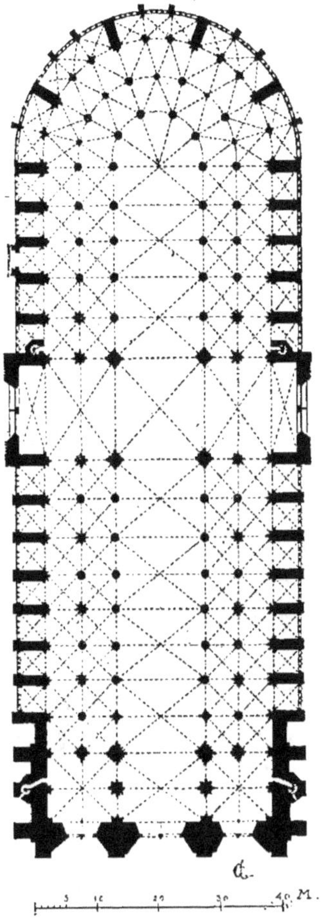

Cet immense édifice, composé d'une nef et de doubles bas côtés de hauteur égale, contournant le

Fig. 37. — Notre-Dame de Paris.
Plan.

chœur semi-circulaire, paraît être une des premières cathédrales à cinq nefs; il marque par son plan grandiose, par la hardiesse de ses combinaisons et la perfection de ses détails, de sa construction, les progrès considérables réalisés par les architectes de l'Ile-de-France.

Le parti de construction pour les galeries hautes intérieures, voûtées sur croisée d'ogives, rampantes afin d'éclairer

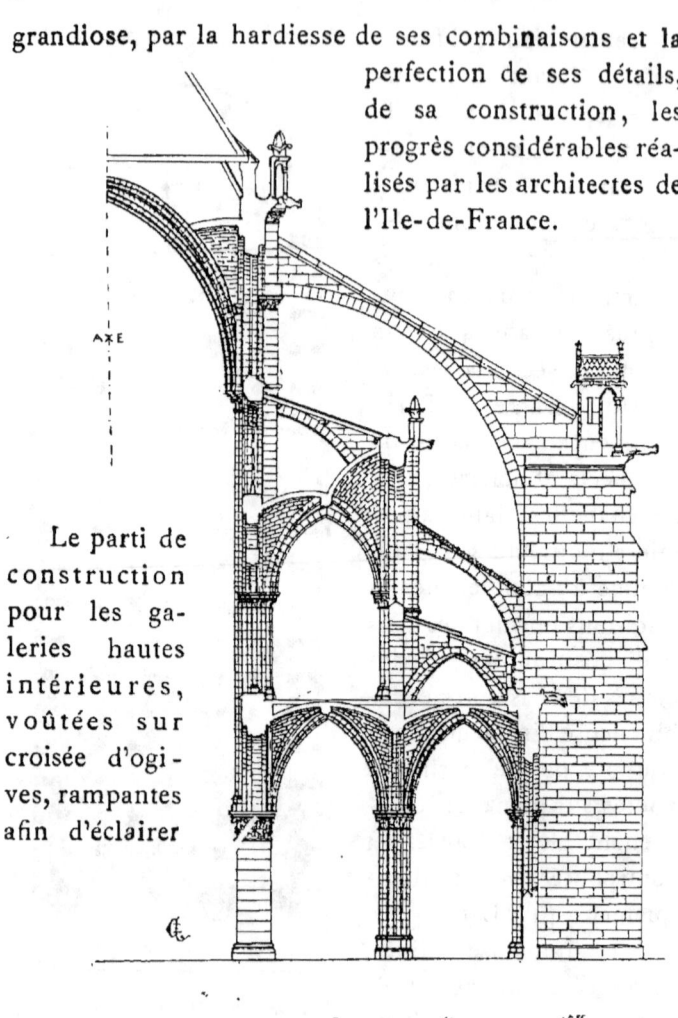

Fig. 38. — Notre-Dame de Paris. — Coupe de la nef.

la galerie au-dessus de la toiture des appentis couvrant

le deuxième bas côté, ainsi que la hardiesse des arcs-boutants à grande volée franchissant les deux bas côtés contrebutant les grandes voûtes du vaisseau central, démontrent que les constructeurs de Notre-Dame de Paris avaient adopté, même dans leurs excès, les diverses méthodes en usage et qu'ils les employaient avec une habileté et une adresse incomparables.

Les traditions normandes qui s'étaient propagées dans l'Ile-de-France s'éteignent dans les premières années du XIIIe siècle. A Châlons-sur-Marne, la nef de la cathédrale

Fig. 39. — Notre-Dame de Paris. Arcs-boutants et tour sud.

est encore accompagnée de bas côtés à deux étages ; mais

la galerie haute, voûtée, rétrécie, montre la fin de cette disposition traditionnelle.

L'influence de la coupole s'est maintenue plus longtemps par le parti adopté pour la construction des voûtes. Langres le prouve par la forme bombée de ses voûtes, qui, malgré leur plan rectangulaire, semblent être une copie réduite des nefs angevines.

Les nefs de Sens et de Bourges sont encore voûtées sur plan carré reportant, par la croisée d'ogives, les charges des voûtes de deux en deux piles, la pile intermédiaire ne soutenant que l'arc-doubleau, *de secours*, dont nous avons déjà parlé. Cependant les arcs-boutants extérieurs sont semblables, aussi forts pour les piles principales que pour les piles intermédiaires, disposition plus prudente que logique, qui prouve une fois de plus avec quelle défiance les constructeurs employaient ce système de soutènement extérieur, caractérisé par un arc libre exposé à tous les dangers des intempéries, l'existence même de l'édifice étant subordonnée à la durée d'un *étai* aussi fragile.

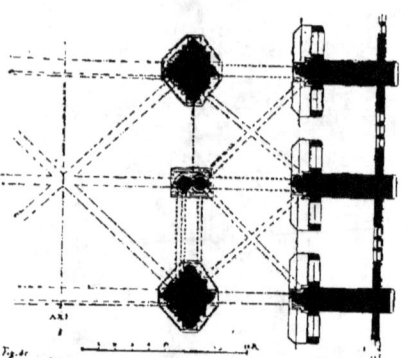

Fig. 40. — Cathédrale de Sens.
Plan d'une travée.
Voûtes sur plan carré comprenant deux travées.

La cathédrale de Sens est un exemple d'une nouvelle transformation qui s'opère par la suppression de

L'ARCHITECTURE RELIGIEUSE. 61

la galerie haute des collatéraux. Les bas côtés sont voûtés et couverts par une toiture en appentis; l'arc-boutant à simple volée s'élève au-dessus et vient contrebuter les voûtes de la nef centrale. L'édifice est solidement établi; sa structure est savante, mais elle est aussi illogique qu'à Laon et à Paris, parce que les arcs-boutants qui sont égaux extérieurement ne répondent pas à leurs véritables fonctions, puisque les poussées intérieures ne sont pas égales.

La cathédrale de Bourges, qui paraît avoir été construite, si elle n'a pas été achevée, dans la pre-

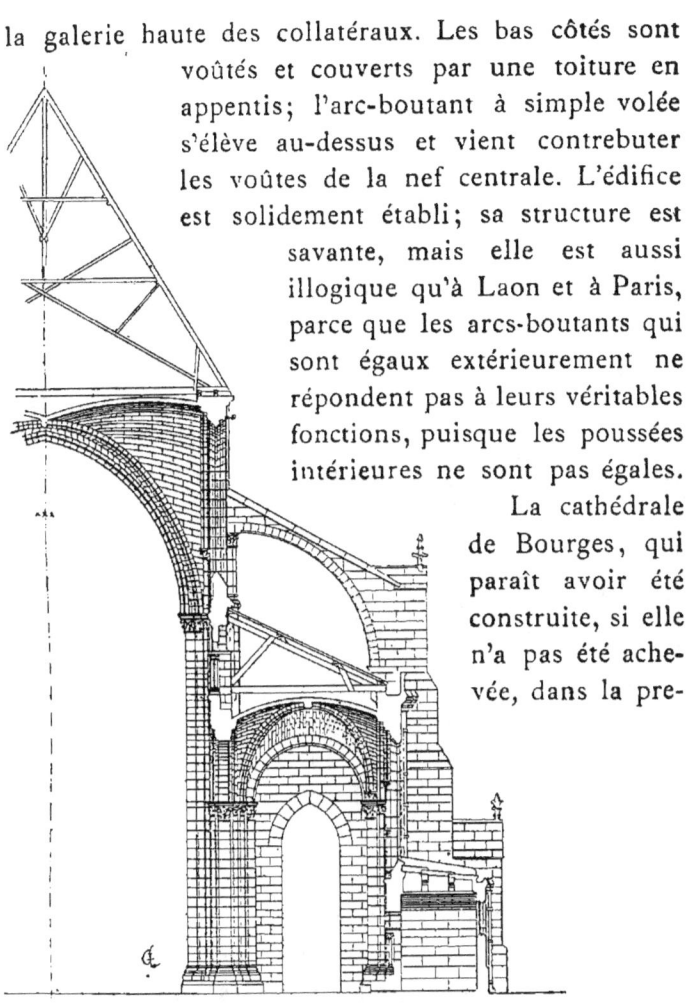

Fig. 41. — Cathédrale de Sens. — Coupe d'une travée de la nef.

mière moitié du XIIIe siècle, montre une autre disposition que celle de Sens. L'édifice comprend cinq nefs et rappelle, en plan, Notre-Dame de Paris; mais le parti est très sensiblement différent. Les bas côtés joignant la nef centrale ne sont plus surmontés d'un étage, ni égaux en hauteur; les deux nefs latérales s'étagent afin de ménager des jours éclairant l'église (fig. 43). Le vaisseau central est encore voûté sur plan carré comprenant deux travées; mais le même illogisme que nous avons constaté plusieurs fois déjà, et sur lequel nous croyons devoir insister afin de le mieux connaître après une étude approfondie,

Fig. 42. — Cathédrale de Sens.
Vue intérieure des travées latérales.

s'accuse encore plus à Bourges que partout ailleurs, en raison de l'importance extrême des arcs-boutants dont les doubles volées franchissent les collatéraux.

A Bourges, comme à Sens, la partie intérieure comprise entre le sommet des archivoltes basses et la base des fenêtres hautes : frise, litre, — ou triforium, selon la désignation moderne, — n'est plus qu'une décoration traditionnelle composée d'arcatures formant galerie de passage et occupant à l'intérieur la hauteur prise à l'extérieur par la toiture adossée des bas côtés. A Sens, cette galerie est simple ; à Bourges, elle est double par la disposition très particulière résultant de l'étagement des bas côtés, qui paraît être une application des méthodes angevines et poitevines, très habi-

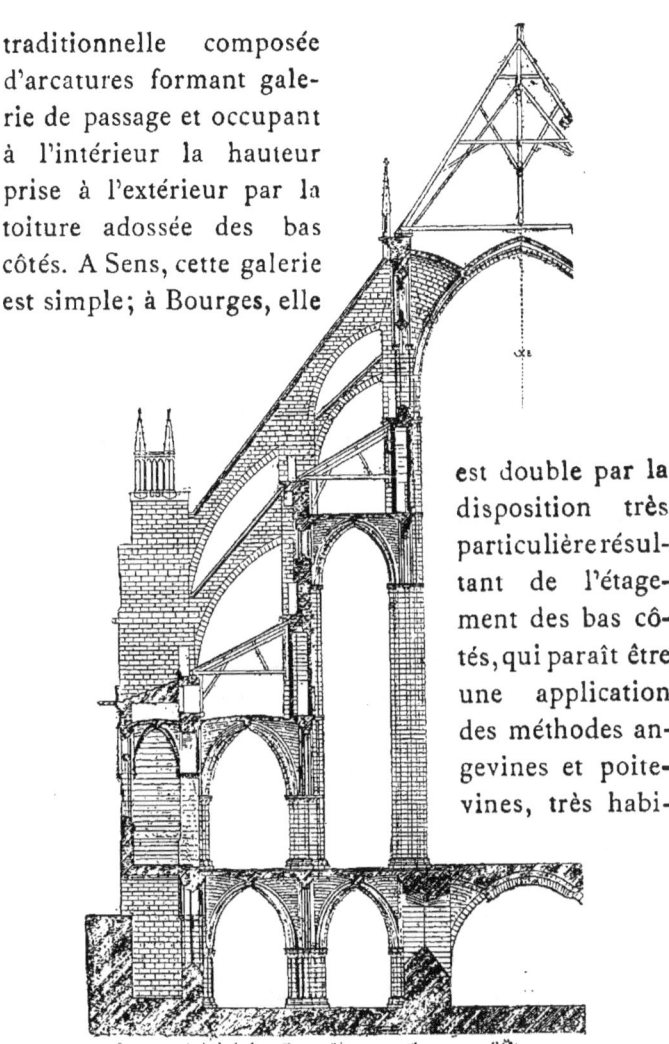

Fig. 43. — Cathédrale de Bourges. — Coupe sur la nef.

lement combinées avec celles de l'Ile-de-France.

CHAPITRE VII

CATHÉDRALES DU XIIIᵉ SIÈCLE.

La cathédrale de Reims, commencée dans les années qui suivirent la destruction de l'église primitive par l'incendie de 1211, est la superbe expression des inventions antérieures des constructeurs de l'Aquitaine et de l'Anjou, réunies à celles des architectes de l'Ile-de-France. Elle est la manifestation la plus complète de leurs efforts persévérants pour établir un système de construction, qui a comme principe de maintenir en équilibre un édifice dont les poussées des voûtes, sur *croisée d'ogives*, sont contrebutées par des arcs-boutants extérieurs.

Les architectes du XIIIᵉ siècle en ont démontré la témérité, le danger même; car, malgré des efforts et des tentatives admirables, ils ne sont pas arrivés à fixer les règles scientifiques de leurs combinaisons, l'équilibre des monuments qu'ils ont élevés étant subordonné à la résistance variable des matériaux et suivant que ces matériaux de même nature, formant l'ossature intérieure ou extérieure de l'édifice, sont exposés ou soustraits à l'action du climat et de ses effets destructifs.

Les dangers de ce mode de construction apparaissent plus visiblement à Reims que partout ailleurs, en raison des dimensions colossales de l'édifice. Cependant, la disposition des arcs-boutants est plus logique que dans les églises et les cathédrales de Laon, de Paris, de Sens et de Bourges, parce que les travées étant sur un plan rectangulaire, la poussée des voûtes intérieures, sur croisée d'ogives, répartie également sur les piles recevant le faisceau des retombées des arcs, est contrebutée régulièrement par les arcs-boutants extérieurs, de dimension et de force égales. Mais cette disposition, logique en apparence par la structure rationnelle des arcs-boutants placés aussi exactement que possible aux points des poussées, n'en est pas moins précaire comme système de soutènement, son extrême fragilité l'exposant à des accidents résultant de l'*usure* constante de la pierre sous un double effet : actif par ses fonctions d'arc et passif par suite de sa désagrégation incessante causée par les intempéries.

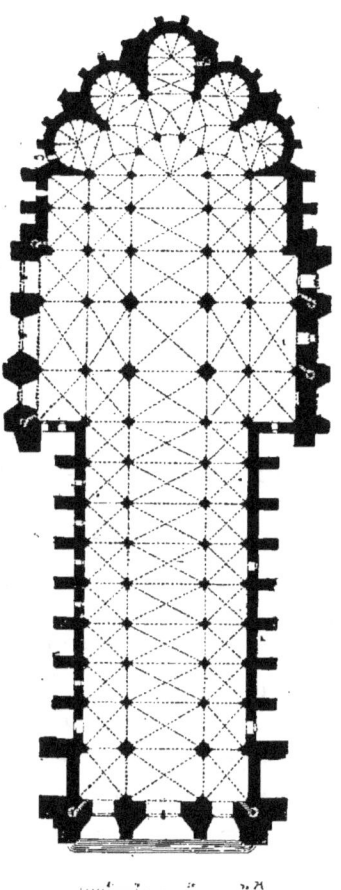

Fig. 44. — Cathédrale de Reims. Plan.

Et ce qui le prouve ici, c'est la réfection en sous-œuvre qu'il a fallu faire, dans ces dernières années, des arcs-boutants de la nef, pour assurer la conservation de l'immense édifice, qui ne peut exister qu'à la condition d'être arc-bouté par des étais permanents, sous forme d'arcs-boutants.

Mais ce qu'il faut admirer sans réserve à Reims, c'est la conception grandiose de l'œuvre et sa puissante exécution, c'est la magnifique ordonnance de sa façade occidentale et la parfaite convenance de l'ornementation, étudiée et appliquée avec autant de sobriété que de justesse, qui fait de la statuaire[1], des chapiteaux, des frises, des crochets et des fleurons autant d'exemples de l'art décoratif du moyen âge.

La cathédrale d'Amiens, commencée vers 1220, l'une des plus grandes cathédrales de l'époque dite gothique, et celle qui passe pour en être le chef-d'œuvre, procède directement de Reims. Le plan présente le même parti, avec cette particularité que le chœur a pris à Amiens une importance très considérable par rapport à la nef et que les piles et les points d'appui sont plus faibles et d'une hauteur beaucoup plus grande.

Les architectes de Reims, préoccupés des problèmes d'équilibre posés par leur système de construction, avaient cherché à réduire au minimum ses dangers, qu'ils semblaient redouter comme leurs prédécesseurs, en évitant sagement tout *porte-à-faux*. Il est facile de voir, par la comparaison des deux coupes (fig. 45 et 48), que les architectes d'Amiens n'ont pas eu les mêmes inquiétudes, ou qu'ils étaient beaucoup plus hardis, sinon plus savants ; car ils n'ont pas craint d'*échafau-*

---

[1]. Voir chapitre xi, *Sculpture, statuaire et ornements*.

L'ARCHITECTURE RELIGIEUSE 67

der les colonnes isolées supportant les clefs des arcs-boutants, sur des encorbellements latéraux qui portent *à faux,* ainsi que l'indique la ligne ponctuée X, sur les piles; la hardiesse ou plutôt l'imprudence de cette combinaison est évidente, car l'écrasement d'une assise ou l'affaissement d'une partie de la pile, sur laquelle sont basés ces encorbellements, entraînerait inévitablement la rupture des arcs-boutants, qui sont les *étais* suprêmes des voûtes intérieures et, comme conséquence logique, le *déséquilibrement,* pour ainsi dire, de tout l'ouvrage et fata-

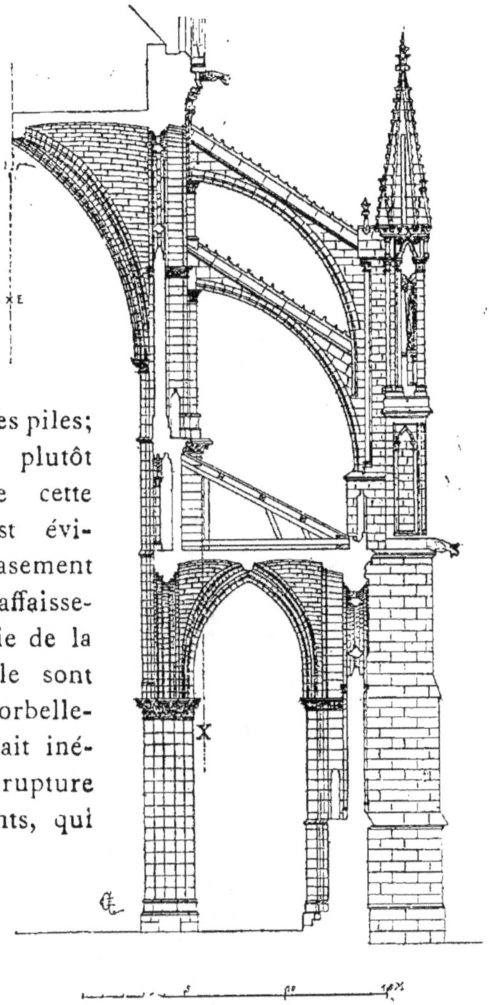

Fig. 45. — Cathédrale de Reims.
Coupe sur la nef.

Fig. 46. — Cathédrale de Reims. — Arcs-boutants du chœur.

lement la ruine totale de l'édifice. Les dangers de ces combinaisons ou, plus exactement, de ces *tours de force* d'équilibre se sont manifestés et prouvés à Beauvais. Les architectes qui construisirent, vers 1225, le chœur de la cathédrale, tout en s'inspirant de celle d'Amiens, avaient marqué l'intention d'élever un monument dépassant en plan et en élévation toutes les grandes églises en construction à cette époque. Ils augmentèrent la largeur du chœur et des travées qui le composent en élevant, sur les clefs des archivoltes inférieures, des piles intermédiaires, afin de diviser, au-dessus, les

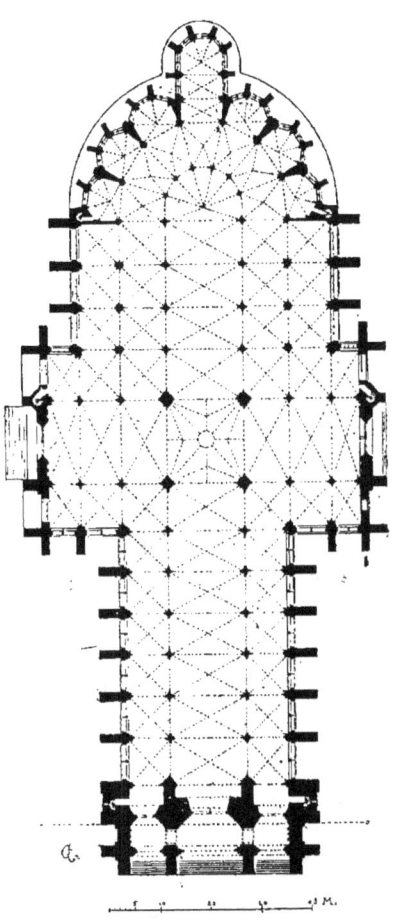

Fig. 47. — Cathédrale d'Amiens. Plan.

travées et de soulager la voûte par des arcs-doubleaux de secours. Ils don-
nèrent une hauteur exagérée aux archi- voltes et aux gran- des fenêtres en di- minuant leurs épaisseurs, afin d'obtenir plus de légèreté, et la voûte de la nef centrale s'éleva à plus de cinquante mètres au-dessus du sol. Cette hauteur énorme et dont l'exagération, par rap- port à la largeur du vais- seau, est évidente, néces- sita un système compliqué d'arcs-boutants, dépassant en hardiesse tout ce qui avait été fait jusqu'alors. La coupe (fig. 51) peut donner une idée exacte de ce qu'on a appelé, justement, une folie, et ce qui doit étonner, c'est que cette construction ait duré, étant don- née la disposition des piles intermé-

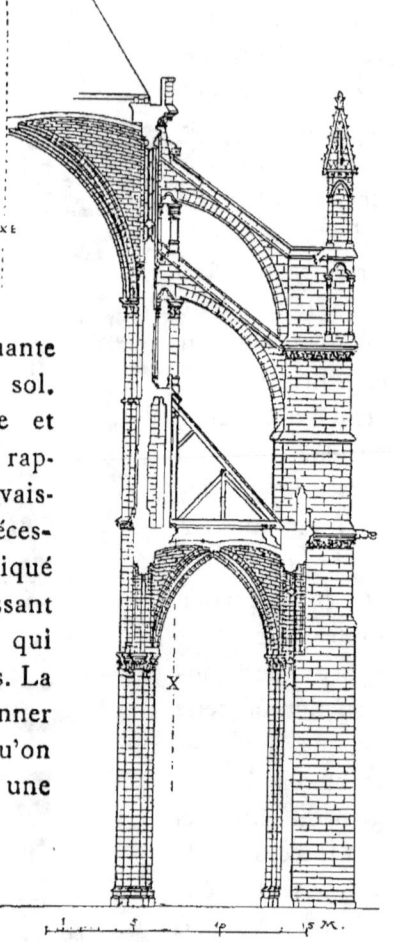

Fig. 48. — Cathédrale d'Amiens.
Coupe sur la nef. — Arcs-boutants.

diaires portant à faux, indiquée par la ligne ponctuée X (fig. 51), de moitié de leur épaisseur sur les

Fig. 49. — Cathédrale de Beauvais. — Abside.

piles inférieures qui se sont déformées sous la charge, qui ont dû être étrésillonnées et qui devront être

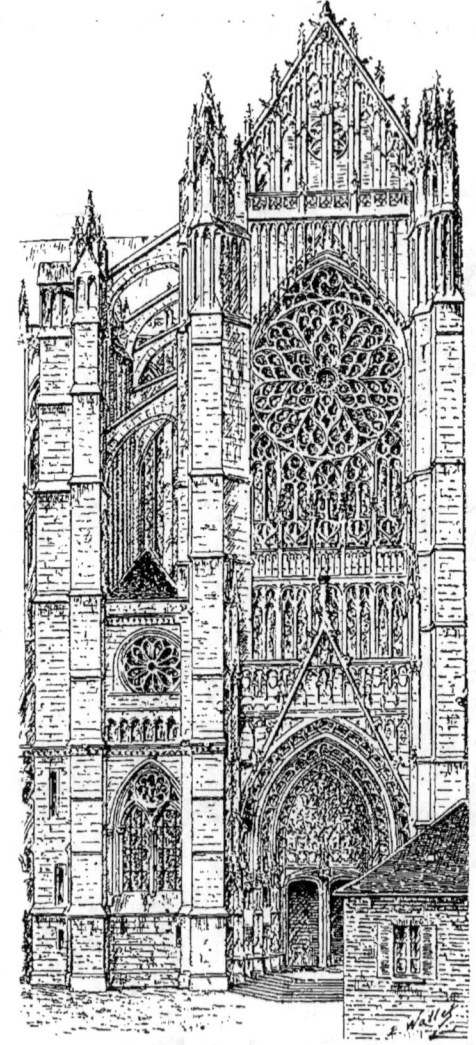

Fig. 50. — Cathédrale de Beauvais. Façade nord.

consolidées. Cependant, le chœur fut achevé vers 1270 et se maintint pendant quelques années ; mais des désordres se produisirent dans ces constructions, si légèrement établies qu'elles semblaient être un échafaudage de pierres, et les voûtes s'écroulèrent le 29 novembre 1284, entraînant dans leur chute une partie des arcs-boutants, disloquant et ébranlant le reste de l'édifice. Il fallut alors, en reconstruisant les voûtes, doubler les points d'appui dans les travées du chœur et des bas côtés et relier les arcs-boutants par des chaînages en fer.

Pendant le xiii⁰ siècle, un grand nombre de cathédrales s'élevèrent dans toute l'Europe, à l'exemple des grands édifices du nord de la France et particulièrement d'Amiens, qui paraît avoir excité, vers le milieu du xiii⁰ siècle, un grand enthousiasme, mais sur des dimensions plus modestes; ils ne présentent pas d'ailleurs les dimensions exagérées, ni les hardiesses de construction de leur modèle. Ces églises et ces cathédrales, dont la reconstruction suivant les nouvelles méthodes commençait généralement par le chœur, qui venait se joindre à une nef plus ancienne, étaient loin d'être terminées; les plus

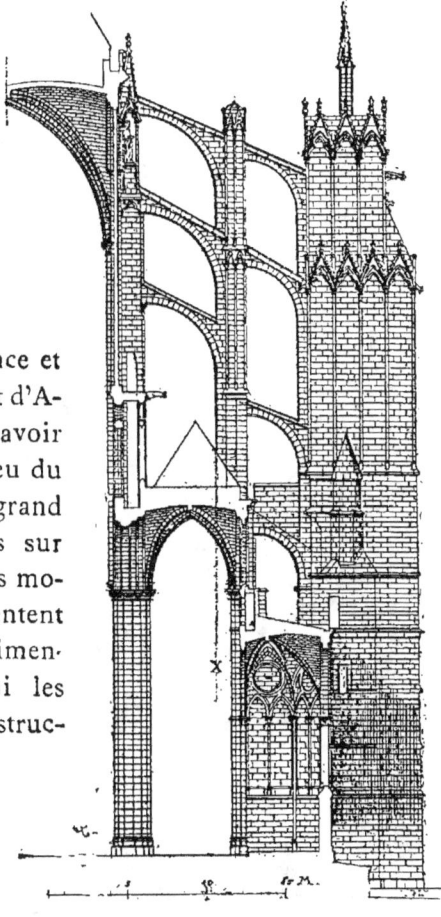

Fig. 51. — Cathédrale de Beauvais.
Coupe transversale.

favorisées s'achevèrent dans le courant du xiv° siècle,

Fig. 52. — Cathédrale de Chartres. — Rose du transsept nord.

mais, pour la plupart, les travaux furent continués péniblement et ne prirent fin que deux siècles plus tard. Dans un grand nombre d'édifices, les travaux de reconstruction furent interrompus par suite des guerres ou des convulsions sociales, diminuant ou supprimant les ressources des constructeurs, évêques et architectes, circonstances favorables aux études archéologiques modernes, parce qu'elles permettent de constater les transformations qui se sont accomplies sans interruption de l'époque dite romane jusqu'à celle dite gothique.

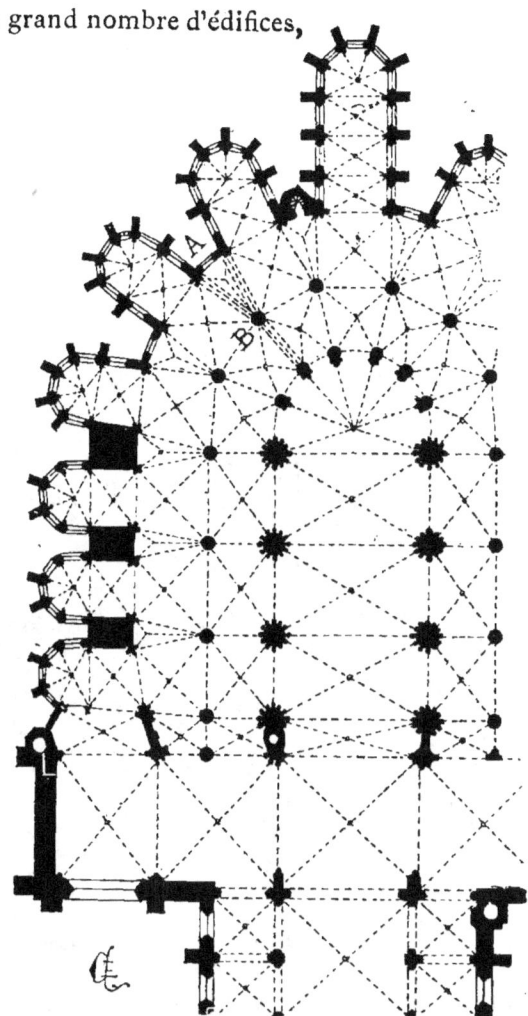

Fig. 53. — Cathédrale du Mans. — Plan.

L'ARCHITECTURE GOTHIQUE.

Ces grands édifices, qui portent les traces des diverses fortunes qu'ils ont suivies, se ressemblent et ne

Fig. 54. — Cathédrale du Mans. — Arcs-boutants de l'abside.

présentent que des particularités de détails variant selon l'habileté des constructeurs.

Indépendamment de sa remarquable statuaire [1],

---

1. Voir chapitre xii, *Statuaire et ornements*.

Chartres doit retenir l'attention par des arrangements ingénieux, comme ceux de la rose du transsept nord et surtout par l'appareil des arcs-boutants; ils sont composés de deux arcs superposés, étrésillon-

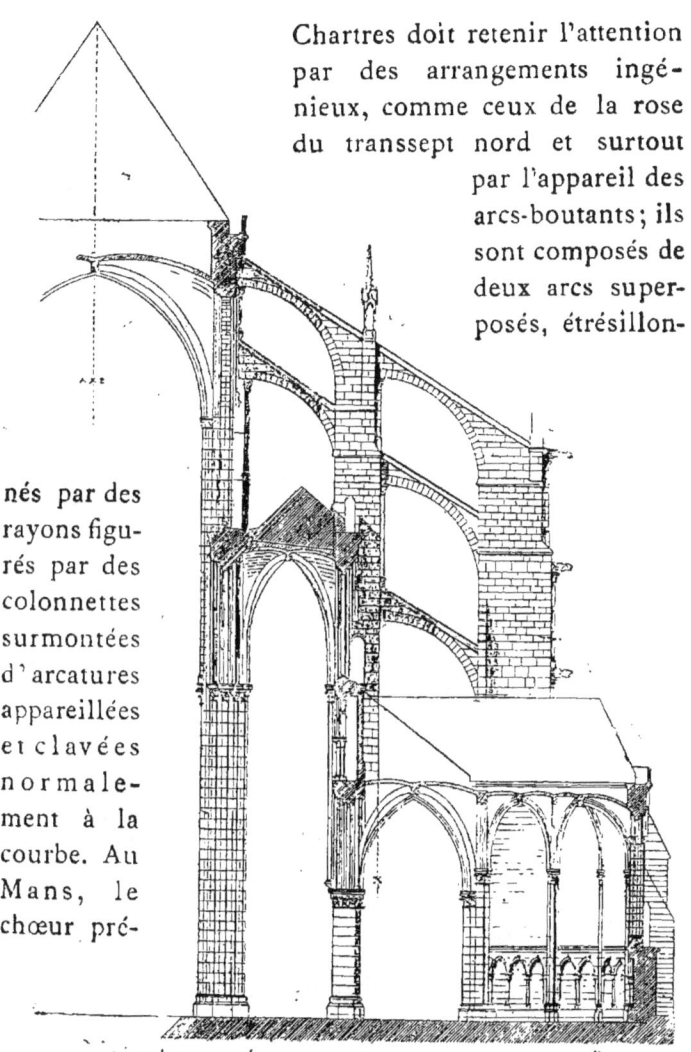

nés par des rayons figurés par des colonnettes surmontées d'arcatures appareillées et clavées normalement à la courbe. Au Mans, le chœur pré-

Fig. 55. — Cathédrale du Mans. — Coupe sur le chœur.

sente une disposition d'autant plus remarquable qu'elle

Fig. 56. — Cathédrale de Coutances.
Tour nord du portail principal.

est plus rare — peut-être unique en son genre. Les arcs-boutants affectent en plan la forme d'un Y, afin de pouvoir ménager dans l'enceinte extérieure des fenêtres éclairant, en A, le vaste déambulatoire circulaire prenant au Mans une importance considérable, parce qu'il entoure le chœur d'un double bas côté.

Les arcs-boutants qui s'élèvent au-dessus des arcs-doubleaux, bifurqués en B, sont d'une section trop réduite ; très élevés, trop faibles et menaçant de se *voiler*, il a fallu les relier par des tirants et des chaînages en fer. Ces expédients semblent être la critique permanente du système ingénieux, mais trop fragile adopté par les architectes du chœur de la cathédrale du Mans.

L'influence de l'Ile-de-France s'est fait sentir en Normandie, dans les cathédrales du XIII° siècle, par les dispositions du chœur et des chapelles absidales. La cathédrale de Coutances, élevée au xi⁰ siècle, fut reconstruite dans les premières années du xiii⁰ siècle, sous l'impulsion du mouvement donné par le Nord à cette époque. Le chœur de Coutances, par les doubles colonnes qui forment la partie semi-circulaire et les arrangements ingénieux des voûtes du collatéral enveloppant le chœur, se rattache au système architectonique du nord; mais la façade est normande aussi bien par l'ensemble que par les détails de la composition, qu'on retrouve en Angleterre.

La cathédrale de Dol, en Bretagne, qui peut passer pour une des grandes cathédrales du xiii⁰ siècle, semble n'avoir pas suivi le mouvement novateur venu du Nord. Par son plan, son abside carrée largement éclairée par de grandes fenêtres, par les détails de l'architecture et de son ornementation, elle paraît se rattacher aux grandes églises qui s'élevaient en ce temps des deux côtés de la Manche, en Normandie et en Angleterre. Selon toutes les probabilités, elle fut construite par les mêmes architectes, ou par leurs disciples, suivant les traditions plus anciennes des écoles normandes établies par Lanfranc, vers la fin du xi⁰ siècle, à Cantorbery, et sur les mêmes modèles de celles qu'il avait fondées en France dans la célèbre abbaye du Bec.

CHAPITRE VIII

CATHÉDRALES ET ÉGLISES DES XIIIe ET XIVe SIÈCLES.

Les cathédrales de Reims, d'Amiens et de Beauvais excitèrent de leur temps un enthousiasme extraordinaire, qui s'est manifesté dans les provinces formant la France et même chez les nations voisines, et surtout en Angleterre, en Belgique, en Allemagne, en Suède, en Espagne et en Italie.

Dans les provinces éloignées du domaine royal, l'entraînement fut plus restreint; cependant, dès la première moitié du xiie siècle, il s'éleva quelques édifices remarquables suivant les formules nouvelles.

« En 1233 fut commencée la cathédrale de Bazas dont le gros œuvre, par exception, fut terminé en peu de temps.

« La cathédrale de Bayonne, en construction à la même époque, eut le sort des cathédrales de Meaux, de Troyes et d'Auxerre, c'est-à-dire ne fut terminée qu'au xvie siècle, avec une seule tour. En 1248 sont jetés les fondements de la cathédrale de Clermont, qui devait avoir six ou sept tours, mais dont le chœur fut seul achevé au xiiie siècle ; le transsept et quatre tours avec une partie de la nef furent exécutés au siècle suivant et les travaux furent abandonnés jusqu'au règne de Napoléon III qui les fit reprendre. La cathédrale de

Limoges, commencée en 1273 sous l'inspiration directe de Notre-Dame d'Amiens, a dû se contenter également, jusqu'à nos jours, d'un chœur, d'un transsept et des

Fig. 57. — Cathédrale de Rodez. — Façade ouest.

amorces d'une nef (qui vient d'être achevée). A Rodez, on fut plus persévérant, et les travaux se poursuivirent avec calme de 1277 à la Renaissance, qui toutefois laissa inachevées les deux tours occidentales, après les avoir comparées, dans une description par trop gasconne, aux pyramides d'Égypte et aux plus célèbres merveilles de l'univers.

82   L'ARCHITECTURE GOTHIQUE.

Fig. 58. — Cathédrale de Bordeaux.
Chœur et portail nord.

« Toulouse et Narbonne engagèrent simultanément, dès 1272, la lutte avec la cathédrale d'Amiens, se proposant de l'égaler au moins dans les dimensions comme elles l'imitaient dans son plan. Ces deux entreprises ne furent pas heureuses. L'archevêque Maurice, de Narbonne, mourut l'année même où il avait fait commencer les travaux; ses successeurs agirent assez mollement. En 1320, la mer se retira, laissant à sec le port qui faisait la principale richesse des habitants; heureusement, le chœur était alors terminé avec sa voûte haute de 40 mètres, mais on fut obligé de laisser tomber en ruine les murs du transsept. A Toulouse, l'évêque Bertrand de l'Isle-Jourdain vécut juste assez pour conduire son entreprise à la hauteur du triforium du chœur, et les choses en restèrent là jusqu'au xve siècle. Ses successeurs gaspillèrent pour leur plaisir et leur ostentation les revenus de leur immense diocèse, à tel point que les papes Boniface VIII et Jean XXII, scandalisés, démembrèrent ce territoire en y plaçant quatre évêques, et en donnant à celui de Toulouse,

Fig. 59. — Cathédrale de Lichfield (Angleterre). Façade occidentale.

par une sorte de compensation, le titre d'archevêque. Mais cette compensation ne rendit pas aux prélats bien intentionnés les ressources qu'avait eues Bertrand, et le chœur de Toulouse n'est qu'à moitié exécuté; au lieu de 40 mètres qu'il devait atteindre, il en mesure à peine 28 et le transsept n'a pas même été commencé.

« Les cathédrales de Lyon, de Saint-Maurice à Vienne et de Saint-Étienne à Toul peuvent être rattachées indirectement au mouvement des grandes cathédrales. A Bordeaux, on voulut aussi construire une grande cathédrale au temps de la domination anglaise ; mais le chœur n'en aurait jamais été achevé sans les libéralités du roi Édouard Ier et celles du pape Clément V, qui avait été archevêque de cette ville[1]. »

En Angleterre, les grandes cathédrales construites au XIIIe siècle témoignent de la force d'expansion de l'art français qui s'était manifesté déjà pendant le siècle précédent, suivant les traditions établies et propagées par l'enseignement et les œuvres des moines-architectes normands qui avaient suivi Guillaume le Conquérant dans la Grande-Bretagne.

Les constructeurs anglais s'assimilèrent les principes de construction des architectes de l'Anjou et de l'Ile-de-France et, dans les nombreuses cathédrales qu'ils élevèrent du XIIe siècle à la fin du XVe, on retrouve aisément, au milieu des transformations ou des adaptations suivant les usages et les idées propres des artistes britanniques, les caractères originaux qui distinguent l'art français.

Cette influence est visible dans les cathédrales d'York, d'Ely, de Wille, de Salisbury, de Cantorbery, construite sur les plans d'un architecte ou maître maçon : Guillaume de Sens; dans celle de Lichfield, dont les flèches

---

[1] Anthyme Saint-Paul, *Histoire monumentale de la France.* — Paris, Hachette et Ce. 1884.

de la façade rappellent celles de Coutances, en Normandie, et principalement dans la cathédrale de Lin-

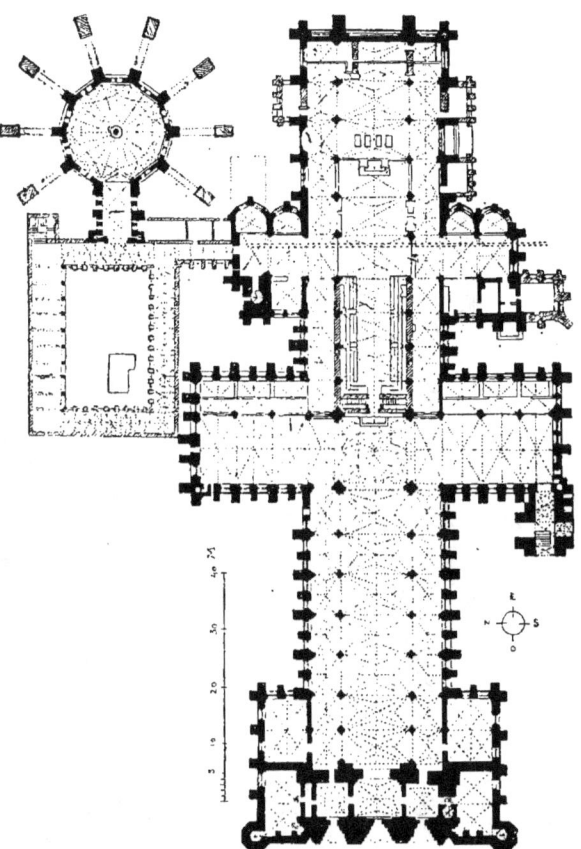

Fig. 60. — Cathédrale de Lincoln (Angleterre). — Plan.

coln. Elle est une des plus belles de l'Angleterre et l'une de celles qui montre le mieux la filiation certaine et continue entre les édifices élevés en France et en

Fig. 61. — Cathédrale de Lincoln (Angleterre). — Façade occidentale.

Angleterre pendant la période dite gothique, peut-

Fig. 62. — Cathédrale de Lincoln (Angleterre). — Transsept.

être par les mêmes architectes, mais sûrement par

les élèves ou les disciples de mêmes maîtres constructeurs.

La cathédrale de Lincoln, fondée au xie siècle et terminée en 1092, fut en grande partie détruite, comme tant d'autres édifices couverts en bois, du même temps, par un incendie, en 1124. Elle fut reconstruite et agrandie par saint Hugues selon les idées nouvelles venues de France avec lui, ce qui s'explique tout naturellement, puisque saint Hugues, le mandataire du pape Grégoire VII, avait été évêque de Grenoble; un tremblement de terre, en 1185, détruisit une grande partie de l'église qui fut réédifiée, agrandie et complétée par l'évêque Grossetête, Anglais de naissance, mais élevé, instruit en France dans les premières années du xiiie siècle, et qui avait rapporté en Angleterre la fleur vivace des idées, si larges et si belles, qui signalèrent ce siècle merveilleux.

La tour-lanterne qui s'élève à l'intersection du premier transsept, vers le portail principal, s'étant écroulée en 1235, fut reconstruite ou achevée par l'évêque Grossetête vers 1240. Elle rappelle, par sa forme générale et ses détails, la grande tour-lanterne de Coutances, en Normandie, qui semble également avoir servi d'exemple à celle de Saint-Ouen de Rouen au xive siècle.

L'immense et superbe cathédrale de Lincoln est un admirable sujet d'études comparatives, parce qu'elle présente dans son architecture les caractères très tranchés des deux nations. Elle met en présence, dans le même édifice, l'architecture anglaise avec sa structure massive ornée de détails, formée par des lignes verticales, rigides, sèches et dures comme le fer, et l'archi-

Fig. 63. — Cathédrale de Lincoln (Angleterre). — Abside et salle capitulaire.

tecture française, gracieuse et ferme à la fois, souple et forte comme l'or, plus solide et résistante que le fer sous l'apparence d'un art plus parfait.

Si la façade et les tours de l'ouest sont anglaises, le chœur et l'abside sont français, comme composition et très probablement comme exécution, de même que la salle capitulaire dont les dispositions et les détails des travées rappellent ceux des façades latérales de Bourges ; d'ailleurs, ces ouvrages sont de véritables chefs-d'œuvre d'architecture, dignes de la période la plus brillante de l'architecture française au moyen âge.

En Belgique, l'influence française s'est manifestée dès la première moitié du XIII° siècle par un édifice remarquable : Sainte-Gudule, à Bruxelles. Jusqu'à cette époque, les principes des écoles rhénanes s'étaient répandus dans les Pays-Bas et la préférence donnée aux idées nouvelles en France est une indication très certaine du retentissement qu'elles eurent alors dans toute l'Europe occidentale. La preuve est donnée par les grandes églises de Gand, de Tongres, de Louvain, de Bruges entre autres, construites de 1235 à la fin du XIIIe siècle ou, du moins, qui furent alors commencées et achevées pour la plupart pendant le XIVe siècle et même plus tard.

Sainte-Gudule, à Bruxelles, commencée vers 1226, ne comprenait en 1275 que le chœur et le transsept. La nef fut élevée au XIVe siècle avec les tours de la façade qui ne furent achevées que pendant le siècle suivant et même au XVI° siècle, ainsi que quelques chapelles dont les fenêtres sont décorées de superbes verrières.

A Cologne, l'influence française est non moins certaine, car la cathédrale est certainement une fille de celle d'Amiens ; l'opinion d'un auteur allemand présente dans ce cas un intérêt particulier.

L'ARCHITECTURE RELIGIEUSE.   91

« La fameuse cathédrale de Cologne, chef-d'œuvre

Fig. 64. — Cathédrale de Bruxelles (Belgique). — Façade principale de Sainte-Gudule.

des écoles allemandes, procède directement de la tradition française ; son chœur n'est qu'une répétition de celui de la cathédrale d'Amiens ; il fut dédié en 1322. Dès lors on travailla sans relâche à l'achèvement du transsept et de la nef; celle-ci mesure 13 mètres en largeur et 42 en hauteur; la longueur totale atteint 151 mètres. Les deux tours de la façade ont été achevées de nos jours, d'après les dessins originaux de l'époque, dit-on. L'effet général, soit à l'intérieur, soit à l'extérieur, n'est certes pas comparable à celui des belles cathédrales françaises; mais le style en est riche et pur, et touche à la perfection dans l'exécution du détail [1]. »

Dans les pays scandinaves, l'art français, qui s'était manifesté à Ripen, dans le Jutland, pendant la période dite romane, nous montre un nouvel exemple de son expansion, par un monument considérable élevé en Suède vers la fin du XIIIe siècle. La cathédrale d'Upsal présente cette particularité qu'elle a été créée et commencée par un architecte français, Estienne de Bonneuil, autorisé par ordonnance royale du 30 août 1287 à se rendre à Upsal pour construire la cathédrale [2].

En Espagne, l'architecture dite gothique a marqué ses principales qualités dans les églises et les cathédrales qu'elle y a élevées à l'exemple des édifices français, pendant le XIIIe siècle, par la grande église à cinq nefs de Tolède, à Badajoz et dans la façade de Saint-Marc à Séville. L'influence française s'est également manifestée pendant le cours des XIVe siècle et suivants, entre autres édifices, dans les cathédrales de Léon, de Palencia, d'Oviedo, de Pampelune, de Valence et de Barcelone, fondée à la fin du XIIIe siècle et continuée au

---

1. W. Lübke, *Essai d'histoire de l'art.*
2. Ch. Lucas, *les Architectes français à l'étranger.* (Extrait du journal *l'Architecture.*)

Fig. 65. — Cathédrale de Cologne (**Allemagne**).
Façade latérale sud.

xive ; ainsi que dans les églises de Torquemado, de Bilbao, la collégiale de Bellaguer et les abbayes de Monresa et de Guadelupe, construites en partie au xive siècle.

La cathédrale de Burgos, commencée dans la première moitié du xiiie siècle, est une de celles qui rappelle le plus visiblement les édifices français des xiiie et xive siècles par le plan et le mode de construction des arcs-boutants et des fenêtres aussi bien que par la décoration sculpturale des porches. La façade, dont la base paraît être du xive siècle, est couronnée par des flèches ajourées achevées un siècle plus tard. Ce curieux édifice montre, en même temps que certaines parties décoratives traitées selon le mode italien, les caractères très particuliers de l'architecture espagnole, avec ses détails extrêmement brillants, d'origines diverses, qui s'expliquent par la force et la persistance des traditions arabes et surtout mauresques.

En Italie, d'innombrables églises s'élevèrent pendant la période dite gothique, principalement vers la fin et sans parler des cathédrales célèbres de Milan et de Florence, ni de Saint-Antoine, ni du Dôme de Padoue, etc., et parmi celles qui semblent s'éloigner des traditions antiques et lombardes pour se rapprocher des idées françaises, la cathédrale ou dôme de Sienne paraît devoir être signalée pour le caractère des détails de sa façade décorative qui rappellent l'architecture en honneur en France pendant les xiiie et xive siècles. Il en est de même pour la cathédrale ou dôme d'Orvieto.

Suivant quelques archéologues, les dômes de Sienne et d'Orvieto procèdent de l'église de Saint-François, à Assise, qui n'en est pas éloignée. Or il paraît certain

Fig. 66. — Cathédrale de Burgos (Espagne). — Façade occidentale.

que l'église de Saint-François à Assise est d'origine française. Fondée en 1228 pour recevoir les restes de saint François, mort en 1226, il est possible que

Fig. 67. — Cathédrale ou dôme de Sienne (Italie). — Façade.

l'église basse ait été achevée pendant le XIIIe siècle, mais non par un Allemand dans la première moitié de ce siècle, car à cette époque l'architecture dite gothique, à l'état embryonnaire en Allemagne, brillait dans tout son éclat en France. L'église haute paraît être d'un siècle plus jeune, et ce qui peut établir sa filiation fran-

Fig. 68. — Église de Saint-François, à Assise (Italie).
Abside et cloître.

çaise, c'est son système de construction qui a tous les caractères particuliers de celui en usage à la fin du

XIIIe siècle et dans les premières années du XIVe dans le midi de la France, dont l'église d'Albi est le type parfait[1]. La nef unique, ses contreforts avec leurs saillies intérieures et leurs formes extérieures — en demi-tourelles — ajoutent encore à la ressemblance de l'église italienne d'Assise avec l'église albigeoise française.

CHAPITRE IX

ÉGLISES DES XIVe ET XVe SIÈCLES EN FRANCE ET EN ORIENT.

« Le XIIIe siècle avait tant produit, en fait d'architecture religieuse, qu'il laissait peu à faire aux siècles suivants. Les guerres, qui bouleversèrent la France pendant les XIVe et XVe siècles n'auraient plus permis d'entreprendre des édifices d'une importance égale à celle de nos grandes cathédrales, en admettant qu'elles n'eussent pas été toutes élevées avant ces époques désastreuses. Les édifices religieux complètement bâtis pendant le XIVe siècle sont rares, plus rares encore pendant le siècle suivant. On se contentait alors de terminer les églises inachevées, ou de modifier les dispositions primitives des églises des XIIe et XIIIe siècles, ou de les restaurer et de les agrandir. C'est à la fin du XVe siècle et au commencement du XVIe, alors que la France commence à ressaisir sa puissance, qu'un nouvel élan

1. Voir au chapitre IX, *Albi*, etc.

est donné à l'architecture religieuse ; mais la tradition

Fig. 69. — Église de Saint-Ouen, à Rouen. — Tour centrale et abside, façade sud.

gothique, bien que corrompue, abâtardie, subsiste. Beaucoup de grandes cathédrales sont terminées, un grand nombre de petites églises, dévastées pendant les guerres, ou tombées de vétusté par suite d'un long abandon et de la misère publique, sont rebâties ou réparées. Mais bientôt la Réformation vient arrêter ce mouvement et la guerre, les incendies, les pillages détruisent ou mutilent de nouveau la plupart des édifices religieux à peine restaurés. Cette fois le mal était sans remède, lorsqu'à la fin du XVIe siècle le calme se rétablit de nouveau ; la Renaissance avait effacé les dernières traces du vieil art national et si, longtemps encore, la construction des édifices religieux, les dispositions des églises françaises du XIIIe siècle furent suivies, le génie qui avait présidé à leur construction était éteint, dédaigné [1]. »

L'église de Saint-Ouen, à Rouen, est un exemple des rares édifices religieux du Nord construits pendant le XIVe siècle, à l'exception des tours de l'ouest et de la façade qui sont modernes. Les dispositions de ces églises varient parce qu'elles suivent le mode de construction adopté par les architectes du Nord, au XIIIe siècle, avec cette particularité que les piles s'affinent ou plutôt s'effilent, moins par la réduction réelle des points d'appui que par l'affectation d'en diminuer l'apparence, en multipliant les lignes verticales du faisceau qui forme les piles, dont la gracilité est encore augmentée par l'extrême profusion des moulures et la complication des profils évidés à l'excès. Ces profils et ces moulures montent de la base au sommet en marquant encore, au XIVe siècle, la naissance des arcs par

[1]. Viollet-le-Duc, *Dictionnaire raisonné de l'architecture française*, etc., t. Ier.

L'ARCHITECTURE RELIGIEUSE. 191

des bagues sculptées surmontées d'un rudiment de tailloir, lignes et détails caractéristiques, derniers vestiges des traditions qui disparaissent au xve siècle; les lignes architectoniques des arcs croisés de la voûte et des arcs longitudinaux et latéraux, s'effilant encore et n'indiquant leurs naissances qu'à la base des piles qui présentent un réseau inextricable de moulures croisées, entre-croisées et imbriquées, démontrent surtout l'habileté de main du tailleur de pierre.

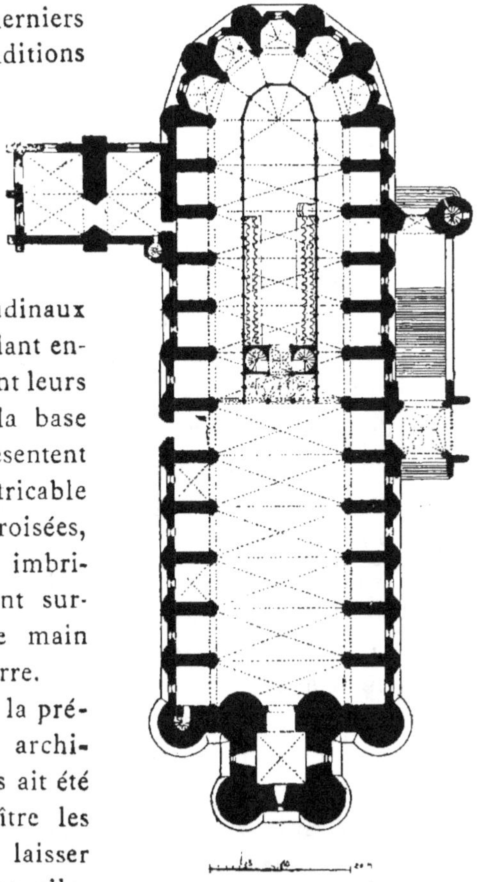

Il semble que la préoccupation des architectes de ce temps ait été de faire disparaître les *pleins* pour ne laisser apparentes que les piles et les voûtes amincies;

Fig. 70. — Cathédrale d'Albi. — Plan

il n'existe plus de murs que dans la partie basse des fenêtres dont les claires-voies occupent tout l'espace compris entre les piliers. Les voûtes ne laissent plus voir leurs triangles qui disparaissent sous un réseau serré de croisées d'ogives supplémentaires et, par conséquent, inutiles ou simplement décoratives. Il est juste de noter que les claires-voies de ces immenses fenêtres furent ornées de verrières qui ont donné l'essor à l'art de la peinture sur verre, art admirable, d'une merveilleuse souplesse, qui s'était manifesté dès le XIIe et le XIIIe siècle et qui a produit, depuis cette époque jusqu'à la Renaissance, de véritables chefs-d'œuvre [1].

Cependant il faut remarquer que le grand mouvement de construction et même de reconstruction qui s'était manifesté, dans toute l'Europe occidentale et particulièrement dans les provinces françaises du Nord, par de grands édifices voûtés et arc-boutés, avec les modifications successives que nous venons d'indiquer, ne s'était pas généralisé dans le Midi, à part quelques exceptions : à Bazas, à Bayonne, à Auch, à Toulouse et à Narbonne, pour ne parler que des édifices importants. Les architectes du Midi, ainsi que nous l'avons déjà dit, soit par réaction, résistance ou défiance, avaient conservé les traditions antiques, ce qui s'explique simplement dans un pays où tout ce qui touchait à la construction était resté gallo-romain. Les constructeurs des XIIIe et XIVe siècles avaient bien accepté, sans déroger à leurs principes conservateurs, la voûte sur croisée d'ogives inventée par les Angevins et d'un emploi si facile dans son admirable simplicité ; mais ils conservèrent dans les dispositions générales de leurs édifices religieux les usages et les

---

[1]. Chapitre XII, *Peinture décorative sur mur et sur verre.*

exemples romains dont les plus connus sont la basilique de Constantin et le Tépidarium des Thermes d'Antonin Caracalla à Rome [1].

On construisit dans le Midi, à la fin du xiiie siècle et pendant le xive, un grand nombre d'églises composées d'une seule nef, large et haute, dont les voûtes, sur croisée d'ogives, sont maintenues par des contreforts accusés faiblement à l'extérieur, mais fortement à l'intérieur ; des chapelles au-dessus desquelles étaient ménagées des tribunes ou une galerie de passage occupant la grande saillie des contreforts intérieurs. A Toulouse, dans la seconde moitié du xiiie siècle, on bâtit, en briques du pays, les deux vastes églises des Cordeliers et des Jacobins; celle-ci possède deux nefs selon les usages dominicains du temps, mais ses dispositions extérieures sont semblables à celles des églises à nef unique. Les églises de Saint-Bertrand de Comminges, de Lodève, de Perpignan, de Condom, de Carcassonne, de Gaillac, de Montpezat, de Moissac, etc., etc., furent élevées aux xive et xve siècles sur le plan des églises à une seule nef. Celle de Perpignan présente cette particularité que les voûtes sur croisée d'ogives sont cependant construites selon les procédés romains, conservés aussi bien comme forme donnée aux matériaux en terre cuite, que dans le mode de les mettre en œuvre ; les reins de la voûte — qui ne mesure pas moins de seize mètres de largeur — sont garnis par des jarres en terre cuite hourdées en excellent mortier de chaux d'une grande dureté. La toiture proprement

[1]. *L'Architecture romane,* par Éd. Corroyer. — A. PICARD & KAAN, *éditeurs.* — Chapitres iii et vii.

dite est portée, sans aucune charpente en bois, sur des voûtains en briques romaines reliées par une aire en terre cuite recevant les tuiles, également de forme romaine antique, et rejetant au dehors les eaux d'infiltration par suite de rupture des tuiles, précaution nécessaire pour protéger les voûtes en les gardant complètement étanches, condition essentielle de leur conservation.

La cathédrale de Sainte-Cécile à Albi est le monument type des grandes églises à une seule nef. Son immense vaisseau unique, qui n'a pas moins de dix-huit mètres de largeur, construit entièrement en briques, sauf les meneaux des fenêtres, la clôture du chœur et le porche sud, en fait l'un des plus

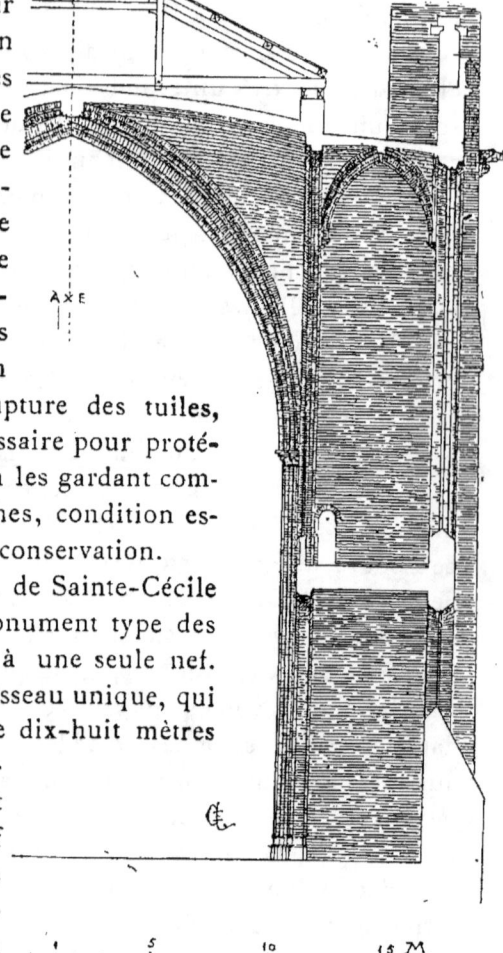

Fig. 71. — Cathédrale d'Albi.
Coupe sur la nef.

vastes édifices parmi ceux qui ont été construits dans le

Fig. 72. — Cathédrale d'Albi. — Abside.

Midi suivant les principes traditionnels de l'antiquité romaine. Ces principes ou ces systèmes, aussi simples que sages, présentent toutes les conditions nécessaires pour assurer la stabilité d'un ouvrage; les points d'appui et de soutènement des voûtes sur croisée d'ogives, se trouvant à l'intérieur, sont par conséquent protégés contre les intempéries ou toute autre cause extérieure de destruction et lui assurent une durée indéfinie.

Commencée en 1282 sur les ruines de l'ancienne église de Sainte-Croix, la cathédrale, dédiée à sainte Cécile, fut achevée vers la fin du xive siècle et complétée, telle qu'elle est aujourd'hui, vers la fin du xve siècle et les premières années du xvie, par la construction du *baldaquin* qui précède la porte sud, l'entrée principale; par celle du jubé et de la clôture du chœur, en pierre, avec ses stalles en bois sculpté, ainsi que par la peinture totale de l'église. Ces travaux sont des plus instructifs pour l'histoire de l'art décoratif en France, avec ses transformations successives, qui sont marquées à Albi par des monuments de premier ordre, inspirés ou créés sous l'action de diverses influences. L'architecture est française, du Midi, en ce qui touche l'église proprement dite; elle l'est également par le splendide porche dit le Baldaquin, le jubé et la clôture du chœur, mais inspirés de l'architecture française du Nord à la fin du xve siècle et au commencement du xvie; la statuaire et les ornements sculptés en pierre ou en bois sont flamands et les peintures, par l'exagération des couleurs et la vulgarité des motifs, sont évidemment italiennes.

La cathédrale d'Albi est d'autant plus intéressante à étudier qu'elle est un des exemples les plus curieux de l'architecture dite *gothique* du Midi au xive siècle. Elle présente de plus cette particularité qu'elle fut tout à la fois une église — ce qu'elle est encore — et une forteresse, particularité qui s'explique facilement en se reportant aux temps qui suivirent la terrible guerre

Fig. 73. — Cathédrale d'Albi. — Clocher-donjon et face sud.

d'extermination dite des Albigeois, et aux circonstances politiques et sociales qui en furent la conséquence.

Église à l'intérieur et l'une des plus belles de son temps par ses dimensions grandioses, la perfection de sa construction et la splendeur de ses décorations architectoniques.

Forteresse à l'extérieur par la forme des contreforts qui s'élèvent au-dessus du glacis de la base, comme des tours flanquantes, par la disposition des travées ou plutôt des courtines reliant les tours couronnées de mâchicoulis et d'un crénelage, par le caractère grandiose de son architecture militaire dont l'aspect formidable est encore augmenté par le clocher occidental, véritable donjon complétant le système défensif de l'édifice, se rattachant d'ailleurs aux ouvrages fortifiés de l'archevêché, qui se relie lui-même aux remparts élevés sur les escarpements bordant le Tarn, au nord de la place[1].

Il existe encore quelques églises fortifiées comme celle des Saintes-Maries (Bouches-du-Rhône), qui date du XIIIe siècle. Indépendamment de la cathédrale d'Albi, les églises de Béziers, de Narbonne et un grand nombre d'autres églises paroissiales élevées aux XIIIe et XIVe siècles s'étaient entourées de défenses que les guerres de religion rendaient nécessaires; ces églises, transformées en forteresses par les malheurs des temps, servaient d'ailleurs d'abri temporaire aux populations poursuivies.

Un exemple des plus intéressants nous est donné par l'église d'Esnandes, non loin de la Rochelle, au fond de l'anse de l'Aiguillon, église qui date du XIIe siècle et qui fut fortifiée au commencement du XVe siècle pour préserver le pays des incursions des Anglais.

Ainsi que nous l'avons dit, d'après un auteur auto-

---

1. Voir *l'Architecture civile*, chapitre II.

risé, les édifices construits au xvᵉ siècle sont plus rares
que ceux du siècle précédent. On se borna à compléter

Fig. 74. — Église d'Esnandes (Charente-Inférieure).
Église fortifiée (xivᵉ siècle).

les églises selon les idées du temps où on essaya de les
reconstruire, mais sur des plans qui ne purent être

Fig. 75. — Abbaye du Mont-Saint-Michel.
Arcs-boutants du chœur (fin du xve siècle).
(D'après les dessins d'Éd. Corroyer.)

suivis et dont on n'exécuta qu'une partie; nous prenons pour exemple un monument célèbre, le Mont-Saint-Michel. Le chœur de l'église, de l'époque dite romane, s'était écroulé en 1421, pendant la guerre de Cent ans. En 1452, le cardinal Guillaume d'Estouteville commença la reconstruction de l'église suivant un projet considérable et dont on ne put achever que le chœur[1] dans les premières années du XVIᵉ siècle. Cette partie de l'église nous montre les effets de la décadence qui s'était annoncée dès la fin du XIIIᵉ siècle. Certaines dispositions, comme celle de la galerie, dite triforium, posée sur des encorbellements portant sur les reins des voûtes basses et contournant extérieurement les points d'appui, sont très ingénieuses; mais l'appareil est négligé surtout dans les arcs-boutants, à la construction desquels les architectes du XIIIᵉ siècle apportaient tant de soins;

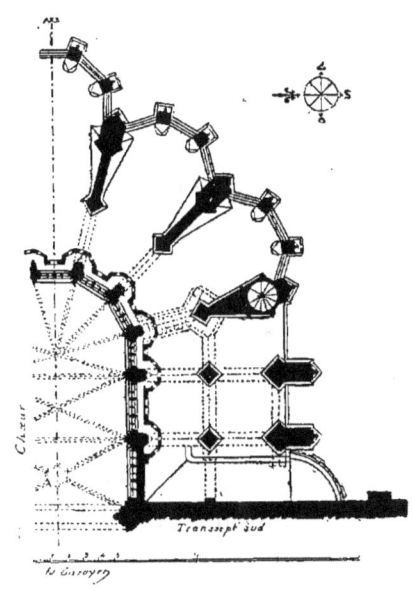

Fig. 76. — Abbaye du Mont-Saint-Michel.
Plan du chœur
au-dessus des chapelles basses.

1. *Description de l'abbaye du Mont-Saint-Michel et de ses abords*, par Éd. Corroyer. — Paris, 1877.

les lignes amincies par la multiplicité des moulures s'effilent encore, sans chapiteaux indiquant la naissance des arcs et le réseau compliqué des fenestrages ajoutant encore à l'effet produit par une sorte d'étirage qui amoindrit les proportions de l'édifice. Il ne reste plus qu'à admirer l'habileté de main des *tailleurs de pierre.* La taille du granit, la seule pierre employée au Mont-Saint-Michel, sauf pour les arcatures du cloître [1], est absolument remarquable, aussi bien que la sculpture ornementale, exécutée avec une extrême adresse, malgré les détails dont elle est surchargée.

La décadence de l'architecture dite *gothique* s'était manifestée dès la fin du XIIIᵉ siècle par les *tours de force* du chœur de Saint-Pierre à Beauvais et de l'église de Saint-Urbain à Troyes. On construisit pendant les XIVᵉ et XVᵉ siècles des édifices ou des parties d'édifices avec une adresse souvent remarquable ; mais l'art de l'architecture, si fort dans sa simplicité au XIIIᵉ siècle, ne se manifeste plus dès la fin du XVᵉ que sous des formes maniérées dont le portail de la cathédrale d'Alençon peut donner une idée, et qui ne fait que s'accentuer encore au siècle suivant.

« Le meilleur côté de l'art en décadence n'est pas la construction des églises, c'est plutôt leur décoration et leur ameublement ; là brillent l'habileté dans le détail et la patience dans l'exécution qui distinguent les tailleurs de pierre et les imagiers des deux derniers siècles du moyen âge [2]. »

---

1. Voir la 2ᵐᵉ partie, *l'Architecture monastique.*
2. Anthyme Saint-Paul, *Histoire monumentale de la France.* — Paris, 1884.

L'ARCHITECTURE RELIGIEUSE.

Fig. 77. — Abbaye du Mont-Saint-Michel. — Détails de l'abside (fin du xvᵉ siècle).

L'architecture dite *gothique* avait montré sa force

Fig. 78. — Cathédrale d'Alençon. — Façade occidentale (xve siècle).

d'expansion dès la fin du xiie siècle et pendant le xiiie, non seulement dans toute l'Europe occidentale, mais encore en Orient par des monuments qui présentent un intérêt considérable, car ils ont été créés par des moines-architectes venus de France à la suite des premiers croisés. Dès la fin du xıı^e siècle, des édifices célèbres de

Fig. 79. — Cathédrale de Sainte-Sophie, à Nicosie. — Façade.
(Ile de Chypre.)

la terre sainte, modifiés ou agrandis, portent les traces de leur influence, qui s'affirme par les monuments qui s'élevèrent à Chypre et à Rhodes du xııı^e au xve siècle, selon les méthodes occidentales et particulièrement françaises.

« On ne saurait contester que le séjour prolongé des croisés dans le Levant, les enseignements de leurs architectes, la vue de leurs monuments aient contribué au développement de l'art arabe. Il y a eu réaction de l'Occident sur l'Orient; quelquefois même l'imitation est si directe qu'elle jette le trouble dans l'esprit de l'observateur... Pour bien comprendre le rôle des croisés en Orient, pour en saisir le caractère indépendant et occidental, il faut, par un rapide coup d'œil jeté sur les monuments construits par eux à Chypre et à Rhodes après leur expulsion de la Syrie, voir le mouvement commencé au XIIe siècle se continuer dans les siècles suivants sans interruption et en conservant le même caractère, c'est-à-dire en se laissant toujours guider par la France[1]. »

« L'île de Chypre, conquise en 1191 par Richard Cœur-de-Lion, fut cédée l'année suivante à Guy de Lusignan et resta dans la maison de ce prince jusqu'à la fin du XVe siècle. Catherine Cornaro, veuve du dernier Lusignan, la donna en 1489 à la république de Venise, qui la conserva jusqu'à la conquête des Turcs en 1571. Pendant tout le XIIIe siècle, elle recueillit successivement les débris des colonies chrétiennes de la Syrie. Au XIVe siècle, la puissance française atteignit son apogée. Les monuments religieux élevés pendant cette période sont fort nombreux et de formes très variées. L'art était sorti du cloître et avait cessé d'être le monopole exclusif des corporations monastiques. Aussi l'on ne trouve plus dans les églises de Chypre cette uniformité scolastique qui caractérise les églises latines de la terre sainte. L'architecture romane, vivifiée par les efforts des architectes séculiers, est entrée dans une nouvelle voie, à Chypre comme en France... Les architectes appliquent les procédés du XIIIe siècle avec toutes leurs consé-

---

1. Melchior de Vogüé, *les Églises de la terre sainte*.

quences; le sacrifice qu'ils font aux nécessités locales est la suppression des combles en charpente; ils les rem-

Fig. 80. — Cathédrale de Saint-Nicolas, à Famagouste. — Façade.
(Ile de Chypre.)

placent par des terrasses horizontales, mais sans rien changer à la disposition de leurs édifices.

« Le monument le plus considérable du xiiie siècle

est la cathédrale de Nicosie, bâtie de 1209 à 1228, sous le vocable de Sainte-Sophie (fig. 79), grande église à trois nefs... ayant tous les caractères des cathédrales françaises de la même époque[1]. »

Les églises de *Sainte-Catherine*, des *Arméniens*, les

Fig. 81. — Cathédrale de Saint-Nicolas, à Famagouste. — Abside. (Ile de Chypre.)

mosquées de l'*Emerghié* et d'*Arab-Achmet* sont encore des églises de la fin du xiiie siècle. Parmi les édifices les plus nombreux qui datent du xive siècle, il faut citer la cathédrale de Famagouste, Saint-Nicolas (fig. 80 et 81), avec ses trois portails et ses deux tours; l'église de Sainte-Sophie à Famagouste (fig. 82); le monastère de Lapaïs, de l'ordre des Prémontrés, remarquable par la beauté et la grandeur de ses bâtiments abbatiaux, comprenant une grande chapelle à trois

1. Melchior de Vogüé, *les Églises de la terre sainte*.

nefs, ainsi que d'autres édifices religieux à Paphos et à Limassol. La ville de Rhodes possédait un grand nombre d'églises construites au xv⁰ siècle selon les méthodes françaises, qui avaient été suivies aussi bien pour les édifices religieux et militaires que pour les habitations; en un mot, l'architecture religieuse,

Fig. 82. — Ruines de l'église de Sainte-Sophie, à Famagouste.
(Ile de Chypre.)

militaire et civile était française dans toutes ses expressions... « Les canons de l'ordre sont encore aux embrasures des tours, les boulets de pierre de Soliman jonchent le terrain, chaque maison porte, sculpté sur sa façade, le blason et souvent même le nom — français — de son dernier possesseur. Involontairement la pensée recule de trois siècles; elle donne un corps à tous ces noms et repeuple toutes ces demeures; on s'attend, au moment du réveil, quand s'ouvriront ces portes armoriées, à voir sortir tous ces chevaliers pour se réunir une dernière fois sous la bannière de saint Jean[1]. »

1. Melchior de Vogüé, *les Églises de la terre sainte*.

CHAPITRE X

TOURS OU CLOCHERS. — CHŒUR. — CHAPELLES.

Les premiers clochers furent de forme ronde, à l'exemple des coupoles byzantines ou grecques, et toujours d'un petit diamètre, ce qui prouve que les cloches qu'ils contenaient étaient fort petites. Les cloches étaient suspendues au sommet de la tour dans une partie évidée par des arcades et recouvertes par un comble[1].

Les clochers étaient très souvent séparés du corps de l'église; en Italie, un grand nombre d'églises de tous les temps du moyen âge ont leur clocher séparé d'elles par une distance souvent considérable.

La force de l'habitude fit appliquer la forme ronde à des clochers construits au XIIe siècle; cependant, il paraît certain que dès le Xe siècle le plan carré fut préféré, disposition nécessitée d'ailleurs par les cloches auxquelles l'art du fondeur avait, dès le commencement du XIIe siècle, donné des dimensions considérables. Outre les grosses cloches qui annonçaient au loin les offices, on continuait, pour régler les exercices religieux du clergé, d'employer les clochettes. Elles sont appelées dans les textes latins : *signum, schilla, nola;* en français : *sin, esquielle, eschelitte;* elles prirent place dès le Xe siècle dans les campaniles qui couronnaient les dômes.

[1]. *Encyclopédie de l'architecture et de la construction*, article *Clocher*, par Éd. Corroyer.

Campanile, en italien, a la même signification que *tour, clocher, beffroi*[1], en français; cependant, la dénomination de *clocher* s'applique en général à toute construction pyramidale dominant les combles d'une église.

Le beffroi, édifice particulier aux anciennes provinces du Nord, est une tour, isolée ordinairement, dans laquelle on plaçait la cloche destinée à sonner le couvre-feu, le tocsin et à convoquer les habitants des villes aux assemblées communales.

Comme le beffroi, le *campanile* italien est un édifice le plus souvent isolé, mais ordinairement élevé dans le voisinage d'une église. Parmi les campaniles célèbres, on cite ceux de Florence, commencés sur les plans de Giotto, au XIVe siècle; de Padoue, de Ravenne, et la fameuse *tour penchée* de Pise.

En France, on donne le nom de campanile aux petits clochers à jour qui, dans certaines églises, surmontent le mur de la façade, ajouré d'arcades dans lesquelles sont suspendues de petites cloches.

Fig. 83. — Clocher de Vendôme (XIIe siècle).

Les plus anciens clochers élevés dans les provinces qui ont formé la France présentent de grandes analogies avec les monuments byzantins, quant à la forme,

---

1. Voir *l'Architecture civile*, quatrième partie.

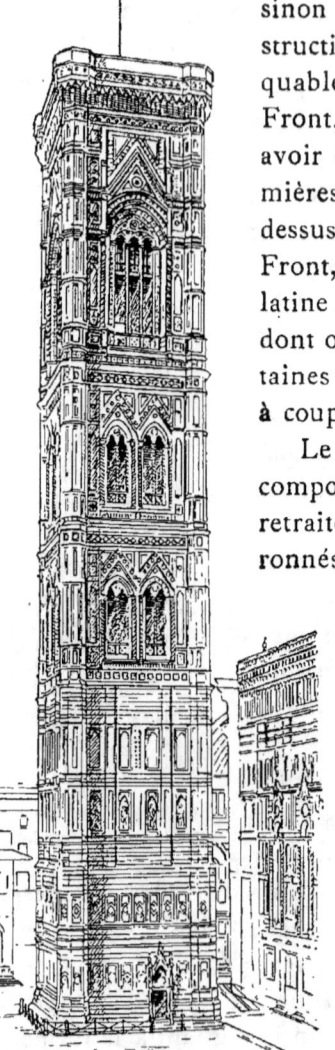

Fig. 84. — Campanile de Giotto, à Florence (Italie).

sinon par les détails de leur construction. L'un des plus remarquables est le clocher de Saint-Front, à Périgueux, qui paraît avoir été construit dans les premières années du xie siècle, au-dessus de la sépulture de saint Front, sur deux travées de l'église latine à trois nefs, du vi^e siècle, dont on a retrouvé les traces certaines à l'ouest de la grande église à coupoles[1].

Le clocher de Saint-Front se compose de trois étages carrés, en retraite l'un sur l'autre et couronnés par une coupole conique portée sur une colonnade circulaire formée de colonnes, de hauteur et de diamètre différents, provenant de monuments romains de la région.

Ce remarquable édifice exerça une influence considérable et il servit de type aux architectes des provinces voisines. Le clocher de l'église abba-

---

[1] *L'Architecture romane*, par Éd. Corroyer. — A. PICARD & KAAN, *editeurs*.

tiale de Brantôme en offre un exemple perfectionné, dans lequel les constructeurs évitèrent les *porte-à-faux* de Saint-Front; celui de Saint-Léonard, près de Limoges, présente des dispositions très originales par la forme octogone de son couronnement. Les architectes de l'Auvergne apportèrent encore de grands perfectionnements en établissant, comme au Puy, des colonnes ou des piles intérieures destinées à porter, de fond, les retraites successives des étages supérieurs de la tour [1].

Il faut remarquer que, malgré l'importance considérable

Fig. 85. — Cathédrale de Bayeux. Tours clochers de la façade.

[1]. *L'Architecture romane*, par Éd. Corroyer. — A. PICARD & KAAN, *éditeurs.*

donnée à ces édifices, l'emplacement destiné aux clochers était restreint, ce qui amène à croire que les clochers n'étaient pas destinés uniquement à loger les cloches. Au xie siècle, le clocher était à l'église, abbatiale ou cathédrale, ce qu'était le donjon au château féodal, c'est-à-dire le signe de la puissance. Les abbés et les évêques possédant les mêmes droits que les seigneurs, on comprend que cette manifestation extérieure n'eut alors d'autres limites que celles des ressources des manifestants, et on s'explique le nombre des clochers élevés en même temps sur les grandes églises abbatiales, sur les cathédrales et

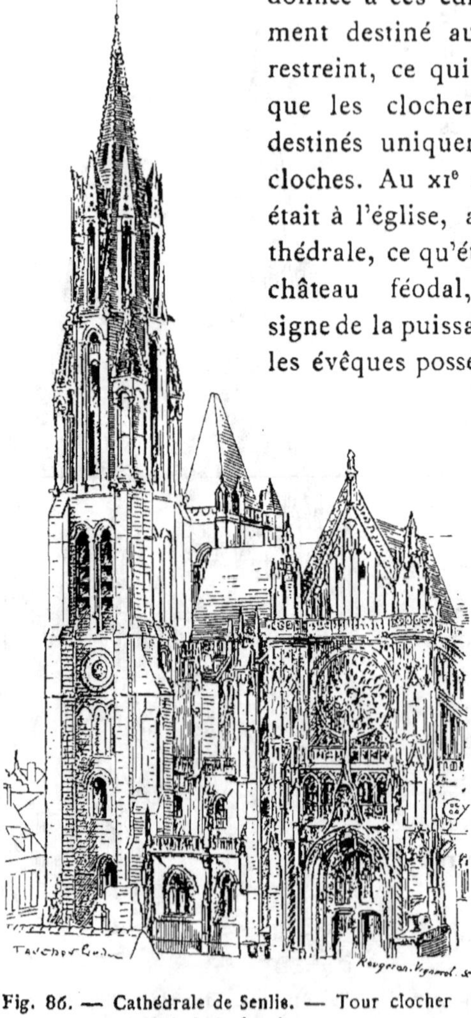

Fig. 86. — Cathédrale de Senlis. — Tour clocher sud de la façade.

même l'importance des clochers élevés sur de simples

églises comme expression de la commune affranchie ; les questions et les rivalités de clocher n'ont certainement pas d'autre origine.

Vers la fin du xie siècle et pendant le xiie, les églises possédaient un clocher placé à l'angle ou au devant de la porte pour former un porche, comme à Saint-Benoît-sur-Loire, ou à Poissy, ou sur la porte même, comme aux églises d'Ainay et de Moissac.

Plus tard, d'immenses tours carrées, couronnées de flèches, s'élevèrent à chaque angle des façades, laissant voir entre elles le pignon de la nef principale.

A l'église abbatiale de Jumièges, un grand porche saillant fut établi entre la base de ces tours ; mais le plus souvent les clochers furent construits au même plan que le porche et percés de portes latérales ornées de voussoirs sculptés, qui formaient, avec la porte principale, un vaste ensemble décoratif.

Les architectes de l'époque dite *romane* élevèrent des clochers ou plutôt des tours sur la croisée des nefs ; mais, évitant les hardiesses de construction du clocher de Saint-Front, qui fut l'un des types imités par les constructeurs des xie et xiie siècles, ils donnèrent à ces tours centrales une grande solidité en établissant leurs coupoles, plus ou moins coniques, sur une base carrée dont les angles sont soigneusement chargés et contrebutés.

A la fin du xiie siècle, les architectes de l'Ile-de-France adoptèrent le plan carré pour le corps du clocher et, à l'imitation des édifices élevés dans les provinces de l'Est et sur les bords du Rhin, ils conservèrent la forme octogone pour les flèches seulement, en combinant les dispositions les plus ingénieuses afin d'assurer la solidité des angles.

Les grandes tours centrales des églises normandes, élevées du XIIIᵉ au XIVᵉ siècle en Angleterre et en Normandie, n'avaient pas toujours le caractère de véritables clochers, comme ceux de Salisbury et de Langrune par exemple ; elles étaient souvent des *tours-lanternes* destinées à éclairer le centre de l'église et à décorer magnifiquement la croisée des bras de croix formée par la nef, le chœur et les transepts, comme celles de Saint-Georges de Bocherville, de Coutances, etc. La Normandie fut d'ailleurs, de toutes les provinces françaises, celle qui persista le plus longtemps à élever des *tours-lanternes,* et l'une des plus intéressantes est celle de l'église de Saint-Ouen à Rouen.

Plus tard, dans les autres provinces et particulièrement dans la Picardie, la Champagne, la Bourgogne et l'Ile-de-France, on rem-

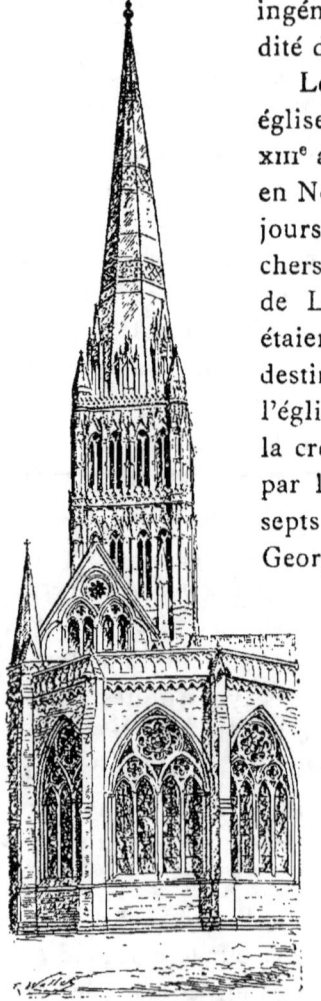

Fig. 87. — Cathédrale de Salisbury (Angleterre).
Tour clocher central.

plaça les tours-lanternes par des flèches en charpente, recouvertes de plomb et qui s'élevaient à l'intersection des combles de la nef et des transsepts.

Parmi les clochers les plus remarquables du xiie siècle, on peut citer dans le Nord ceux de Tracy-le-Val (Oise), de l'église abbatiale de la Sainte-Trinité à Vendôme, de Bayeux; ceux de l'Abbaye-aux-Hommes à Caen, le *vieux* clocher de la cathédrale de Chartres et celui de Saint-Eusèbe à Auxerre.

Avec le xiiie siècle, les clochers prennent une élévation et une richesse extraordinaires. Le clocher de Senlis (fig. 86) est un spécimen des plus élégants des édifices construits dans les premières années

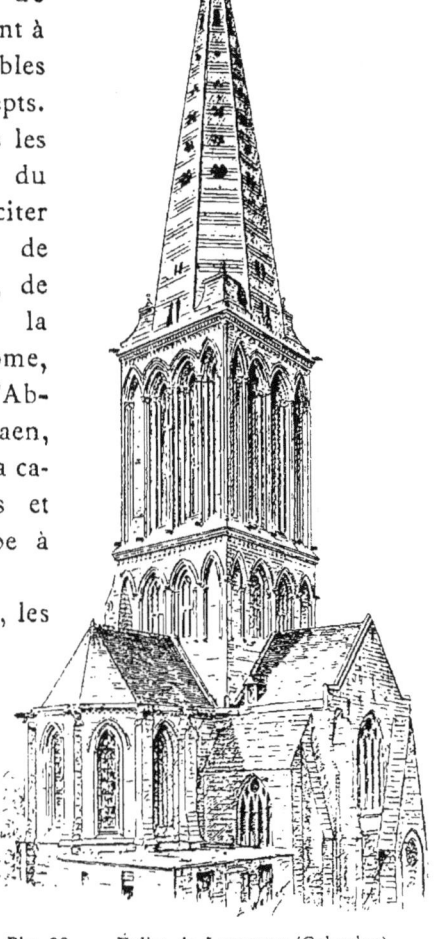

Fig. 88. — Église de Langrune (Calvados). Tour clocher central.

du siècle qui vit naître tant de merveilles architecturales.

En Bourgogne, l'ordre de Cluny, qui ne partageait pas le rigorisme de Cîteaux réformé par saint Bernard, éleva plusieurs clochers remarquables, entre autres ceux de l'église de Saint-Père, près de Vézelay, construits vers 1240.

Dans le Midi, l'architecture dite *gothique* s'est manifestée sous des formes originales résultant logiquement de l'emploi judicieux des matériaux du pays, c'est-à-dire de la brique, et le clocher de l'église des Jacobins, élevé à Toulouse vers la fin du XIIIe siècle, en est un type des plus intéressants. Il en est de même du clocher-donjon d'Albi dont nous avons signalé les caractères particuliers[1].

On ne trouve plus guère de clochers isolés à partir du XIIIe siècle, sauf peut-être à Bordeaux; les tours font partie de la composition générale de la façade et ne deviennent exactement des clochers qu'au-dessus des collatéraux et de la nef. Notre-Dame de Paris nous en offre un exemple admirable dans ses grandioses combinaisons.

La cathédrale de Laon, contemporaine de Notre-Dame de Paris, possède quatre clochers terminés par des beffrois octogones dont les angles sont flanqués de pinacles à deux étages ajourés; sur le second de ces étages sont placés des bœufs de dimensions colossales dont l'effet est très original.

Les clochers de la cathédrale de Reims, construits dans la seconde moitié du XIIIe siècle, n'ont qu'une importance relative dans la superbe façade de cet édi-

---

1. Chapitre ix.

fice; mais ils présentent cette particularité, nouvelle alors, que l'étage du beffroi forme à l'intérieur une cage carrée nécessaire au jeu des cloches et à la charpente qui les supporte, et qu'à l'extérieur il forme une tour octogone flanquée de pinacles puissants.

Les constructeurs de l'époque

Fig. 89. — Eglise des Jacobins, à Toulouse. — Clocher.

dite gothique atteignaient alors la limite extrême qui les séparait de l'exagération et de la manière; mais la passion de la légèreté et le désir d'élever des édifices surprenants entraînèrent bientôt les architectes dans une voie dangereuse qui aboutit à une décadence rapide. Ces effets se produisirent surtout dans les provinces voisines de l'Allemagne, et le clocher de Strasbourg, achevé au XIVe siècle, en est une preuve célèbre.

Pendant les XIVe et XVe siècles, les clochers conservent les formes et les dispositions adoptées par les constructeurs de la fin du XIIIe siècle, mais avec un luxe extraordinaire de détails et de sculptures et un excès de légèreté; leurs points d'appui deviennent plus grêles et les ornements accumulés semblent d'ailleurs avoir pour but de les dissimuler. En France, les malheurs du temps favorisèrent le développement de ces dangereuses tendances, car ces édifices, commencés à la fin du XIIIe siècle, ne furent

Fig. 90. — Église Saint-Pierre, à Caen. Clocher.

achevés qu'aux xve et xvie siècles, au moment où les principes de l'art dit *gothique* étaient déjà en pleine décadence.

Cependant il convient de citer des édifices célèbres par la hardiesse de leur construction et la magnificence de leur décoration, sinon par la pureté de leur style. En France, le clocher de Saint-Pierre de Caen, qui montre l'analogie, l'air de famille pour ainsi dire, qui existe entre les édifices normands; celui de Saint-Michel, à Bordeaux, dont la flèche, détruite par un ouragan en 1768, vient d'être rétablie à sa hauteur primitive de 110 mètres; en Autriche, le clocher ou dôme de Saint-Étienne, une des constructions les plus importantes de ce pays et qui fut terminée en 1433; le clocher de la cathédrale de Fribourg-en-Brisgau (grand-duché de Bade), l'un des

Fig. 91. — Saint-Michel, à Bordeaux. Clocher.

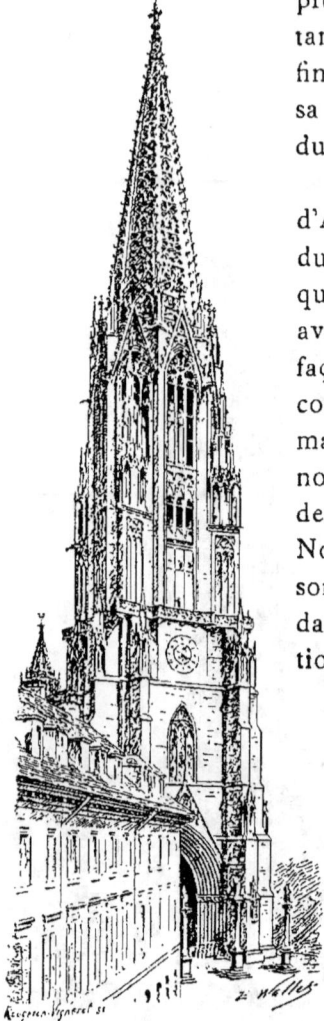

plus beaux et des plus importants, élevé d'un seul jet vers la fin du xɪvᵉ siècle et terminé, par sa flèche ajourée, vers le milieu du siècle suivant.

En Belgique, la cathédrale d'Anvers, commencée au milieu du xɪvᵉ siècle, ne fut terminée qu'un siècle plus tard par sa nef avec ses quatre bas côtés. La façade de la cathédrale aurait été commencée vers 1406 par un maître maçon boulonnais, du nom de Pierre Amel; mais des deux tours clochers, celle du Nord fut seule achevée en 1518; son principal mérite consiste dans la hardiesse de sa construction, dans sa hauteur extraordinaire — 123 mètres — plutôt que dans la pureté de sa composition et de ses détails empruntés à toutes les époques de l'architecture dite *gothique*.

CHŒUR. — Dans les églises chrétiennes le *chœur*[1] proprement dit a été établi long-

Fig. 92. — Cathédrale de Fribourg-en-Brisgau (grand-duché de Bade). — Clocher.

[1]. *L'Architecture romane*, par Éd. Corroyer. — A. PICARD & KAAN, *éditeurs*.

L'ARCHITECTURE RELIGIEUSE.

temps avant les chapelles [1].

A l'extrémité de la nef de la basilique, au centre du chalcidique, ou transsept, donnant au plan basilical la forme d'un T ou d'un *Tau* — figure symbolique vénérée des chrétiens parce que le Tau était l'image de la croix — se trouvait l'autel, le sanctuaire et la place des diacres et des sous-diacres. L'autel était placé au milieu, entre l'hémicycle, ou abside, et l'arc triomphal s'ouvrant sur la nef. L'hémicycle, ou abside, qui avait été jadis le tribu-

[1]. *Encyclopédie de l'architecture et de la construction*, article *Chœur-Chapelle*, par Éd. Corroyer.

Fig. 93. — Cathédrale d'Anvers (Belgique). Clocher, tour Nord.

nal, devint pour les chrétiens le lieu réservé aux prêtres ordonnés — *presbyterium*. Un banc circulaire interrompu au milieu par un siège plus élevé — *consistorium*, — contournait le mur circulaire du fond, et la place éminente — *suggestus* — était celle de l'évêque ou du dignitaire qui le remplaçait.

Cette partie de la basilique changea encore de destination ; elle cessa d'être le *presbyterium* pour devenir le *martyrium*, c'est-à-dire le lieu qui recevait le corps du saint, patron de la basilique, ou la relique à qui s'adressait particulièrement la dévotion des fidèles ; cet usage existait déjà avant l'an 5oo, dans la première basilique de Saint-Martin à Tours.

L'abside primitive n'était éclairée que par le jour venant de la nef ou du transsept. Transformée en *martyrium*, elle fut non seulement percée de fenêtres, mais encore, suivant certains auteurs, elle aurait été ajourée et même ouverte à sa base, afin d'être mise en communication avec une galerie basse qui la contournait. De sorte que la disposition si caractéristique des églises du moyen âge remonterait au ve siècle.

Par la suite, lorsque l'usage prévalut de placer l'autel au fond de l'hémicycle ou abside, les sièges furent disposés en avant pour l'évêque, les prêtres et les chantres — pour le *chœur*. — Dans les églises monastiques, bâties selon la tradition latine, le *chœur* était le plus souvent établi dans la croisée du transsept ou, si le plan de l'église était plus simple, dans la nef. Il en était séparé par des cloisons basses, de pierre ou de marbre. On trouve même des exemples de deux chœurs : l'un à l'orient et l'autre à l'occident.

Dans les premières églises construites à l'époque dite *romane,* le chœur était limité à l'espace compris entre les piliers de la croisée du transsept ; il prit bientôt un développement considérable, surtout dans les grandes églises monastiques. Les religieux entouraient le *chœur* et le sanctuaire de clôtures en pierre ou en bois, disposées entre les colonnes du pourtour, et ils fermèrent l'entrée vers la nef par un *jubé,* dont la partie supérieure était accessible aux clercs, pour la lecture de l'épître et de l'évangile. Les évêques, n'ayant pas les mêmes motifs que les religieux pour clore le *chœur* de leurs cathédrales, voulurent au contraire offrir aux fidèles de larges espaces dans lesquels les cérémonies se développaient librement.

Les architectes de la fin du xiie siècle et du commencement du xiiie construisirent de grands édifices selon ces idées ; cependant celles-ci se modifièrent encore, car on voit sous le règne de saint Louis, et surtout plus tard, les chœurs des grandes cathédrales s'entourer comme ceux des églises monastiques de clôtures hautes en pierre protégeant les rangées de stalles fixes en bois, ornées de dossiers surmontés de dais richement sculptés.

Parmi les chœurs les plus célèbres, on peut citer ceux des cathédrales de Paris, d'Amiens, de Beauvais, d'Auch, de Spire, de Worms, de Burgos, de Lincoln, de Cantorbery, etc., etc. Mais, afin de donner satisfaction au peuple auquel les clôtures dérobaient la vue des cérémonies du culte qui se faisaient dans le chœur, on éleva autour du chœur et du sanctuaire des *chapelles,* ménagées dans le mur de l'abside et dans les bas côtés de la nef.

CHAPELLES. — Dès la fin du xe siècle, suivant M. de Caumont, on voit quelquefois les bas côtés conduits tout autour du chœur et du sanctuaire, et communiquant avec lui par des arcades portées sur des colonnes ; ces bas côtés durent dès cette époque donner asile à quelques chapelles. Au xie siècle, l'allongement du chœur et ces dispositions devinrent d'un usage général dans les grandes églises ; elles apportèrent des modifications importantes dans le plan des églises. L'église de Vignory, qui date du xe siècle[1], montre une abside cantonnée de trois chapelles, dont le plan rappelle celui du Saint-Sépulcre à Jérusalem.

L'église de Saint-Savin, bâtie au xie siècle, a cinq chapelles autour du chœur, et les églises d'Auvergne, Notre-Dame-du-Port à Clermont, de Saint-Paul à Issoire, entre autres, qui remontent au commencement du xiie siècle, présentent à ce sujet des particularités fort intéressantes. Ce qu'il faut remarquer, c'est l'importance donnée à l'abside des édifices religieux élevés à cette époque par l'ensemble de ces chapelles rayonnant autour du chœur.

Ces chapelles absidales ne consistent, en général, qu'en une demi-tour ronde, voûtée en quart de cercle et percée d'une ou de plusieurs fenêtres cintrées. A l'extérieur, elles sont souvent plus ornées, par des moulures, des modillons et même par des pierres de couleurs diverses, incrustées dans les parements. On voit rarement, à l'époque dite *romane*, des chapelles élevées entre les contreforts des bas côtés des nefs, mais un

---

[1]. *L'Architecture romane*, par Éd. Corroyer. — **A.** PICARD & KAAN, *éditeurs*.

grand nombre d'édifices religieux de cette période en furent pourvus à une date postérieure.

La grande révolution qui se produisit, dans l'art de bâtir, à la fin du XII² siècle et au commencement du XIII², eut, pour un de ses effets, de multiplier, comme forme et comme nombre, les chapelles au pourtour des grandes églises élevées en si grande quantité à cette époque. Les principes de cette révolution architectonique étant de remplacer la masse résistant aux poussées des voûtes par des points d'appui plus fins et plus rapprochés, dont l'équilibre est maintenu par des charges ingénieusement réparties, la conséquence de ce nouveau système de construction fut d'augmenter considérablement la surface intérieure des édifices religieux. Les espaces libres, simples clôtures entre les points d'appui, furent ornés de vastes réseaux de pierre, décorés de verrières immenses, retraçant, avec un art admirable, les principaux faits de l'Ancien et du Nouveau Testament et les scènes si vivement décrites par les mystérieuses et poétiques légendes du temps. De grandes chapelles s'ouvrirent non seulement dans les murs ou plutôt entre les piles de l'abside, mais aussi dans les bas côtés des nefs, dont le mur de clôture était reporté jusqu'à la saillie externe des contreforts des arcs-boutants qui formaient les parois latérales des nouvelles chapelles disposées dans leurs intervalles.

La dévotion aux reliques des saints ayant augmenté après l'an 1000, à la suite des pèlerinages en terre sainte qui ont précédé les croisades, il fallut à chaque corporation un patron et, par conséquent, un oratoire particulier, qui devait être plus riche que celui de la corporation voisine et presque toujours rivale. Ces exigences devinrent si grandes à la fin du xive siècle et pendant le siècle suivant, que les chapelles bâties dans toutes les parties disponibles d'un édifice, aussi vaste qu'il fût, devinrent insuffisantes et que ces sanctuaires, particuliers d'abord, furent affectés à plusieurs confréries.

La chapelle dédiée à la Vierge s'élevait ordinairement au chevet de l'église. Dès le xiiie siècle et surtout vers la fin, cette partie de l'abside prit une très grande importance par son développement considérable dont les cathédrales de Bourges, d'Amiens, de Meaux et de Rouen, entre autres, offrent des exemples fort curieux.

Plusieurs cathédrales ou églises du moyen âge possèdent des chapelles latérales ou annexes, bâties pour recevoir des services accessoires : salle capitulaire, d'archives ou de trésor, ou bien encore de chapelle mortuaire, comme la salle capitulaire de Lincoln, la chapelle circulaire de Cantorbery, renfermant le tombeau de Thomas Becket, et celle de Westminster.

A Soissons, la cathédrale possède un exemple des plus intéressants de ce genre de construction qui date de la fin du xiie siècle; un édifice à deux étages voûtés et reliés aux galeries superposées du transsept circulaire du sud, sur lesquelles ils s'ouvrent, contient une chapelle funéraire et, au-dessus, une autre salle voûtée dite le trésor.

Il existe en divers pays de petits édicules anciens, baptistères ou chapelles ; ces dernières sont sans doute des exemples des petites églises rurales bâties en grand nombre dès les premiers siècles de notre ère et que les textes du temps de Charlemagne désignent sous le nom de *capella*, ou bien des oratoires érigés ordinairement dans le *charnier* des villes ou des grands établissements religieux[1].

L'origine des oratoires particuliers remonte aux premiers temps du christianisme, et les grands personnages d'alors ne faisaient que suivre l'exemple des Romains qui élevaient des *basiliques privées* dans l'intérieur de leurs palais. Cet usage se perpétua et la splendide chapelle palatine d'Aix en est un des plus magnifiques exemples. Par la suite, les rois et les grands seigneurs firent construire dans l'enceinte de leurs châteaux des édifices religieux. Le Louvre, du temps de Charles V, possédait une chapelle importante; les châteaux féodaux de Coucy et de Pierrefonds, pour ne citer que ces deux exemples, contenaient de grandes chapelles dont les dispositions sont des plus curieuses. Les archéologues signalent parmi les plus belles chapelles seigneuriales l'ancienne chapelle des ducs de Bourbon à Moulins, les chapelles des châteaux de Chenonceaux, de Chambord, de Chaumont et celle de l'hôtel de Jacques Cœur à Bourges. Plusieurs palais épiscopaux possèdent des chapelles remarquables, entre autres celle de l'archevêché à Reims.

Les maisons d'asile, les maladreries, les hôtels-Dieu et les prisons mêmes possédaient également des chapelles plus ou moins vastes.

Au moyen âge, on donna le nom de *Sainte-Cha-*

---

1. *L'Architecture romane*, par Éd. Corroyer. — A. Picard & Kaan, *éditeurs.*

pelle[1] aux édifices élevés sur l'emplacement sacré par le martyre d'un saint, ou à ceux qui étaient destinés à renfermer des reliques considérables. La plus célèbre est celle qui fut l'oratoire royal, construit de 1242 à 1248 par Pierre de Montereau — sur le côté sud du Palais du Roi, aujourd'hui le Palais de Justice — pour recevoir la couronne d'épines, les morceaux de la vraie croix et les autres reliques précieuses que saint Louis, son fondateur, avait rapportées de la terre sainte.

Le caractère particulier de la *Sainte-Chapelle du Palais*, à Paris, c'est la division en *chapelle haute*, qui communiquait avec les salles et les appartements royaux, et en *chapelle basse*, au niveau du sol extérieur, qui pouvait être ouverte au public. Sa construction est remarquable aussi bien par la hardiesse du parti, faisant de l'espace compris entre les contreforts autant d'immenses verrières, que par la perfection apportée, malgré sa rapidité, à l'exécution de l'œuvre même et des sculptures qui la décorent; une construction annexe s'élevait sur le côté nord du chevet — et qui a disparu — et était divisée en trois étages pour les sacristies et le dépôt des chartes. La flèche, en bois recouvert de plomb, du temps de Charles VII, incendiée en 1630, remplacée à cette époque et détruite de nouveau à la fin du siècle dernier, a été refaite par l'architecte Lassus qui a restauré l'édifice.

La *Sainte-Chapelle* du château de Saint-Germain-en-Laye aurait été construite quelques années avant

---

1. Les plans et les élévations de ces saintes-chapelles sont si connus et ont été publiés tant de fois, que nous croyons inutile de les reproduire ici de nouveau.

celle du Palais à Paris. Elle est dans tous les cas remarquable par les particularités de sa structure, qui témoigne d'une plus grande habileté dans l'art de

Fig. 94. — Cathédrale de Reims. — Statuaire.
Façade occidentale. — Porte centrale.

bâtir ; les piles portant les voûtes sont plus saillantes à l'intérieur ; les formerets sont isolés du mur de face et les fenêtres, de *forme carrée,* occupent sous la corniche tout l'espace compris entre les contreforts. Cette disposition originale, d'une science achevée, donne à l'édifice un grand aspect de légèreté et en fait valoir les élégantes proportions.

La *Sainte-Chapelle* du château de Vincennes, commencée par Charles VI, fut terminée seulement sous Henri II; elle ressemble comme construction à celle de Paris; les annexes formant les sacristies et le trésor à deux étages ont été terminées vers la fin du xve siècle.

A l'exemple des rois et des princes, les puissantes abbayes élevèrent de grands oratoires indépendants de l'église conventuelle. L'abbaye de Saint-Martin des Champs, à Paris, fit bâtir vers le milieu du xiiie siècle deux grandes chapelles : l'une dédiée à Notre-Dame et l'autre à saint Michel.

Pierre de Montereau fut chargé, en outre de la Sainte-Chapelle du Palais, d'élever une chapelle dédiée à la Vierge, dans l'enceinte de l'abbaye de Saint-Germain des Prés; le plan des voûtes se distingue de celui de la Sainte-Chapelle du Palais. D'après un dessin d'Alexandre Lenoir, relevé avant la destruction de la chapelle de la Vierge, les arcs-ogifs comprenaient deux travées à l'imitation des voûtes sur croisée d'ogives de Notre-Dame de Paris, dont nous avons indiqué l'origine au chapitre vi.

L'abbaye de Châalis, près de Senlis, fondée en 1136 par Louis le Gros, et qui était au xiiie siècle une des abbayes les plus considérables de l'ordre de Cîteaux, possédait une église abbatiale à cinq nefs et de cent mètres de longueur; cependant elle fit construire vers le milieu du xiiie siècle une *Sainte-Chapelle*, dite chapelle de l'Abbé. Cet édifice a subi diverses atteintes et ses voûtes sur croisée d'ogives, du temps de saint Louis, ont été décorées de fresques attribuées au Primatice; mais il existe encore presque tout entier. Il prouve l'influence considérable que la *Sainte-Chapelle* de Paris exerça, dès son origine, sur les grands seigneurs et surtout sur les abbés des opulentes abbayes, jalouses de manifester leur puissance et leur richesse, qui étaient alors immenses.

CHAPITRE XI

LA SCULPTURE.

Au moyen âge, tous les arts étaient solidaires de l'architecture. L'architecte traçait les épures sur le chantier et conduisait les travaux de construction; il dirigeait les tailleurs de pierre, les maçons en même temps que les tailleurs d'images, les sculpteurs ainsi que les enlumineurs, les verriers et les peintres, en imprimant à tous le mouvement d'exécution de l'œuvre tout entière dont il était le créateur.

Tout se tient partout et particulièrement dans l'art et toutes ses branches. L'histoire de la sculpture est la même que celle de l'architecture, car elles ont subi ensemble les influences diverses qui ont marqué leurs origines et leurs transformations; elles sont arrivées ensemble à l'apogée par les manifestations éclatantes du xiiie siècle et elles ont suivi les mêmes voies qui les ont amenées à leur déclin, moins de deux siècles plus tard.

La statuaire et la sculpture ornementale étaient inséparables, parce qu'elles étaient exécutées par les mêmes

Fig. 95. — Cathédrale de Reims. — Statuaire de la façade occidentale.

Fig. 96. — Cathédrale de Reims. — Statuaire de la façade occidentale.

artistes soumis à une même idée : l'étude de la nature.

Fig. 97. — Cathédrale de Reims.
Porte principale intérieure.
Statuaire et ornements.

Subissant la loi de la transformation incessante, ils abandonnèrent les formes hiératiques imposées par les traditions religieuses, en donnant une nouvelle expression à ces mêmes traditions respectées et conservées.

L'inspiration romaine, l'imitation même de la statuaire romaine est certaine dans la première moitié du XIIIe siècle. Reims, qui semble être l'expression suprême, le chef-d'œuvre de l'architecture dite *gothique*, nous en montre un magnifique exemple par un certain nombre des statues qui ornent le portail occidental de la cathédrale.

Les architectes du XIIIe siècle, tout aux idées de leur temps, oubliant leurs origines latines, avaient suivi la voie tracée par les novateurs pour la construction monumentale, mais en abandonnant les formes conventionnelles de l'art byzantin, aussi bien pour la statuaire que pour les ornements sculptés qui l'accompagnent, — en honneur encore pendant le siècle précédent — et, en s'inspirant de l'art romain, ils avaient fait un retour salutaire vers les traditions antiques qu'ils abandonnèrent ensuite pour n'y plus revenir.

L'influence romaine est certaine pour la statuaire et on en trouve la preuve soit dans les relations qui existaient entre le Nord et le Midi, bien avant les croisades, principalement par les grands ordres religieux du temps, soit — ce qui est peut-être le plus simple — dans les innombrables monuments que les Romains eux-mêmes

Fig. 98. — Cathédrale de Reims. Porte principale. — Ebrasement intérieur Statuaire et ornements.

148   L'ARCHITECTURE GOTHIQUE.

Fig. 99. — Cathédrale de Paris. — Porte principale. — Rinceaux.

avaient élevés en Gaule à l'imitation de Rome, et ceux

construits par les Gallo-Romains pendant plusieurs

Fig. 100. — Cathédrale de Paris. — Portail principal.
Rinceaux des voussures de la porte nord.

siècles et qui n'avaient pas été tous détruits par les

Fig. 101. — Cathédrale de Chartres. Statuaire. — Portail nord.

invasions barbares.

La sculpture ornementale doit avoir une origine non moins ancienne. Elle semble tout d'abord inspirée des détails de l'époque dite *romane;* mais d'après les savants modernes[1], elle remonte beaucoup plus haut. L'art oriental, importé et *barbarisé* en Scandinavie, fut introduit en Irlande dès les premiers siècles de notre ère. Les moines irlandais, si puissants, et qui paraissent avoir été les principaux agents de la *Renaissance* de Charlemagne, créèrent ou influencèrent, par

1. M. A. de Montaiglon, professeur à l'École des chartes.

les manuscrits et les miniatures, l'art carolingien dont procède l'art dit *roman*, qui a engendré la sculpture ornementale du xiiiᵉ siècle, art d'un caractère si particulièrement décoratif, dû évidemment aux traditions très anciennes conservées et transmises, puis rajeunies, fortifiées, transformées dans ses détails par l'étude de la nature, de même que pour la statuaire.

Les architectes de l'Ile-de-France, comme ceux de Reims, s'assimilèrent ces principes de l'art nouveau avec la souplesse et l'adresse merveilleuses qui les caractérisaient si bien et ils en donnèrent des preuves nombreuses à Notre-Dame de Paris par la statuaire qui décore le portail principal et, peut-être

Fig. 102. — Cathédrale de Chartres. Statuaire. — Portail sud.

Fig. 103. — Cathédrale d'Amiens. — Porche central du portail occidental.

plus encore, par les ornements qui les accompagnent.

La cathédrale de Chartres, dans ses portails nord et sud du XIIIe siècle, est un sujet d'études les plus instruc-

Fig. 104. — Cathédrale d'Amiens. — Statuaire. — Portail sud.

tives par la comparaison, qui peut être faite sur un même édifice, des sculptures inspirées de l'hiératisme byzantin et de la statuaire transformée, naturalisée pour ainsi dire, par l'influence antique.

La cathédrale d'Amiens possède certaines parties de sa sculpture qui ont subi cette influence; mais elle montre, dans l'abondance des motifs sculptés et dans le relâchement de leur exécution, les mêmes symptômes

Fig. 105. — Cathédrale d'Amiens. — Stalles du chœur.
Ornements sculptés sur bois.

de décadence qui s'annoncent par la hardiesse des tours de force que les constructeurs avaient accomplis dans sa structure.

L'ARCHITECTURE RELIGIEUSE. 155

Fig. 106. — Abbaye du Mont-Saint-Michel. — Cloître du xiiie siècle
Ornements sculptés des tympans intérieurs.

La sculpture du moyen âge suit la fortune de l'architecture dans son ascension et dans sa décadence; à son origine, d'une pureté de style qui rappelle en son genre le beau temps de la sculpture romaine, elle perd bientôt la proportion et la mesure en s'éloignant des traditions antiques. L'exubérance déréglée de ses compositions, surchargées de détails, lui fait oublier les sages lois de la simplicité, condition essentielle de toute œuvre d'art, et l'entraîné à une décadence rapide qui s'annonce dès le XIVe siècle et s'accomplit un siècle plus tard. « La statuaire est alors à son apogée, et rien de plus surprenant que l'activité et la fécondité des sculpteurs du XIIIe siècle, qui peuplèrent de person-

Fig. 107. — Statuette en bois (0ᵐ,60 de hauteur) (XIIIᵉ siècle). — Ateliers de la Chaise-Dieu (Auvergne).

L'ARCHITECTURE RELIGIEUSE.

nages hauts de deux à trois mètres les embrasures des portes et les façades, sans compter les statuettes qui animaient les tympans. La façade de Notre-Dame de Paris, qui est loin d'être la plus riche, a soixante-huit statues beaucoup plus grandes que nature, et la plupart exécutées avec une rare perfection ; il y en a plus de cent à chacun des porches de Notre-Dame de Chartres et d'Amiens. Dans celle-ci, la statue du Christ est un chef-d'œuvre d'une valeur exceptionnelle ; les bas-reliefs complètent les sujets qu'indiquent les statues, et ajoutent une foule de scènes traitées avec la verve la plus heureuse et la plus féconde. »

Les sujets préférés par l'imagerie du XIII° siècle

Fig. 108. — Statuette en ivoire (0^m.25 de hauteur) (XIII° siècle). Ateliers de Paris.

Fig. 108 *bis*. — Statuette en ivoire (0ᵐ,24 de hauteur) (xvᵉ siècle). Ateliers de Paris.

étaient un peu ceux de l'époque romane, mais avec une sensible différence et un progrès considérable dans la composition, qui présente plus de science, de goût et moins d'excentricité. Il fallait cependant un exutoire à la verve satirique de nos ancêtres et à leur penchant vers la caricature; ils trouvèrent satisfaction dans les allusions mordantes qu'ils se permirent quelquefois à l'adresse du clergé, des princes, des riches bourgeois, et dans les formes fantastiques de leurs gargouilles. Une plantureuse ornementation, empruntée au règne végétal, accompagnait les sujets, les encadrant, leur servant de fond ou s'ajoutant à eux pour compléter l'effet décoratif. Ce système de sculpture était aussi employé seul et parfois répandu avec profusion, surtout en Bourgogne et en Normandie, où il se développait aux dépens de la statuaire,

Fig. 109. — Statuette en bois (0^m,25 de hauteur) (xive siècle). — Ateliers de Paris.

fort en retard dans ces provinces. Il n'a plus le caractère byzantin des enroulements, des rinceaux et des feuillages fantastiques de l'époque romane; il se rend indépendant et va prendre directement ses types dans la flore indigène[1]. Les plantes de notre pays se pétrifient en quelque sorte pour s'appliquer aux éléments d'architecture de nos églises, mais en se prêtant

Fig. 110. — Diptyque en ivoire (0^m,16 de hauteur) (xive siècle).
Ateliers de l'Ile-de-France.

d'abord, par d'ingénieuses combinaisons, à l'ampleur que doit conserver la sculpture.

C'est aux xive et xve siècles seulement que la reproduction devient servile, minutieuse, banale, et sacrifie

---

1. Voir fig. 106. — Les motifs sculptés qui ornent les arcatures du cloître de l'abbaye du Mont-Saint-Michel en sont un exemple frappant; les plantes qui ont inspiré les sculpteurs-imagiers du xiiie siècle se trouvent encore au pied même des bâtiments de la célèbre abbaye.

les ensembles à l'exactitude exagérée des détails[1].

Il faut remarquer que la décadence, visible déjà dans la sculpture monumentale, ne se manifeste pas autant ni aussi rapidement dans la sculpture intime, pour ainsi dire : l'*imagerie*. Au XIIIe et au XIVe siècle, tous

Fig. 110 *bis*. — Diptyque en ivoire (0^m,07 de hauteur) (XIVe siècle). Ateliers de l'Ile-de-France.

les sculpteurs étaient des imagiers ; mais, à la fin de ce dernier siècle et pendant le XVe, on désignait, sous la dénomination d'*imagiers*, les tailleurs d'images en bois, en ivoire, etc. Dans leurs ateliers, l'art s'était maintenu, comme celui des orfèvres particulièrement, qui fabriquaient des *images* de haut et bas-relief en métaux précieux, grâce aux maîtrises, dont les règlements, établis avec une sévérité protectrice, ont porté et soutenu les arts décoratifs français à un si haut degré de

---

[1]. Anthyme Saint-Paul, *Histoire monumentale de la France*. — Paris, Hachette et Ce, 1884.

perfection. Les admirables stalles en bois sculpté d'Amiens, d'Auch et d'Albi, pour ne citer que les plus justement célèbres, témoignent du talent vigoureux des imagiers des XIVe et XVe siècles.

Les ateliers flamands, soutenus par les règlements

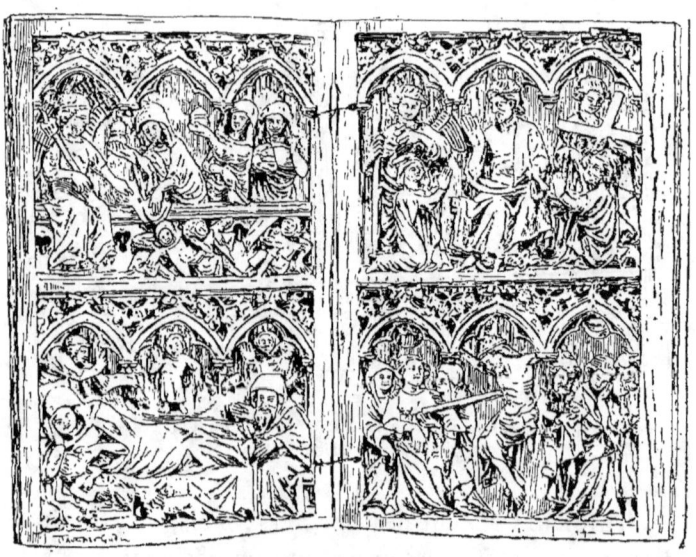

Fig. 111. — Diptyque en ivoire (0^m,12 de hauteur) (XIVe siècle). Ateliers de Paris.

sévères de leurs *guildes*, surtout ceux d'Anvers et de Bruxelles, et peut-être aussi ceux du sud de l'Allemagne, exercèrent une influence salutaire sur les ateliers bourguignons, qui réagirent à leur tour sur ceux de l'Ile-de-France et plus vivement encore sur ceux de Paris, centre d'art si brillant au XIVe et vers la fin du XVe siècle, en excitant leur émulation. Ces éléments réunis, ravivant les belles traditions d'art du XIIIe siècle,

Fig. 111 *bis*. — Plaque en ivoire (0^m,17 de hauteur).
Couverture d'évangiliaire (xive siècle). — Ateliers de l'Ile-de-France
(Soissons).

rajeunies par ce concours nouveau, préparaient, dans la dernière moitié du xv⁰ siècle, une Renaissance française

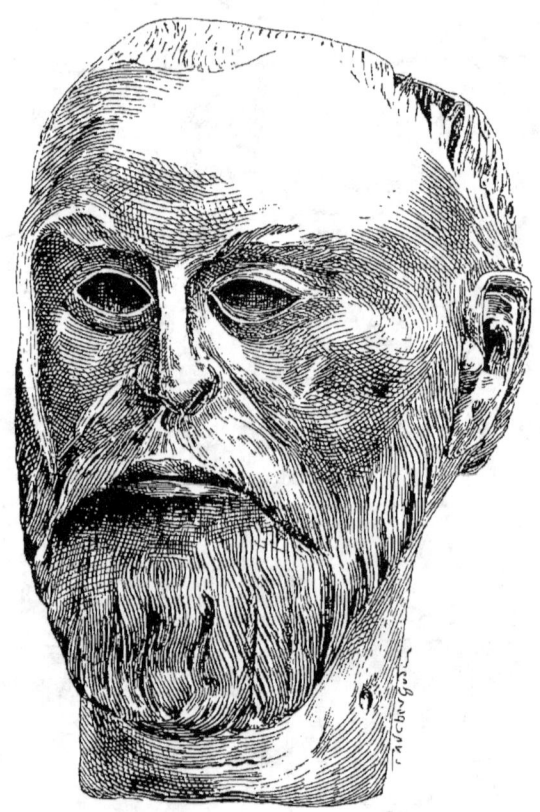

Fig. 112. — Tête en vermeil repoussé, demi-nature (xiii⁰ siècle).
Ateliers des orfèvres de Paris.

qui a précédé sûrement celle du xvi⁰ siècle, attribuée aux Italiens qui, pour un certain temps et par suite de l'engouement de ce temps, ont affaibli notre art français bien plus qu'ils ne l'ont régénéré.

L'ARCHITECTURE RELIGIEUSE. 165

Les sculptures des ateliers d'Anvers, si curieuses à tous égards, sont marquées d'une main coupée, frappée au fer rouge, — l'une des pièces des armoiries de la

Fig. 113. — Groupe en bois sculpté (0^m,26 de hauteur) (xve siècle).
Ateliers d'Anvers (Belgique).

ville : *Antwerpen;* — celles de Bruxelles portent également un signe frappé au feu. Les *images* en bois, en ivoire, en vermeil, que nous indiquons à titre de spécimens de l'art des imagiers du xiiie au xve siècle, démontrent que les traditions s'étaient conservées

Fig. 114. — Statuette en bois peint et doré (0ᵐ,50 de hauteur) (xvᵉ siècle). Ateliers de Bruxelles (Belgique).

dans cette corporation. Obéissant à des conventions iconographiques, leurs œuvres portent encore des traces hiératiques qui ne nuisent pas à la justesse du mouvement et de l'expression; elles sont composées avec tant d'adresse, de goût, de finesse, et complétées par une grande liberté d'exécution, qu'elles font encore l'admiration des artistes modernes [1]. Elles doivent ces qualités essentiellement françaises au talent des artistes certainement, mais aussi et peut-être surtout à l'institution protectrice des maîtrises qui pourraient servir d'exemple, après avoir été modifiées par les idées progressives

[1]. Les statuettes, diptyques, etc., en bois, en ivoire et en vermeil, désignés sous les numéros 107 à 115, appartiennent à l'auteur.

du temps, à ceux qui ont la mission de maintenir les arts nationaux au plus haut degré de perfectionnement.

Fig. 115. — Statuette en bois peint
et doré (0ᵐ,50 de hauteur) (xvıᵉ siècle).
Ateliers de Munich (Allemagne).

CHAPITRE XII

LA PEINTURE.

L'origine de la peinture paraît remonter à l'antiquité, et elle avait accompli bien des transformations lorsque les architectes de l'époque dite *gothique* l'appliquèrent à la décoration de leurs édifices.

« Le XIIe siècle atteint l'apogée de l'art de la peinture architectonique pendant le moyen âge en France ; les vitraux, les vignettes des manuscrits et les fragments de peintures murales de cette époque accusent un art savant, très avancé, une singulière entente de l'harmonie des tons, la coïncidence de cette harmonie avec les formes de l'architecture. Il n'est pas douteux que cet art s'était développé dans les cloîtres et procédait de l'art grec byzantin [1]. »

Cependant, il est prudent, au point de vue archéologique, de tenir compte de l'influence considérable que les moines d'Irlande avaient exercée sur l'art continental, par leurs manuscrits et leurs miniatures, dès le temps de Charlemagne.

Vers la fin du XIIe siècle, à la suite de l'évolution architectonique que nous avons étudiée, la sculpture ainsi que la peinture entrèrent dans une voie nouvelle ; elles abandonnèrent les traditions hiératiques pour étudier la nature et en tirer leur principale inspiration.

---

1. Viollet-le-Duc, *Dictionnaire raisonné*, t. VII.

Mais si le talent des peintres s'agrandit, les surfaces murales, sur lesquelles ils auraient pu appliquer leurs nouvelles méthodes, diminuent rapidement et, dès

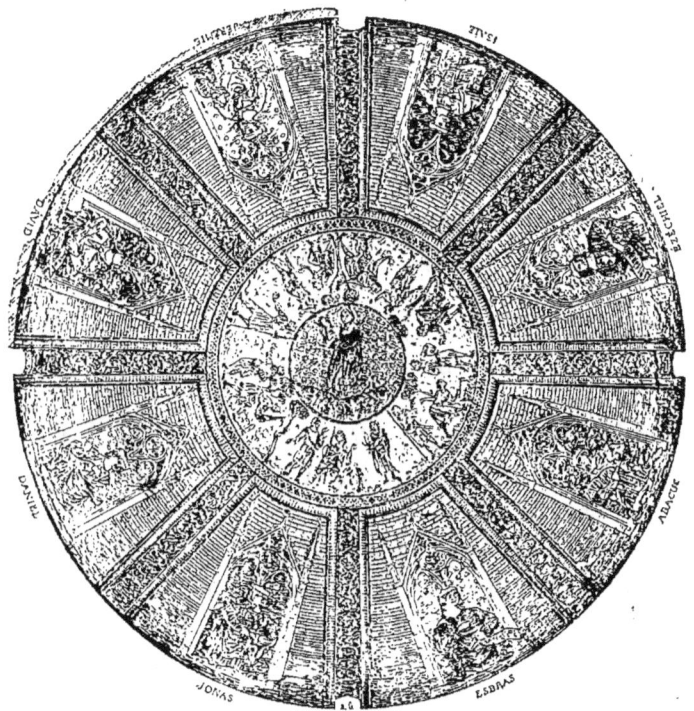

Fig. 116. — Cathédrale de Cahors. — Peintures.
Projection horizontale de la coupole montrant en raccourci, par conséquent, les personnages et les motifs d'architecture qui les encadrent.

le xiiiᵉ siècle, il ne reste plus, à l'état de mur, que le soubassement des fenêtres et les quelques rares triangles des voûtes, qui elles-mêmes se couvrent d'un réseau de plus en plus serré d'arcs croisés et recroisés. N'ayant plus la place nécessaire dans les édifices nouveaux de l'architecture dite *gothique*, les peintres du temps cherchèrent et trouvèrent à appliquer leur art, enrichi des nouvelles méthodes *naturalistes*, dans des monuments plus anciens. Les coupoles des grandes églises abbatiales, à l'exemple de l'église mère de Saint-Front à Périgueux, leur présentaient d'immenses surfaces, dont ils utilisèrent avec une extrême adresse la forme convexe, et sur lesquelles ils créèrent des compositions dont les personnages et les ornements sont si bien combinés qu'ils paraissent être de proportions normales, malgré leurs dimensions gigantesques (fig. 117).

Nous pouvons en donner la preuve la plus certaine, grâce à la découverte, faite en 1890, dans la cathédrale de Cahors, de peintures murales du plus haut intérêt archéologique.

Les travaux de *consolidation* des deux coupoles de la cathédrale ont fait découvrir, sous plusieurs couches épaisses de badigeon, des peintures d'une grande importance décorant la coupole de l'ouest, vers l'entrée de l'église. On a trouvé également dans la coupole de l'est et sur ses pendentifs des traces de peinture qui n'ont pas pu être conservées, parce qu'elles s'effritaient sous l'action de l'air et tombaient de vétusté. Mais la décoration de la coupole de l'ouest est entière dans sa composition, et si le temps en a éteint quelque peu la coloration, le dessin tracé en noir, avec une science, une vigueur et une sûreté de main remarquables, existe tout entier ou à très peu de chose près.

La coupole ouest, de 16 mètres de diamètre et de forme ovoïde — comme celle de l'est — est divisée par

L'ARCHITECTURE RELIGIEUSE.

Fig. 117. — Cathédrale de Cahors. — Peintures.
Fragment de l'un des huit motifs des secteurs de la coupole.
Le prophète Ezéchiel.

la composition picturale en huit secteurs, séparés par de larges bandes formées de rinceaux de fleurs et de fruits fortement dessinés, dont la figure 116 donne une idée exacte. Les figures de huit prophètes, de dimensions colossales qui varient de 4^m,70 à 4^m,90 de hauteur, forment le point capital de chaque secteur. Le prophète-roi David et les quatre grands prophètes : Daniel, à gauche de David, puis Jérémie, Isaïe, Ézéchiel à droite, vers le chœur de l'église, ainsi que trois parmi les douze petits prophètes : Jonas, Esdras et Abacuc, sont peints de divers tons modelés, sertis par un trait sur un fond variant du rouge orangé au rouge foncé et encadré dans un motif d'architecture tracé en lignes fermes. Le motif se détache en gris sur un fond d'appareil dont les assises sont indiquées par un double trait brun sur un ton général d'ocre clair. Chacun des personnages tient un phylactère, banderole ou rouleau, portant son nom écrit en belles lettres du xiiie siècle.

Les bandes divisant les secteurs aboutissent à une frise circulaire entourant le sommet de la coupole, formant un ciel étoilé au milieu duquel est représentée l'apothéose de saint Étienne, patron de la cathédrale ; la frise est composée de personnages grandeur nature, figurant, en des attitudes diverses et toutes très vivement expressives, les scènes du jugement et de la lapidation du saint martyr. Ces peintures montrent une phase de l'évolution vers le naturalisme ; si les figures des prophètes sont encore hiératiques dans certaines de leurs parties, leur pose, leur tête et les détails dénotent une recherche évidente de la physionomie. Cette recherche est poussée très loin dans les personnages de la frise par le dessin des mains qui résulte d'une étude d'après nature.

Au point de vue technique, les peintures de la cou-

Fig. 118. — Cathédrale de Cahors. — Peintures. — Fragment de la frise centrale de la coupole[1].

pole ne sont point des fresques : « Le procédé employé paraît être la peinture à l'œuf, blanc et jaune mélangés, procédé analogue à la peinture à l'aquarelle... Les tons rouges ont été posés sur une assiette de mine orange,

[1]. M. Gaïda, artiste peintre, chargé par M. le ministre de la justice et des cultes de relever les dessins de la coupole, nous a communiqué ceux des figures 116, 117 et 118.

ce qui leur donne une vigueur et un éclat étonnants, relativement aux matières employées, l'usage des *dessous* était systématique et il apparaît toutes les fois qu'on a voulu obtenir une certaine intensité de tons ou des effets de coloration. On a modelé autant qu'on a pu, mais sans direction unique de la lumière, et si ce n'était le gros trait de *redessiné* ou serti, en beaucoup d'endroits ces peintures auraient des points de ressemblance avec les recherches d'éclairage diffus qui, sous le nom de plein air, caractérise la peinture moderne. La tonalité générale est celle des peintures simples du XIIIe siècle, c'est-à-dire de celles où l'on n'a pas employé l'or. L'aspect est chaud, brillant, orangé avec des intensités rouges de plusieurs nuances[1]. »

D'après les renseignements archéologiques recueillis en divers ouvrages des historiens du Quercy, les peintures de la coupole ouest de Cahors auraient été faites par les soins des évêques Raymond de Cornil, 1280-1293, Sicard de Montaigu, 1294-1300, Raymond Panchelli[2], 1300-1312, ou Hugo Geraldi, 1312-1316 l'ami du pape Clément V et du roi de France Philippe IV, et qui fut brûlé vif à Avignon, ou bien encore Guillaume de Labroa, 1316-1324, qui, résidant à Avignon, ne gouverna le diocèse de Cahors que par procuration. Après cette période il n'est plus question de travaux décoratifs, les successeurs de ces évêques ayant à soutenir la lutte contre les Anglais.

Il est donc permis de croire que les peintures de

---

1. D'après les notes techniques de M. Gaïda, artiste peintre.
2. Raymond Panchelli, ou Raymond II, fit commencer en 1303 le pont de Valentré à Cahors.

Cahors sont de la fin du xiiie siècle ou du premier quart du siècle suivant ; mais ce qui est certain, c'est que la décoration de la coupole ouest de la cathédrale de Cahors est d'un très grand caractère et qu'elle présente un exemple unique en France de l'art décoratif au plus beau temps du xiiie siècle — à l'apogée de l'architecture dite *gothique* — dont les exemples ont été suivis par les artistes contemporains et surtout dans les premières années du xive siècle.

L'administration des cultes, gardienne vigilante de nos belles cathédrales — nos principaux monuments historiques, — a pris, avec l'esprit d'ordre et de méthode qui lui fait honneur, toutes les mesures nécessaires non pour restaurer, mais pour *conserver* ces curieuses peintures telles qu'elles existent encore, afin de laisser toute leur valeur archéologique à ces précieux documents qui attestent le talent de nos peintres français du moyen âge.

N'ayant plus de surfaces murales à peindre, la décoration se bornant à l'enluminure des divers membres de l'architecture, les artistes peintres appliquèrent leur talent, développé par l'étude de la nature, à décorer les verrières qui, dès la fin du xiiie siècle, s'agrandissaient de plus en plus jusqu'à occuper, par leurs réseaux de pierre, tout l'espace compris entre les points d'appui du pourtour des édifices. Cet art nouveau, ou plutôt, cette incarnation de l'art décoratif, appliqué à des dispositions nouvelles, montre encore la souplesse et l'esprit d'assimilation qui distinguaient déjà les artistes français de ce temps.

176   L'ARCHITECTURE GOTHIQUE.

Fig. 119-120. — Vitraux du commencement du xiie siècle.
Saint-Remi, à Reims[1].

1. Dessins comm. par M. Ed. Didron, artiste peintre verrier.

« Par la nature de la matière qui le compose, le vitrail coloré a une influence certaine sur la physionomie de l'édifice qu'il décore. S'il est mal compris, l'effet des formes architecturales peut s'en trouver modifié ; il les fait valoir, au contraire, lorsqu'il est conçu avec intelligence... Comme tout autre genre de peinture ayant la fonction de s'unir intimement à l'architecture, le vitrail exige une composition simple, ainsi qu'une exécution sobre ne visant pas à l'imitation rigoureuse de la réalité ; il exclut l'illusion de la perspective. Sa coloration doit être franche, énergique, composée d'un petit nombre de tons et produisant une harmonie à la fois somptueuse

Fig. 121. — Vitrail du xiie siècle.
Eglise de Bonlieu (Creuse).

et calme qui attire doucement l'attention, sans l'absorber au détriment du cadre. Comparable à une mosaïque murale, aux émaux de l'orfèvrerie du xiie au xive siècle et aux tapis d'Orient, une verrière véritablement décorative n'a aucune analogie avec un tableau, scène ou paysage que l'on voit à travers une fenêtre ouverte, où l'intérêt se concentre plus particulièrement sur un point et qui ne reçoit pas la lumière diffuse éclairant également toutes ses parties. La loi fondamentale de la pein-

178   L'ARCHITECTURE GOTHIQUE.

ture décorative repose sur une convention établie pour la satisfaction des yeux, qui recherchent bien plus la décoration rationnelle d'une construction ou d'un objet

Fig. 122. — Vitrail du XIIIe siècle. — Cathédrale de Chartres.

d'usage que la sensation des réalités de la nature. Il y a donc un abîme entre le vitrail et le tableau. Pour avoir essayé de le franchir, l'école moderne, héritière de la renaissance italienne, a fait dévier l'art de la décoration de la voie qui lui était tracée par le bon sens[1]. »

[1]. *Le Vitrail à l'Exposition de 1889*, par Ed. Didron — Paris, 1890.

L'ARCHITECTURE RELIGIEUSE. 179

Le rôle véritable du vitrail n'a jamais été mieux compris qu'au xii⁰ siècle. Les artistes de ce temps avaient une admirable entente de l'harmonie des cou-

Fig. 123. — Vitrail du xiii⁰ siècle. — Cathédrale de Chartres.

leurs, dont l'éclat tempéré convenait aux formes simples et robustes de l'architecture romane. Sur le verre aux tons variés, le peintre appliquait un trait noir pour dessiner une figure ou un ornement ; il soutenait ce trait avec une demi-teinte plate constituant un modèle rudimentaire, ce qui laissait aux formes exprimées leur effet exact à distance. Au XIIIᵉ siècle, avec le style moins

Fig. 124. — Vitrail du XIIIᵉ siècle. — Église de Saint-Germer.

austère des édifices, l'éclat des vitraux augmente ; la coloration est plus pétillante, plus énergique, sans nuire à l'harmonie générale ; elle a plus de richesse

Fig. 125. — Vitraux du xive siècle — Eglise de Saint-Urbain, à Troyes.

encore, parfois, au XIVe siècle, car on emploie le verre rouge avec une certaine prodigalité à cette époque. Jusque-là le système d'exécution reste le même ; mais le trait du dessin devient plus fin et la demi-teinte qui le souligne tend à prendre beaucoup moins d'importance, les figures perdent leur calme hiératique et affectent des mouvements accentués, élégants, qui accusent déjà la préoccupation des artistes de se rapprocher de l'imitation de la nature. C'est un commencement de réalisme dont les conséquences ne tarderont pas à être considérables ; à la fin du XIVe siècle, la découverte du jaune, obtenu par des sels d'argent et la facilité de son emploi pour colorer des verres grisâtres au feu de moufle, sur des parties que le dessin délimite, sera la cause d'une révolution dans l'art du vitrail et frayera le chemin aux émaux de toute couleur. Cette découverte, assurément utile et qui, appliquée discrètement, rend de précieux services, deviendra une ressource d'un usage exagéré.

Au XVe siècle, les saints personnages représentés sont habituellement exécutés sur verre teinté donnant l'impression d'un blanc très doux ; mais les cheveux, les barbes, les coiffures, les bijoux, les galons et les broderies des vêtements sont peints en jaune. Les figures se détachent vivement sur un fond bleu ou rouge, divisées par une draperie damassée, verte ou pourprée ; une vaste ornementation architecturale les encadre et emplit les fenêtres immenses de la dernière période de l'art du moyen âge. La transformation est radicale. L'épanouissement final du style dit gothique aurait dû logiquement, et il est intéressant de le constater, amener une recrudescence de la coloration des vitraux; or on s'accommode, au contraire, d'un affaiblissement caractérisé de la puissance d'effet obtenu par la diversité des tons intenses. Cette sorte de camaïeu oblige le peintre à augmenter l'importance du modelé, au détriment du trait noir qui va disparaître.

Avec le XVIe siècle, le vitrail devient, dans une certaine mesure, un tableau translucide qui ne respecte plus les formes architecturales. Les scènes se compliquent et s'étendent sans tenir compte des meneaux de pierre. Toutefois, son exécution large et nerveuse, ainsi que la beauté des tons du verre, impriment aux verrières de cette luxuriante époque un aspect décoratif d'un genre spécial qui en fait oublier les défauts et en expliquer le succès.

Fig. 126. — Vitrail du XIVe siècle.
Tête de saint Pierre.
Cathédrale de Châlons-sur-Marne.

L'émail se rattache trop directement au vitrail pour n'en pas dire un mot; c'est une des applications de l'art décoratif du moyen âge, et si son emploi s'est

Fig. 127. — Vitrail du xve siècle.
Cathédrale d'Evreux.

limité à orner des œuvres d'orfèvrerie plutôt qu'à décorer de grands espaces, l'émail est cependant une des expressions les plus brillantes et les plus précieuses de l'art du peintre.

Les émaux les plus anciens sont généralement *champlevés* et *cloisonnés* : champlevés, c'est-à-dire creusés pour recevoir l'émail fusible, le creux contournant la masse des figures ou des ornements ; cloisonnés par de petites lames de métal fixées sur le fond et marquant les détails des nus et des vêtements. Le fond, les cloisons et les parties nues des figures sont dorés et les détails dessinés par des traits gra-

L'ARCHITECTURE RELIGIEUSE.

Fig. 128. — Émail du xie siècle. — Plaque-couverture de manuscrit (hauteur, 0^m,12; largeur, 0^m,065).

vés, de sorte que les vêtements seuls sont émaillés.

La figure 128 montre un émail de la fin du xie siècle, dont les inscriptions, placées de chaque côté de la croix, sont formées de lettres superposées verticalement, se lisant de haut en bas, et dans lequel on peut étudier ces diverses particularités.

Dès le commencement du xiiie siècle, l'émail est fait en *taille d'épargne,* c'est-à-dire que le fond est champlevé pour recevoir les matières diverses qui doivent être soumises à l'action du feu pour former l'émail. Les vêtements, les mains et les pieds des figures — *épargnées* — sont modelés et ciselés en très bas-relief; mais le personnage principal, le Christ, les têtes des personnages qui l'accompagnent, ainsi que les têtes des anges, sont en véritable *relief,* modelés et ciselés vigoureusement.

La plaque-couverture d'évangéliaire (fig. 129) nous donne un exemple des plus caractéristiques de ce genre d'émail, qui remonte aux premières années du xiiie siècle et provient des ateliers de Limoges, fondés par les moines de Solignac.

La châsse (fig. 130) provient également des ateliers des émailleurs limousins. Le procédé est analogue, mais la ciselure des figures est moins fine et même rudimentaire, parce qu'elle est remplacée par des traits gravés rapidement. Ce reliquaire représente le martyre de saint Thomas Becket, archevêque de Cantorbery, et la partie haute de la châsse, formant toiture à deux pentes, l'apothéose du saint.

On sait que saint Thomas Becket fut canonisé deux ans après sa mort tragique, qui souleva une réprobation générale dans toute la chrétienté, et se traduisit à

L'ARCHITECTURE RELIGIEUSE. 187

Limoges par la *fabrication*, pour ainsi dire, pendant le
XIIIᵉ siècle, d'un grand nombre de châsses-reliquaires
destinées à contenir les reliques du saint martyr.

Fig. 129. — Émail du XIIIᵉ siècle. — Plaque-couverture d'évangéliaire
(hauteur, 0ᵐ,18; largeur, 0,17).

Il nous semble qu'on peut voir dans les détails des
vêtements et des mains ciselés en très bas-relief de la
figure 129 l'origine des émaux de *basse taille*, dits
translucides ou, plus exactement, transparents, procédé
qui était en usage en Italie, en France et même en

188 L'ARCHITECTURE GOTHIQUE.

Fig. 130. — Émail du XIIe siècle. — Châsse-reliquaire de saint Thomas Becket.

Allemagne, au XIVe et principalement au XVe siècle.

Ces émaux ne pouvaient être faits que sur l'or et l'argent, et s'obtenaient par la ciselure en très bas-relief

Fig. 131. — Email du xvɪᵉ siècle. — Notre-Dame des Sept-Douleurs.
Émail peint signé I.-C. (Jehan Courteys ou Courtois)
(hauteur, 0ᵐ,27 ; largeur, 0ᵐ,21)[1].

sur ces métaux précieux des motifs qui étaient ensuite

1. Les émaux dessinés sous les figures 128 à 131 appartiennent à l'auteur.

recouverts légèrement d'émaux de nuances peu variées, travail aussi long que difficile, et, par conséquent, d'un prix très élevé qui en rendait l'usage fort restreint.

Les émailleurs du xvie siècle, surtout ceux du commencement, s'inspirèrent évidemment des émaux de basse taille pour obtenir le même effet brillant et chatoyant par des procédés plus savants et surtout plus économiques, qui se simplifièrent encore en se vulgarisant et en perdant de plus en plus leurs qualités originelles. La figure 131, représentant Notre-Dame des Sept-Douleurs, signée I. C. (Iehan Courteys ou Courtois), est un exemple, quant au dessin tout au moins, des émaux peints, exécutés par les artistes limousins dans les premières années du xvie siècle.

L'architecture dite *gothique,* et principalement l'*architecture religieuse* du xiie au xve siècle, a exercé une action féconde, non seulement par la structure proprement dite des édifices qu'elle a élevés en si grand nombre, mais encore par les arts divers qu'elle a créés ou perfectionnés et, dans tous les cas, mis en œuvre pour les décorer. Nous n'en avons tracé que les grandes lignes, en regrettant que la place nous fasse défaut pour étudier toutes les manifestations d'un art bien français, dont les rares et d'autant plus précieux débris sont les plus beaux ornements des musées de France et d'Europe. Ils figurent avec honneur parmi les modèles les plus utiles pour l'enseignement des arts, en préparant par leurs exemples la création de nouveaux chefs-d'œuvre français.

DEUXIÈME PARTIE

L'ARCHITECTURE MONASTIQUE

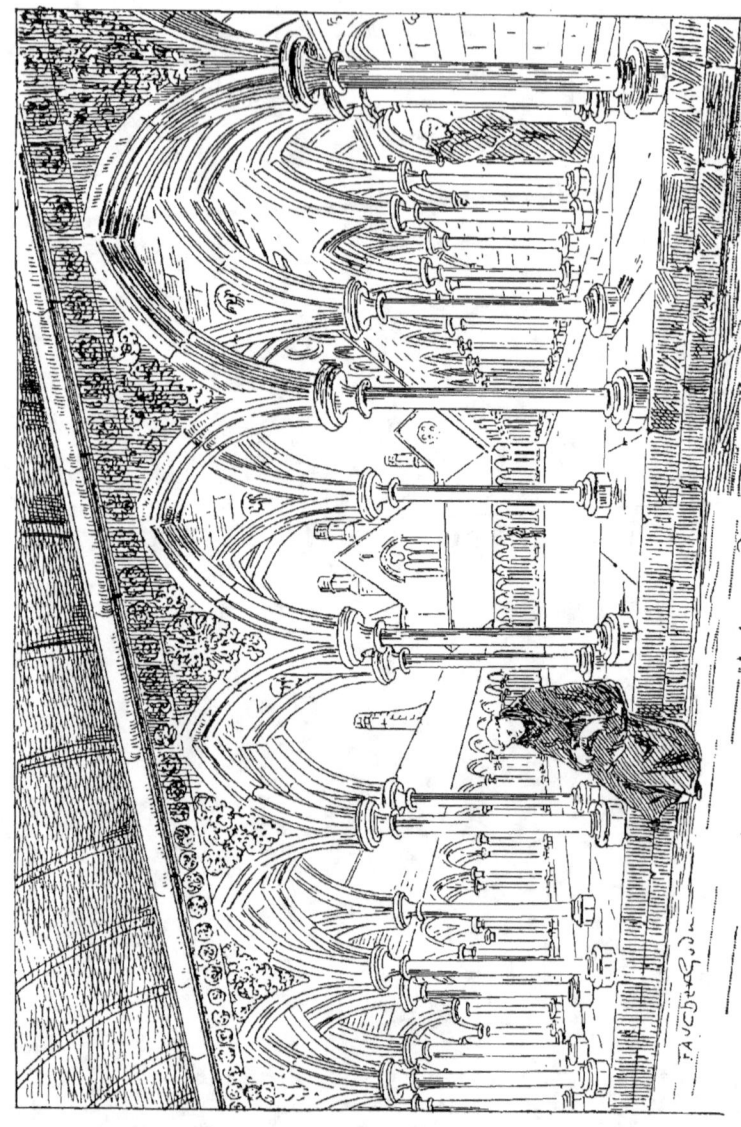

Fig. 132. — Abbaye du Mont-Saint-Michel. — Cloître (XIIIe siècle) (d'après les dessins d'Ed. Corroyer).

CHAPITRE PREMIER

ORIGINE.

L'origine de l'architecture *monastique* ne remonte pas au delà du ive siècle de l'ère chrétienne. Les ermites et les anachorètes des premiers temps, habitant les cavernes ou les déserts de la Thébaïde, ont pu laisser le souvenir de leurs vertus, mais aucune trace des édifices qu'ils auraient élevés pendant leur vie érémitique ; tandis que les premiers chrétiens réunis sous une *règle* religieuse, changeant cette existence solitaire en une vie cénobitique, ont attesté leur passage en ce monde par des monuments dont il reste des vestiges nombreux, et tout au moins des témoignages historiques.

L'histoire monumentale des églises abbatiales se confond avec celle des cathédrales[1], en ce sens que les évolutions et les transformations architectoniques qui se sont succédé aux xiie et xiiie siècles se sont manifestées successivement dans ces grands édifices, qu'elles ont été préparées par les moines architectes et qu'elles ne se sont accomplies que par leur concours direct ou celui des élèves qu'ils avaient formés.

Mais l'étude de l'*abbaye* proprement dite nous reste à faire au point de vue de l'organisation corporative des moines comme à celui des édifices destinés à les abriter.

---

1. Voir 1re partie, *l'Architecture religieuse.*

L'institution monastique date de l'époque romaine, et les premières abbayes furent établies en France au IVe siècle par Saint-Hilaire de Poitiers et Saint-Martin de Tours. Ces associations, ces corporations religieuses, puissantes par le nombre et plus encore par l'esprit qui les animait, et qui ont rendu d'immenses services à la civilisation au moyen âge, étaient des institutions admirables, à ne considérer même que le côté philosophique de la *règle* religieuse qui soumettait tout à la domination éclairée de l'intelligence. La *règle* de saint Benoît est à elle seule un monument considérable qui a pour base la *discipline* et pour couronnement le *travail*. Principes excellents toujours, puisqu'ils sont l'expression de la vérité éternelle dont nos économistes modernes, fort bien inspirés en préconisant la fondation de toute espèce de syndicats corporatifs, pourraient, comme au temps de saint Benoît et toutes proportions gardées, tirer en cette fin de siècle les plus utiles et les plus féconds enseignements.

Trois grands foyers intellectuels ont éclairé les premiers siècles du moyen âge : *Lérins*, l'*Irlande* et le *mont Cassin*. Ils ont brillé du plus vif éclat du IVe siècle jusqu'à Charlemagne, en préparant les évolutions successives des connaissances humaines, par le développement cultivé des sciences, des arts, et particulièrement l'art de l'architecture, sous l'action constante des lois de la filiation et celles de la transformation incessante, poursuivant immuablement à travers les siècles leur marche progressive.

Lérins. — Saint Honorat et ses compagnons, abordant dans l'archipel de Lérins, en 375 ou 390, fondèrent sur l'île principale une chapelle entourée de cellules et de bâtiments nécessaires à la vie commune. Les moines composant le monastère naissant étaient des lettrés qui avaient accepté *la règle* religieuse qui était devenue leur loi; ils instruisaient les néophytes venus du continent, et leur réputation, s'étendant au loin, fit bientôt de Lérins une école théologique, un séminaire, une pépinière, pour ainsi dire, où l'église du moyen âge vint chercher les abbés et les évêques les plus dignes de la gouverner.

L'école de Lérins devint même si savante qu'elle prit parti dans la question du *pélagianisme* [1] qui animait alors les esprits, et elle paraît s'être maintenue de haute lutte dans la demi-mesure, c'est-à-dire dans le *semi-pélagianisme*, idées agitatrices qui paraissent avoir été calmées par saint Vincent de Lérins, dont les doctrines étaient beaucoup plus orthodoxes. Il paraît certain d'ailleurs que l'enseignement théologique de Lérins domina, ou tout au moins dirigea l'opinion dans les Gaules jusqu'au viᵉ siècle.

L'Irlande. — Dès le viᵉ siècle, l'Irlande était le foyer des sciences et des arts en Occident. Les moines irlandais avaient suivi les traditions importées par les Scandinaves en transformant l'art oriental; par les manuscrits et les miniatures, ils exercèrent une influence

---

1. *Pélagianisme.* — Doctrine du moine *Pélage*, qui vivait au vᵉ siècle, enseignant que le péché d'Adam n'a point été imputé à sa race et que la grâce de Dieu nous est donnée en proportion de nos mérites. — *Semi-pélagianisme*, opinion d'après laquelle l'homme peut commencer, il est vrai, son amélioration par soi-même, mais non l'achever sans le secours de Dieu. — E. Littré, 1873.

considérable sur l'art continental en préparant la Renaissance de Charlemagne, qui a eu elle-même une si grande importance par les manifestations monumentales de l'époque dite *romane.*

Saint Colomban était un des moines du monastère de Benchor, en Irlande, lorsqu'il passa sur le continent où, vers la fin du vi° siècle, il fonda aux environs de Besançon les abbayes de Luxeuil et de Fontaine, puis en Italie, celle de Bobbio, où il mourut en 615. Son œuvre capitale est la *Règle,* qu'il donna aux moines irlandais qui l'avaient accompagné et aux religieux qui étaient venus habiter les monastères qu'il avait fondés. Saint Colomban ne se contentait pas de prescrire dans sa *Règle* l'amour de Dieu et celui du prochain qui en étaient la base; il montre la beauté et l'utilité de ses prescriptions, qu'il appuie sur des passages de la Bible et des principes de morale. L'école du monastère de Luxeuil fut une des plus célèbres au vii° siècle et devint semblable à celle de Lérins, comme une pépinière de savants docteurs et d'illustres évêques.

Le mont Cassin. — Au vi° siècle, saint Benoît prêcha le christianisme dans le sud de l'Italie, où, malgré les édits impériaux, le paganisme était resté la religion populaire. Il éleva une chapelle dédiée à saint Jean-Baptiste, sur les ruines d'un temple consacré à Apollon, puis il fonda un monastère qui fut le berceau de l'ordre célèbre des bénédictins, auquel il donna sa *Règle* en 529.

Saint Benoît avait groupé autour de lui des disciples dont le nombre s'accrut rapidement. Il leur avait fait accepter, avec l'esprit d'obéissance et de subordination, c'est-à-dire la *discipline,* les prescriptions de sa *Règle,* ayant pour point capital le partage de leur temps entre la prière et le *travail.* Il en fit l'application au Mont-Cassin dont les bâtiments furent élevés par lui-même et ses compagnons. Les terres stériles furent cultivées et transformées en jardins pour la communauté; des moulins, des fours, des ateliers pour fabriquer toutes les choses nécessaires à l'existence, furent construits dans l'enceinte de l'abbaye, afin que les moines pussent se suffire à eux-mêmes; cependant on avait réservé des bâtiments destinés à offrir l'hospitalité aux pauvres et aux voyageurs, mais disposés de façon à laisser les étrangers en dehors des lieux réguliers destinés exclusivement aux religieux.

Le grand mérite de saint Benoît, indépendamment de sa grande sagesse philosophique, c'est d'avoir compris, le premier peut-être, que le *travail,* utile et intelligent, est une des conditions, sinon l'unique condition, de la perfection morale que ses disciples devaient s'efforcer d'atteindre et, à ce titre seul, le nom de saint Benoît méritait de passer à la postérité.

« Les apôtres et les premiers évêques furent les guides naturels des constructeurs appelés à édifier les basiliques dans lesquelles se réunirent d'abord les fidèles et, lorsqu'ils portèrent la foi dans les provinces de l'empire, eux seuls pouvaient indiquer ou tracer de leurs propres mains les distributions des édifices nécessaires à l'exercice du nouveau culte... Saint Martin dirigea la construction de l'oratoire d'un des premiers monastères des Gaules à Ligujé, et plus tard celui de Marmoutier, auprès de Tours, sur les bords de la Loire.

Saint Germain, sous Childebert, conduisit les travaux de l'abbaye de Saint-Vincent — depuis saint-Germain-des-Prés — à Paris. Bientôt saint Benoît établit dans sa *Règle* que l'architecture, la peinture, la mosaïque, la sculpture et toutes les branches de l'art seraient étudiées et enseignées dans les monastères; aussi le premier devoir des abbés, des prieurs, des doyens, était-il de tracer le plan des églises et des constructions secondaires des communautés qu'ils étaient appelés à diriger. Il s'ensuivit que, dès les premiers siècles chrétiens jusqu'aux XIIe et XIIIe siècles, l'architecture, science réputée sainte et sacrée, n'était pratiquée que par des religieux; aussi les plus anciens plans qui nous restent, ceux de Saint-Gall et de Cantorbery, sont-ils tracés par les religieux Éginhard et Edwin... Pendant les XIe et XIIe siècles, toute la chrétienté se couvrit d'édifices admirables dus à l'art et à l'industrie des moines, qui, préparés par les études et l'expérience que leur léguaient les siècles précédents, durent trouver un nouveau stimulant, pendant ce moment de régénération générale, dans l'élan que les rois leur donnaient pour les immenses ruines du IXe siècle [1]. »

Dès les premiers siècles du christianisme, il s'était formé des associations d'hommes et de femmes dans le but de vivre en commun sous une règle religieuse; mais il paraît certain que le plus grand nombre des monastères durent, sinon leur origine, tout au moins leur célébrité et leurs richesses, à la réputation des reliques qu'ils possédaient. Elles attiraient la foule, et

---

[1]. Albert Lenoir, *l'Architecture monastique.* — Collection des documents inédits sur l'histoire de France. — Paris, 1856.

les pèlerinages étaient si fréquents et si nombreux au moyen âge qu'on avait dû créer des hospices — on pourrait dire des *asiles de nuit* — en différentes villes situées sur les principaux passages de ces pèlerinages. Une confrérie des *Pèlerins de Saint-Michel* s'était formée, dès les premières années du xiiie siècle, à Paris, où la confrérie de *Saint-Jacques aux Pèlerins* avait une chapelle et son *hôpital* rue Saint-Denis, près la porte de ville.

Du viie au ixe siècle, il existait des abbayes importantes dans presque toutes les provinces qui ont constitué la France moderne. Puis, après Charlemagne et sous ses successeurs, de grands monastères se fondèrent dans tous les pays qui formaient son empire. Charlemagne, s'appuyant sur les évêques et surtout sur les moines qui représentaient les progrès du temps, contribua au développement des institutions religieuses, secondant sa politique et augmentant les effets de sa puissance civilisatrice. Mais, après sa mort, l'étude des sciences et des arts déclina si rapidement qu'une réforme s'imposait dès le xe siècle, réforme qui paraît avoir pris naissance dans l'abbaye bénédictine de Cluny, fortement établie en Bourgogne vers l'année 930.

D'après cette étude rapide de l'organisation monastique, on peut se faire une idée de l'importance qu'avaient prise aux xie et xiie siècles les institutions religieuses, dont les immenses services se sont manifestés par l'agriculture remise en honneur, par l'étude des sciences, des arts et principalement de l'architecture ; en un mot, par le *travail* intelligent et utile.

L'architecture *monastique* a exercé une influence

considérable, décisive, sur l'art national par les immenses édifices religieux qu'elle a créés et qui ont précédé la fondation de nos grandes cathédrales.

Jusqu'au milieu du XIIe siècle, les sciences, les lettres, les arts, la richesse et surtout l'intelligence, c'est-à-dire la toute-puissance sur la terre, étaient possédés par les corporations religieuses. Il faut se rappeler — et c'est de simple justice historique — que les abbayes ont illustré et surtout éclairé le moyen âge, et que ces grandes maisons étaient alors de véritables écoles dont la force d'expansion fut énorme. Il faut se souvenir que si les grandes cathédrales des XIIe et XIIIe siècles ne sont pas l'œuvre des religieux, les architectes *laïques* qui les ont construites étaient les disciples de ces religieux, moines-architectes, et que c'est dans les écoles des abbayes, si libéralement ouvertes à tous, qu'ils avaient puisé les premières connaissances d'un art qu'ils ont appliqué avec tant d'habileté.

L'enseignement de l'architecture, particulièrement, n'était pas seulement théorique; il était surtout appliqué par les religieux dans les constructions monastiques très considérables dont le point capital était l'église abbatiale, souvent plus vaste et plus ornée que les cathédrales contemporaines.

Suivant les plans généralement adoptés, à côté de l'église, au nord et souvent au midi, s'étendait le *cloître*, vaste préau orné de plantes, entouré de galeries ouvertes sur ce préau, qui assurait la communication entre les divers services principaux de l'abbaye, dont les plus nécessaires étaient : le *réfectoire*, le plus souvent établi dans une belle salle voûtée, en rapport direct avec les *cuisines;* la *salle capitulaire,* reliée à l'église, le *dortoir* des moines étant placé à l'étage au-dessus ; les *celliers* et *greniers* voûtés, au-dessus desquels étaient disposés les logements des hôtes ; les magasins se rattachaient aux écuries, aux étables et aux dépendances qui étaient très importantes. Tous ces différents services, nécessaires à la vie du monastère, étaient tenus très sévèrement indépendants les uns des autres, afin de ne pas troubler la vie ordinaire des religieux, tout en prévoyant les moyens de satisfaire largement les besoins et les devoirs de l'hospitalité.

Les abbayes élevées à l'époque dite *romane* étaient, en leur temps, de véritables modèles architectoniques. Les architectes religieux ou laïques les modifièrent, tout en les maintenant au même degré de perfection ; ils suivirent les progrès qui signalèrent le milieu du XIIe siècle, en transformant et en perfectionnant le mode de construction par l'adoption de la méthode angevine pour la construction des *voûtes sur croisée d'ogives,* caractère très particulier de l'architecture dite *gothique.*

CHAPITRE II

ABBAYE DE CLUNY. — ABBAYES CISTERCIENNES.

Les bénédictins, les cisterciens, les augustins, les prémontrés et particulièrement la congrégation de Cluny ont créé des œuvres remarquables par l'ampleur et la magnificence de leurs constructions, réputées en leur temps comme les plus parfaites en leur genre. L'étude de ces édifices : église, bâtiments d'habitation de l'abbé et des moines, avec toutes les dépendances qui composaient *l'abbaye*, est des plus instructives ; elle fait connaître la science et l'esprit judicieux des moines-architectes s'inspirant du climat, des lieux mêmes, des matériaux du pays, du nombre des religieux, des ressources de l'ordre et de toutes les circonstances, afin d'en tirer le meilleur parti pour l'accomplissement de l'œuvre.

Il est bien certain que les architectes des premières abbayes avaient adopté le mode de construction contemporaine, c'est-à-dire l'architecture latine, romaine ou gallo-romaine. La double porte de l'abbaye de Cluny, dont l'auteur probable est Gauzon, l'ancien abbé de Beaune, qui commença la construction du célèbre monastère, en est une preuve des plus intéressantes. Le caractère architectural se modifia sous l'action successive des diverses influences, les mêmes que celles qui se sont manifestées dans l'architecture religieuse[1] dès le xie siècle et qui se sont si magnifiquement exprimées dans les édifices élevés depuis ce temps jusqu'au xiiie siècle, l'apogée de l'architecture dite *gothique*.

Les abbés des innombrables abbayes de tous ordres étaient trop éclairés pour ne pas profiter des progrès réalisés de leur temps en les appliquant à la construction ou à l'embellissement de leurs monastères.

L'abbaye de Cluny, fondée en 909 par Guillaume, duc d'Aquitaine, et affranchie de toute dépendance par

---

1. Voir la 1re partie, *l'Architecture religieuse*.

le pape Jean XI, qui confirmait, en 932, la charte de
Guillaume, prit un développement aussi rapide que
considérable en raison des circonstances politiques et
sociales qui avaient marqué son origine. Au commencement du xe siècle, les invasions normandes et les

Fig. 133. — Abbaye de Cluny. — Porte d'entrée de l'abbaye.

excès du régime féodal avaient ruiné l'œuvre de Charlemagne, et le monde chrétien d'Occident paraissait être
revenu à l'état de barbarie après la destruction par les
Sarrasins et les pirates du Nord des villes importantes
et de la plupart des monastères; la société civile ainsi
que les institutions religieuses étaient tombées dans la
plus extrême misère, née de la confusion des pouvoirs
et du mépris de toute autorité.

Cluny devint rapidement un foyer autour duquel se
groupèrent toutes les intelligences qui n'avaient pas été

submergées dans le chaos du ix⁰ siècle, et elle fut bientôt une école aussi brillante que celles qui ont illuminé les premiers temps du moyen âge. Grâce à la *Règle* de saint Benoît dont les bénédictins de Cluny avaient su tirer les plus utiles enseignements, l'abbaye eut un développement considérable, et elle paraît avoir été pendant plus d'un siècle la pépinière fertile qui fournit à l'Europe, pendant les xi⁰ et xii⁰ siècles, non seulement des professeurs pour les écoles monastiques, mais des savants dans toutes les branches de la science, des lettres, et surtout des *architectes* qui contribuèrent *effectivement* à la création de Cluny et de ses *filles religieuses,* et aussi à la construction des innombrables abbayes fondées par les bénédictins dans toute l'Europe occidentale et en Orient, au berceau même du christianisme.

Pendant toutes ces luttes de l'intelligence contre l'ignorance s'accomplissait une révolution sociale : l'*affranchissement des communes,* qui eut une portée immense sur les sciences, les arts, la vie matérielle et, en un mot, sur les mœurs du pays.

L'architecture, expression fidèle de tout état social, née aux temps dits païens, s'était christianisée par sa culture dans les abbayes et elle avait pris un essor étonnant que nous avons étudié dans l'*architecture religieuse*. Mais si l'ascension de l'architecture de ce temps avait été rapide, vertigineuse, sa décadence fut profonde, parce qu'elle était la conséquence d'un *affranchissement* trop radical des traditions antiques qui avaient établi et affirmé sa supériorité dès les premiers siècles du moyen âge.

L'abbaye de Cluny fut bientôt trop étroite pour le

nombre de ses moines. Saint Hugues en entreprit la

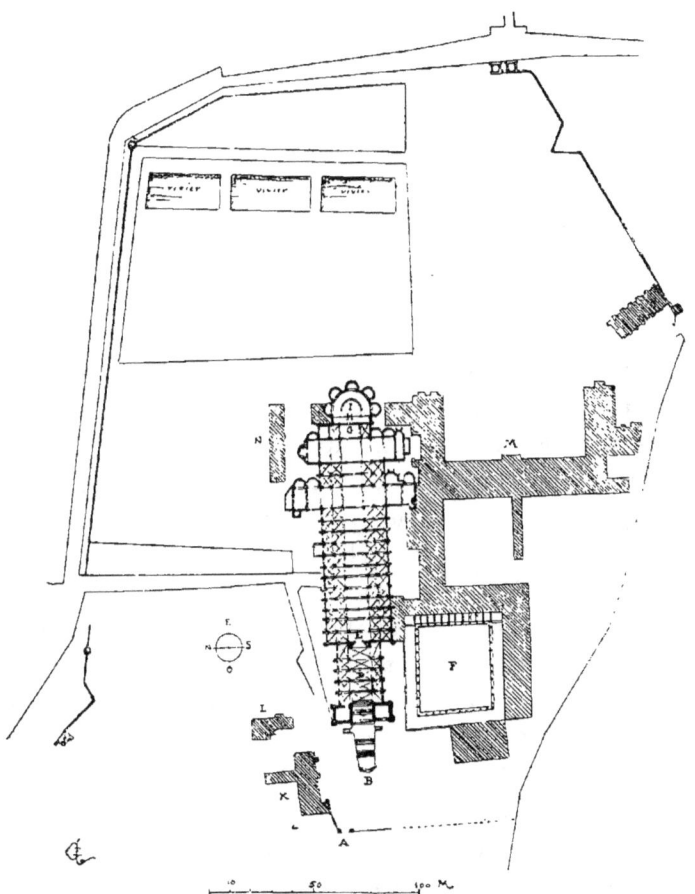

Fig. 134. — Abbaye de Cluny. — Plan.

reconstruction dans les dernières années du xi° siècle, et le moine Gauzon, de Cluny, en commença les travaux en 1089, sur des plans beaucoup plus vastes et de proportions si magnifiques que l'église de la nouvelle abbaye passait pour être la plus grande de tous les monastères de l'Occident.

Le plan (fig. 134) indique les dispositions de l'abbaye à la fin du siècle dernier, alors que les bâtiments *réguliers* avaient déjà été reconstruits quelque temps auparavant. Cependant l'église existait encore; commencée par le chœur du temps de saint Hugues, elle n'aurait été consacrée qu'en 1131. La chapelle qui la précède à l'ouest ne fut achevée qu'en 1228 par Roland Ier, vingtième abbé de Cluny.

En A se trouvait l'entrée de l'abbaye, porte *gallo-romaine* qui existe encore. En avant de l'église, en B, des marches aboutissaient au parvis orné d'une croix de pierre; puis un large degré conduisait à l'entrée de la chapelle, en C, ouverte entre deux tours carrées ; celle du nord, destinée aux archives, et celle du sud, dite de la Justice. L'église antérieure ou chapelle, en D, paraît avoir été destinée aux étrangers et aux pénitents, qui ne pouvaient pénétrer dans les lieux réguliers; c'était la chapelle des étrangers, séparée de l'église abbatiale, de même que les logements des hôtes étaient séparés des bâtiments destinés aux religieux, qui ne devaient avoir aucune relation avec le dehors; en E était la porte de l'église abbatiale, qui ne s'ouvrait que pour les grands personnages admis exceptionnellement dans le sanctuaire de l'abbaye.

A Cluny, de même qu'à Vézelay, une des filles de Cluny, l'église antérieure, c'est-à-dire la chapelle des étrangers que l'on trouve dans toutes les abbayes bénédictines, avait les proportions d'une véritable église

Fig. 135. — Abbaye de Cluny[1]. — Intérieur de la chapelle des étrangers et porte d'entrée de l'église abbatiale.

avec ses collatéraux et ses tours; elle devait commu-

1. D'après Viollet-le-Duc, *Dictionnaire*, t. VII, p. 268.

niquer avec les bâtiments destinés aux hôtes et qui se trouvaient au-dessus des magasins de l'abbaye vers l'ouest du cloître, en F du plan. De la chapelle des étrangers, on entrait dans l'église abbatiale par une seule porte, en E, qui rappelait, d'après les descriptions, la disposition et la décoration de la grande porte du Moustier, à Moissac.

Le caractère particulier de l'abbatiale de Cluny, c'est un double transsept, dont on retrouve les dispositions analogues dans les grandes églises abbatiales de l'Angleterre, notamment à Lincoln[1]. D'après une description faite au siècle dernier, l'église de l'abbaye, à Cluny, avait 410 pieds de longueur; bâtie en forme de croix archiépiscopale, elle avait deux croisées : la première, longue de près de 200 pieds, était large de 30; la seconde, longue de 110 pieds, était plus large que la première. La basilique, large de 110 pieds, était partagée en cinq nefs voûtées en plein cintre et supportées par soixante-huit piliers. Plus de trois cents fenêtres cintrées, étroites et très élevées, laissaient pénétrer dans l'église un jour mystérieux propice aux méditations. Le maître-autel était placé un peu au delà de la seconde croisée, en G et en H, l'autel de *retro*, c'est-à-dire en arrière. — Le chœur, où se trouvaient deux jubés, occupait environ le tiers de la grande nef; il renfermait deux cent vingt-cinq stalles pour les religieux, et fut entouré, au XVe siècle, de tapisseries magnifiques. Un grand nombre d'autels consacrés à différents saints étaient adossés, soit aux jubés, soit aux piliers de la

---

1. Voir *l'Architecture religieuse*, 1re partie, chap. VIII.

grande nef et de ses collatéraux. D'autres chapelles s'ouvrirent plus tard le long des nefs latérales et sur les côtés est des deux transsepts.

Sur le transsept principal s'élevaient trois clochers couverts en ardoises ; celui du milieu, clocher ou tour-lanterne, était désigné : clocher des lampes, parce que l'on disposait aux voûtes de la croisée, de la nef et des transsepts des lampes ou des couronnes de lumières qui brûlaient nuit et jour au-dessus du maître-autel.

Au sud de l'abbaye se trouvait un grand cloître, en F, entouré des bâtiments claustraux, dont il reste quelques vestiges ; en K et L sont les bâtiments abbatiaux reconstruits aux xve et xvie siècles ; en M et N, les édifices construits au siècle dernier sur les bâtiments primitifs. A l'est s'étendaient les jardins avec les grands viviers qui existent encore avec une partie des clôtures, ainsi qu'un bâtiment du xiiie siècle, dit la boulangerie, en O.

Les abbés successeurs de saint Hugues ne purent maintenir l'abbaye dans l'observance de la règle primitive. Le luxe excessif résultant d'une trop grande prospérité amena un relâchement profond, et dès la fin du xi^o siècle la discorde s'était introduite à Cluny.

Pierre le Vénérable, élu abbé en 1112, rétablit l'ordre pour un temps et réunit à Cluny un chapitre général qui comptait deux cents prieurs et plus de douze cents autres religieux. En 1158, lors de la mort de Pierre, l'abbaye comptait encore plus de quatre cents moines, et l'ordre avait fondé des monastères en terre sainte et à Constantinople.

L'abbaye de Cîteaux. — La réforme des ordres bénédictins s'imposait, et saint Robert, abbé de Solesmes, la commença vers 1098. Après avoir quitté son abbaye et s'être réfugié avec vingt et un religieux dans la forêt de Cîteaux, qui lui avait été donnée par don Reynard, vicomte de Beaune, saint Bernard la continua et surtout lui donna l'organisation nécessaire pour régénérer les abbayes bénédictines qui déclinaient de plus en plus et dont les religieux n'avaient plus l'esprit monastique.

« En allant fréquemment dans le monde, les moines en prenaient la dissipation, et quand ils rentraient dans leurs cloîtres, ils y retrouvaient la foule des curieux, des hôtes et des pèlerins qu'eux-mêmes attiraient. Bâtis jusqu'au xi° siècle dans les villes, ou devenus, à la suite des invasions sarrasine ou normande, des centres de population, les monastères ne pouvaient rester l'asile du recueillement que pour un certain nombre de religieux occupés de travaux intellectuels. Les moines étaient en outre propriétaires féodaux, ayant des juridictions à côté de celles des évêques, et Saint-Germain-des-Prés, Saint-Denis, Saint-Martin, Vendôme, Moissac ne relevaient que du pape; de là des soucis temporels, des discussions et jusqu'à des luttes à main armée... La cupidité et la vanité, sinon des religieux, tout au moins de leurs abbés, s'étendaient jusqu'au culte lui-même et aux édifices qui lui étaient consacrés[1]. »

Saint Bernard, s'adressant aux moines de son temps, res réprimande sur leur relâchement, en blâmant les dimensions exagérées des églises abbatiales, la richesse

---

1. Anthyme Saint-Paul, *Histoire monumentale de la France.*

de leur ornementation et le luxe dont s'entouraient les abbés. O vanité des vanités! s'écrie-t-il, sottise autant que vanité! L'église brille dans ses murailles et elle est nue dans ses pauvres! Elle couvre d'or ses pierres et laisse ses fils sans vêtements. Les curieux ont de quoi se distraire et les malheureux ne trouvent pas de quoi vivre. Et ce fut pour supprimer ces abus que l'ordre de Cîteaux fut fondé par saint Robert et saint Bernard, et aussi pour mettre fin aux conflits de juridiction ecclésiastique en plaçant les nouvelles abbayes sous la dépendance des évêques. Elles devaient être bâties dans les solitudes « et nourrir leurs habitants par des travaux agricoles. On ne devait point chercher à les fonder sur de saints tombeaux, de peur d'y attirer la foule des pèlerins et avec eux la dissipation. Les constructions devaient être solides et autant que possible en bonne pierre de taille, mais sans aucune superfétation; pas même d'autre clocher qu'un petit campanile, parfois en pierre et presque toujours en charpente[1]. »

L'ordre de Cîteaux fut constitué en 1119, et saint Robert imposa à ses moines la règle de saint Benoît dans toute sa sévérité et, pour marquer par des signes extérieurs sa séparation avec les fils de saint Benoît, qu'il trouvait dégénérés, il donna à ses religieux cisterciens la robe brune afin de les distinguer des bénédictins qui étaient vêtus de noir. Après avoir déterminé les obligations religieuses de ses moines, il indique, par des constructions minutieuses, la disposition des bâtiments. La principale condition était que l'emplacement

---

[1]. Anthyme Saint-Paul, *Histoire monumentale de la France.*

des monastères devait être choisi assez étendu et de telle façon que les religieux pussent trouver dans l'enceinte de l'abbaye même tout le nécessaire, afin d'éviter toute cause de dissipation par les communications avec l'extérieur. Le monastère, établi autant que possible sur un cours d'eau, devait contenir, indépendamment des bâtiments claustraux, de l'église et du logement de l'abbé, qui était en dehors de l'enceinte régulière, un moulin, un four, des ateliers pour les divers métiers fabriquant les choses indispensables à la vie, ainsi que des jardins pour l'utilité et l'agrément des moines.

L'abbaye de Clairvaux était en son temps l'expression des réformes dont saint Bernard, précédé de saint Robert, a été l'apôtre. Les dispositions générales et les détails des différents services étaient à peu près identiques à ceux de Cîteaux, de même que celle-ci procédait de Cluny, mais en tenant compte de la sévérité apportée dans l'observance de la règle bénédictine proscrivant tout ce qui n'était pas absolument nécessaire à la vie matérielle et plus sévèrement appliquée, surtout en ce qui concerne la claustration complète des religieux, dans le but d'augmenter leur perfection morale.

Ce résultat est certainement intéressant au point de vue de la restauration religieuse; cependant, il faut peut-être regretter que le grand mouvement d'art, l'élan intellectuel donné par les *grands seigneurs* bénédictins de Cluny, n'ait pas été suivi dans le même esprit par les *réformateurs rigoristes* de Cîteaux qui ont ramené l'art par excellence, c'est-à-dire l'architecture, à un rationalisme réfrigérant, qu'ils ont appliqué sévèrement dans les monastères réformés.

Les travaux des cisterciens n'en sont pas moins des sujets d'études utiles.

Il ne reste de ces monuments, Cîteaux et Clairvaux, que de rares vestiges noyés dans les bâtiments modernes, reconstruits pour la plupart au siècle dernier, vestiges lapidaires moins nombreux que les documents historiques et archéologiques qui ont guidé Viollet-le-Duc par l'étude qu'il a faite dans son dictionnaire — t. Ier, p. 263 à 271 — des célèbres abbayes cisterciennes, dont il montre une reconstitution *graphique* qu'il n'est pas possible de présenter plus clairement.

CHAPITRE III

ABBAYES ET CHARTREUSES.

Au xie siècle, il existait dans toute l'Europe occidentale un grand nombre de monastères créés par les moines de divers ordres, et qui étaient nés des grandes écoles monastiques de Lérins, d'Irlande et du Mont-Cassin. Parmi les abbayes célèbres de cette époque, on peut remarquer, « après Vézelay et Fécamp, anciens couvents de femmes transformés en abbayes d'hommes, Saint-Nicaise, à Reims; Nogent-sous-Coucy, en Picardie; Anchin et Annouain, en Artois; Saint-Étienne de Caen, Saint-Pierre-sur-Dives, le Bec, Conches, Cerisyla-Forêt[1] et Lessay en Normandie; la Trinité de Vendôme; Beaulieu, près de Loches; Montierneuf à Poitiers[2], etc., etc. »

Les abbayes de Fulde (Hesse) et de Corvey (Westphalie), celle-ci fondée par des moines bénédictins venus de l'abbaye de Corbie, en Picardie, étaient devenues en leur temps les principaux foyers de lumière en Allemagne.

En Angleterre, l'abbaye de Saint-Alban (Hertfordshire) fut élevée en 1077 par un disciple de Lanfranc, l'illustre abbé de la célèbre abbaye du Bec en Normandie. Plus tard, un grand nombre de monastères se fondèrent sous la règle de divers ordres et particulièrement celui des bénédictins : à Croyland, à Malmesbury, à Saint-Edmund, à Péterborough, à Salisbury, à Wimborm, à Wearmouth, à Westminster, etc., sans parler des autres abbayes ou prieurés qui existaient en Irlande dès le vi[e] siècle.

L'abbaye mère de Clairvaux donna naissance à quatre filles : Clairvaux, Pontigny, Morimond et la Ferté.

Clairvaux prit une extension considérable dès les premières années du xiie siècle, par la réputation de son abbé, saint Bernard, la personnification la plus brillante du moine au xiie siècle. Son influence fut immense, non seulement comme moine réformateur ou abbé fondateur de l'ordre cistercien, mais encore comme homme politique servi par des circonstances les plus heureuses, pour sa gloire tout au moins.

1. *L'Architecture romane,* par Éd. Corroyer, chap. iii, 2e partie. — A. Picard & Kaan, *éditeurs.*
2. Anthyme Saint-Paul, *Histoire monumentale de la France.*

Saint Bernard prit part aux grandes querelles théologiques du xiie siècle en assistant au concile de Sens, en 1140, et en réduisant au silence Abailard, le célèbre défenseur du libre arbitre, et les autres philosophes qui apparurent, à cette époque lointaine, comme les précurseurs de la Ré-

Fig. 136. — Abbaye de Saint-Étienne à Caen. — Façade.

formation du xvie siècle. Il eut un rôle prépondérant un peu plus tard en prêchant la seconde et malheureuse croisade, sous Louis le Jeune, et en 1147, quelques années avant sa mort, 1153, il se trouva mêlé à la question des *Manichéens,* en combattant cette hérésie qui agitait alors les esprits et préparait la séparation qui

Fig. 137. — Abbaye de Saint-Alban (Angleterre).

amena plus tard la terrible guerre dite des Albigeois, et qui ensanglanta le midi de la France dans les premières années du xiiie siècle.

La gloire *monastique* de saint Bernard s'établit non seulement à Clairvaux par la règle sévère et réformatrice qu'il imposa aux moines transfuges de Solesmes ou de Cluny, mais encore par le succès des *colonies cisterciennes* qu'il fonda, au nombre de soixante-douze d'après ses historiens, en Italie, en Espagne, en Suède et en Danemark.

De son temps, le pauvre ermitage de la *Vallée d'absinthe,* à laquelle il avait donné lui-même, en 1114, le

L'ARCHITECTURE MONASTIQUE.

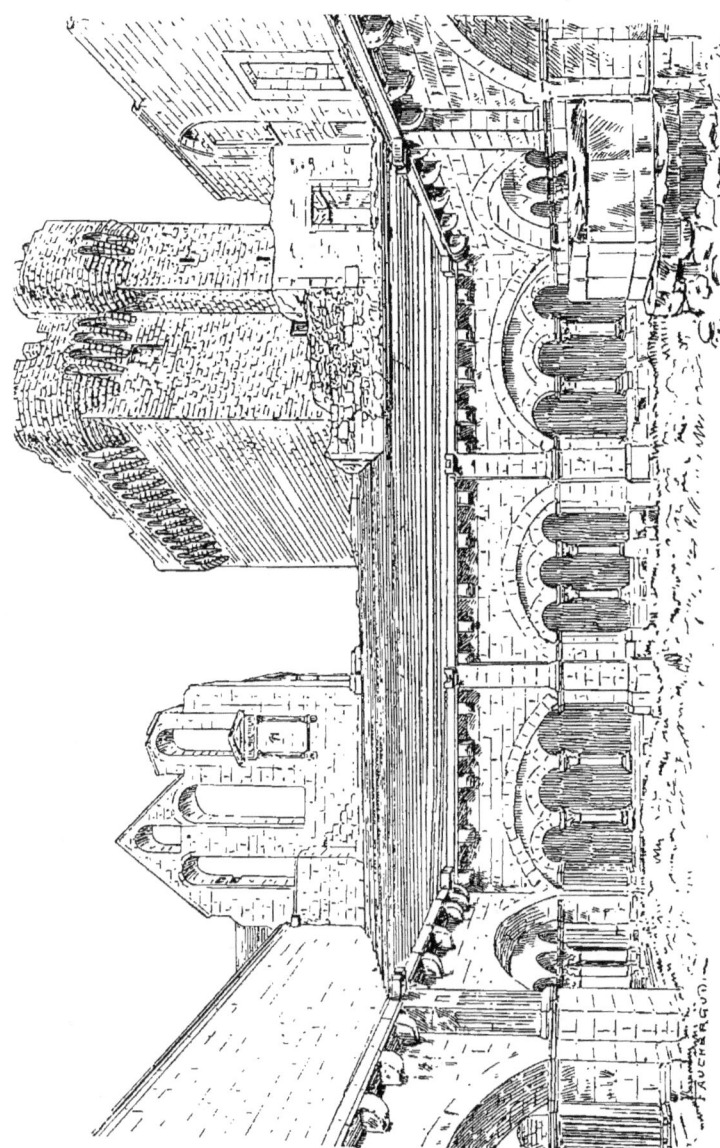

Fig. 138. — Abbaye de Montmajour (Provence). — Cloître.

nom de Claire-Vallée — Clairvaux, — était devenu une vaste résidence féodale assez riche, par ses fermes et ses dépendances agricoles, pour nourrir plus de sept cents religieux. Le monastère était entouré de murailles qui avaient plus d'une demi-lieue de tour et la maison

Fig. 139. — Église d'Elne (Roussillon). — Cloître.

abbatiale était devenue une demeure seigneuriale. Comme maison mère et chef d'ordre, l'abbaye de Clairvaux commandait à cent soixante monastères en France et à l'étranger. Cinquante ans après la mort de saint Bernard, l'ordre avait pris une importance colossale. Au XIIIe siècle et plus tard, les moines cisterciens ou bernardins élevèrent des abbayes immenses décorées avec une somptuosité royale; elles comprenaient des églises aussi vastes que les plus grandes cathédrales contemporaines, des bâtiments abbatiaux ornés de peintures dont l'oratoire était, à Chââlis par exemple, une sainte-chapelle aussi riche que celle du roi saint Louis à Paris, et dont les caves mêmes excitaient l'ad-

Fig. 140. — Abbaye de Fontfroide (Languedoc). — Cloître.

miration par les énormes tonneaux sculptés qu'elles contenaient.

De sorte que, par un singulier retour des choses d'ici-bas, les pauvres moines qui s'étaient réfugiés dans les forêts sauvages après avoir quitté Solesmes ou Cluny, par horreur pour la somptuosité de ses bâtiments, fondèrent des établissements nouveaux sous la rigidité de règles austères qui devinrent, à leur tour, plus grands, plus riches, plus somptueux que ceux dont ils avaient condamné la magnificence; avec cette différence que la ruine de l'institut cistercien, causée par l'excès de ses richesses, fut si complète qu'il ne reste plus de leurs innombrables monastères, détruits ou dénaturés par les révolutions sociales, que quelques vestiges archéologiques et des souvenirs historiques.

L'influence de l'institut cistercien se manifesta en divers pays d'Europe : en Espagne, dans le grand monastère d'Alcobaco, en Estramadure, qui aurait été bâti par des moines architectes envoyés par saint Bernard; en Sicile, où l'abbaye de Montreale est célèbre par la richesse de ses détails architectoniques; en Allemagne, par la fondation des abbayes d'Altenberg en Westphalie et de Maulbronn dans le Wurtemberg. En 1133, Everard, comte de Berg, appela les religieux de Cîteaux et, en 1145, ils fondèrent sur les bords de la Dheen une abbaye magnifique qui fut habitée par des religieux cisterciens jusqu'à la Révolution, époque à laquelle elle subit le sort des maisons religieuses.

L'abbaye cistercienne de Maulbronn est la mieux conservée de celles qui sont dues à l'influence de saint Bernard pendant les xiie et xiiie siècles. L'église abbatiale, le cloître, le réfectoire, la salle du chapitre, les celliers, les magasins, les granges et le logis de l'abbé, séparé des bâtiments claustraux auxquels ils étaient reliés par une galerie, existent encore dans leur état primitif. L'abbaye de Maulbronn marque mieux encore que celle d'Altenberg le caractère de simplicité conforme aux instructions données par saint Bernard ou sous son influence par les règles bénédictines réformées à Cîteaux dans les premières années du xiie siècle.

Dans les provinces qui formèrent la France moderne,

les *colonies* cisterciennes s'étaient propagées rapidement dès le XIIe siècle.

Il existait dans l'Ile-de-France des abbayes importantes et célèbres dont il reste encore des ruines qui

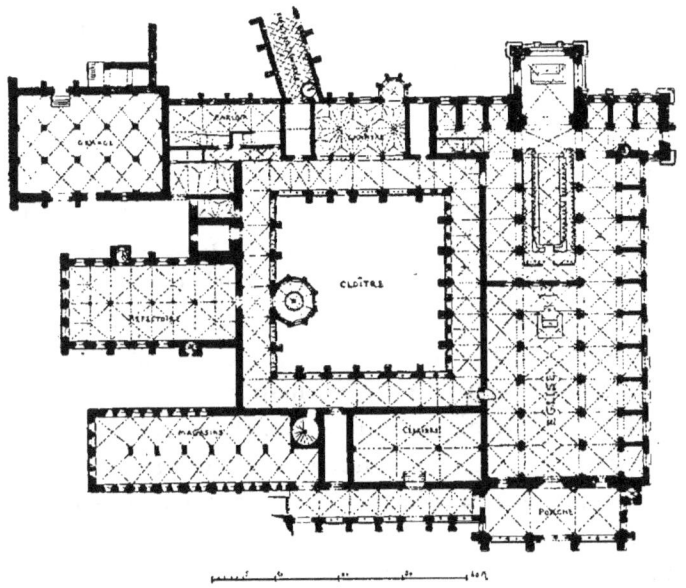

Fig. 141. — Abbaye cistercienne de Maulbronn (Wurtemberg). — Plan.

donnent l'idée de leur splendeur monumentale, comme celles d'Ourscamps, près de Noyon; de Chââlis, près de Senlis; de Longpont et de Vaux-de-Cernay, près de Paris. En Provence, les monastères et les prieurés du XIIe siècle sont nombreux, comme ceux de Sénanque, de Silvacane, du Thoronet et de Montmajour, près d'Arles, à l'extrémité de la vallée des Baux. Parmi les abbayes fondées au XIIIe siècle, on peut signaler celle de Royaumont, dans l'Ile-de-France; Vaucelles, près de Cambrai; Preuilly-en-Brie; la Trappe, dans le Perche; Breuil-Benoît, Mortemer et Bonport, en Normandie; Boschaud, en Périgord; l'Escale-Dieu, en Bigorre; les Feuillants, Nizors et Bonnefont, en Comminges; Grandselve et Baulbonne, près de Toulouse; Floran, Valmagne et Fontfroide, en Languedoc; Fontenay, en Bourgogne, etc.

Vers la fin du xie siècle et dans les premières années du xiie, des congrégations s'étaient formées dans le même esprit que Cîteaux; « au premier rang se place l'ordre des prémontrés, ainsi nommés de l'abbaye mère fondée en 1119 par saint Norbert à Prémontré, près de Coucy[1] ». Ils fondèrent les monastères de Saint-Martin à Laon et d'autres en Champagne, en Artois, en Bretagne et en Normandie.

Dans les premières années du xiie siècle, Robert d'Arbrissel fonda plusieurs monastères doubles d'hommes et de femmes à l'exemple de ceux qui avaient été créés en Espagne au ixe siècle; celui de Fontevrault n'eut pas plus de succès que les autres au point de vue monastique, mais il en est résulté de superbes édifices, et l'abbaye même contribua par ses constructions grandioses au progrès de l'architecture qui se développa en Anjou dès le commencement du xiie siècle, et se manifesta à Angers principalement par des œuvres architectoniques dont nous avons signalé l'importance capitale dans la première partie de ce volume.

Les églises épiscopales possédaient également des

---

1. Anthyme Saint-Paul, *Histoire monumentale de la France.*

L'ARCHITECTURE MONASTIQUE 223

Fig. 142. — Abbaye de Fontevrault. — Cuisines.

bâtiments claustraux, les chanoines des cathédrales

vivant en commun selon des usages anciens qui se perpétuèrent jusqu'au xv° siècle. Les cathédrales d'Aix, d'Arles, de Cavaillon, en Provence; d'Elne, en Roussillon; du Puy, en Velay; de Saint-Bertrand, en Com-

Fig. 143. — Cathédrale du Puy-en-Velay. — Cloître.

minges, ont conservé leurs cloîtres construits au xii° siècle.

L'abbaye de la Chaise-Dieu, en Auvergne, fondée au xi° siècle, était devenue une des écoles monastiques qui exerça une grande influence par les talents d'un moine-architecte et sculpteur, Guinamaud, qui établit la réputation d'art de la Chaise-Dieu où, dès la fin du xii° siècle, se formaient les artistes les plus experts en sculpture, en peinture et en orfèvrerie.

Les bâtiments de la Chaise-Dieu ont été reconstruits aux XIIIe et XIVe siècles.

L'ordre des frères prêcheurs, fondé par saint Dominique dans les premières années du XIIIe siècle, a créé

Fig. 144. — Abbaye de la Chaise-Dieu (Auvergne). — Cloître.

plus de chefs-d'œuvre intellectuels que de monuments d'architecture, et la renommée des dominicains s'est établie beaucoup plus sur leurs prédications et leurs écrits que par le nombre et la magnificence de leurs monastères.

Vers le même temps saint François d'Assise institua l'ordre des frères mineurs, prêchant la pauvreté absolue — ce qui ne les empêcha pas de devenir autant et même plus riches que leurs devanciers. — Ces deux ordres, prêcheurs et mendiants, qui semblaient être une protestation contre le pouvoir, extraordinairement puissant alors, des ordres bénédictins, furent fortement soutenus par saint Louis, qui protégea également d'autres ordres, les augustins et les carmes, pour réagir contre l'indépendance des clunisiens et des cisterciens.

A Paris, saint Louis donna aux frères prêcheurs l'emplacement de l'église Saint-Jacques, rue Saint-Jacques, — d'où le nom de Jacobins donné aux religieux de l'ordre de saint Dominique, — sur lequel fut élevé en 1221 le couvent des Jacobins, dont l'église présente cette particularité, comme à Agen et à Toulouse, d'être divisée en deux nefs, selon le plan adopté par les frères prêcheurs.

A partir du milieu du XIIIe siècle, les dispositions des abbayes s'éloignent des usages bénédictins et tendent de plus en plus à se modeler sur les habitudes séculières, la vie des abbés étant peu différente alors de celle des laïques et, comme conséquence, l'architecture monastique perdit successivement ses particularités caractéristiques.

L'ordre des chartreux, fondé par saint Bruno vers la fin du XIe siècle, était soumis à une règle si rigoureuse, — qui paraît avoir été non moins rigoureusement suivie, tout au moins jusqu'au XVe siècle, — que cette cause suffirait à expliquer qu'il ne soit resté aucun vestige des monuments élevés par eux à l'exemple des ordres religieux créés à la même époque. Les chartreux paraissent avoir observé plus longtemps leurs vœux de pauvreté et d'humilité qui les obligeaient à vivre comme des anachorètes, bien qu'ils habitassent sous le même toit; car, loin de vivre en commun, c'est-à-dire en cénobites, selon la règle bénédictine, cistercienne ou toute autre, ils s'imposaient le système cellulaire dans toute sa rigueur, et le silence absolu observé strictement était encore une aggravation de ce système d'isolement qui leur faisait dédaigner tout ce qui était de nature à adoucir et, par conséquent, à modifier leurs obligations religieuses.

Cependant les chartreux paraissent s'être départis de cette extrême rigueur, sinon dans leur règle, tout au moins dans les bâtiments de leurs monastères. Ils sacrifièrent à l'architecture vers le xve siècle par la construction de *chartreuses* qui sont loin des somptuosités cisterciennes, mais qui présentent cependant un intérêt architectonique par leurs dispositions spéciales.

Les bâtiments ordinaires comprenaient la porterie, dont la porte unique donnait accès dans la cour du monastère, dans laquelle se trouvait l'église, le logis du prieur, la maison des hôtes ou des pèlerins, la buanderie, le four, les étables, les magasins, le colombier. L'église communiquait avec un cloître intérieur desservant la salle du chapitre et le réfectoire qui ne s'ouvrait aux moines qu'à certaines fêtes de l'année. Le caractère très particulier des monastères réguliers de saint Bruno, c'est le grand cloître, le véritable cloître des chartreux. Il est généralement de forme rectangulaire, bordé vers l'intérieur d'une galerie sur laquelle s'ouvrent les cellules des religieux, formant chacune une petite habitation avec un jardin particulier. Outre la porte, chaque cellule est munie d'un guichet sur lequel les frères convers déposent de l'extérieur le maigre repas destiné au chartreux qui ne doit avoir aucun rapport avec ses semblables.

On sait que la règle de saint Bruno exige que les

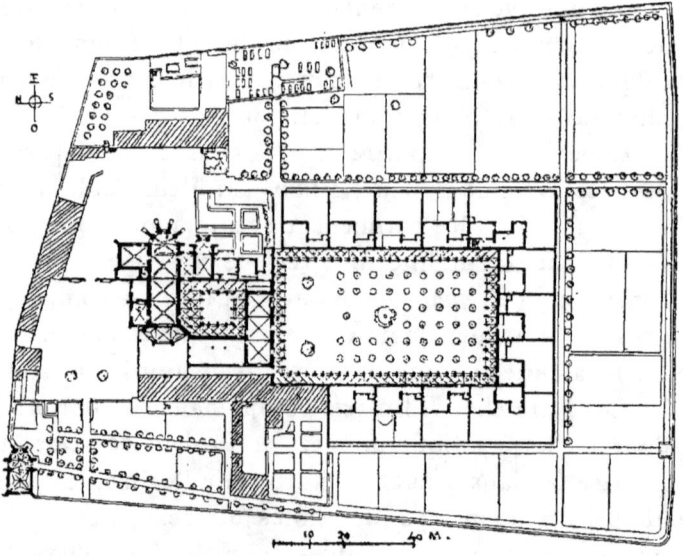

Fig. 145. — Chartreuse de Villefranche de Rouergue. — Plan.

chartreux vivent en anachorètes ; ils doivent travailler, manger, dormir isolément ; le silence leur est imposé et lorsque les religieux se rencontrent, ils doivent se saluer sans parler ; ils ne se réunissent qu'à l'église pour les offices déterminés par la *règle* et ils ne prennent leurs rares repas en commun qu'à certains jours de l'année.

Cette règle d'une sévérité si absolue explique l'austérité de l'architecture qui ne s'est manifestée, ainsi que nous l'avons dit, qu'au xve siècle et seulement

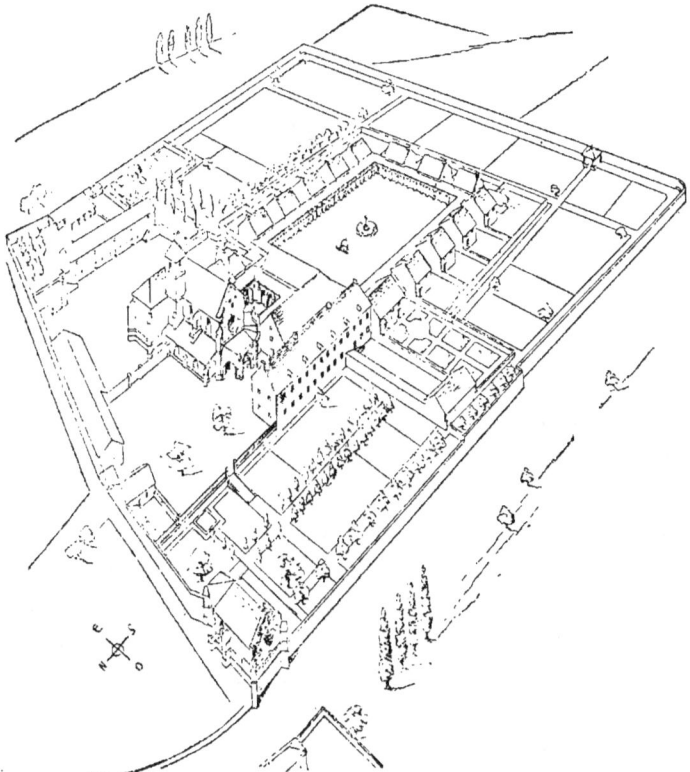

Fig. 146. — Chartreuse de Villefranche de Rouergue. — Vue cavalière.

dans quelques parties du monastère comme l'église et les galeries du cloître intérieur, contrastant avec la sévérité obligatoire du grand cloître des religieux.

L'ancienne chartreuse de Villefranche de Rouergue, élevée ou reconstruite aux xve et xvie siècles, conserve encore quelques constructions remarquables ; le plan et la vue cavalière (fig. 145 et 146), tirés de l'*Encyclopédie de l'architecture et de la construction,* donnent une idée exacte du monastère dont il reste plusieurs cellules des religieux, ainsi que le réfectoire et quelques vestiges des constructions primitives.

Malgré la sévérité de la règle de saint Bruno, quelques monastères de son ordre sont restés célèbres, notamment celui que les chartreux appelés par saint Louis établirent dans le fameux château *Vauvert,* hors des murs de Paris, près de la route d'Issy, château qui passait pour être hanté par le diable et dont les Parisiens n'approchaient qu'avec terreur. D'où est venue l'expression populaire : *aller au diable Vauvert,* ou, plus tard, *aller au diable au vert.* Cependant les chartreux fondèrent leur monastère, qui fut enrichi d'une magnifique église construite par Pierre de Montereau et dont saint Louis vint poser la première pierre en 1260. La chartreuse de Vauvert prit un grand développement et devint une des plus importantes. C'est dans le petit cloître qu'au commencement du xviie siècle le peintre Eustache Le Sueur retraça, dans des fresques célèbres, la vie de saint Bruno.

En Italie, les chartreuses les plus connues sont celles de Florence, créée vers le milieu du xive siècle et attribuée à Orcagna pour une partie; de Pavie, fondée à la fin du xive siècle par Jean-Galeas Visconti.

En France, indépendamment de la chartreuse de Vauvert qui eut une fortune très particulière par suite des protections royales, les chartreuses les plus intéressantes sont celles de Clermont en Auvergne, de

Villefranche de Rouergue (fig. 145 et 146), de Villeneuve-lez-Avignon et de Montrieux dans le Var. La

Fig. 147. — Grande-Chartreuse. — Galerie du grand cloître.

chartreuse de Dijon est une des plus anciennes, non seulement par les bâtiments fondés par les architectes du duc de Bourgogne, mais surtout par les sculptures, célèbres à juste titre, du tombeau de Philippe le Hardi et de sa femme Marguerite de Flandre, ainsi que celles du puits de Moïse dues aux sculpteurs bourguignons, les frères Claux Suter, qui vivaient à la fin du xive siècle

Fig. 148. — Grande-Chartreuse. — Vue générale.

et qui eurent une influence notable sur le relèvement des arts à la même époque[1].

Enfin la chartreuse la plus imposante, sinon la plus intéressante par la beauté de ses bâtiments, tout au moins la plus célèbre, est celle qui fut établie dans les montagnes près de Grenoble et qui est universellement connue sous le nom de Grande-Chartreuse.

Le monastère primitif aurait été fondé par saint Bruno, et il ne comprenait à l'origine qu'une modeste

---

1. Voir 1re partie, la *Sculpture*.

chapelle et quelques cellules isolées, qui occupaient, dit-on, la partie du *désert* où se sont élevées les chapelles de Saint-Bruno et de Sainte-Marie. Les bâtiments actuels ont été reconstruits aux xvie et xviie siècles selon les usages du temps, dont les galeries du grand cloître donnent une idée exacte. L'église actuelle, très simple, n'a conservé de la décoration du xvie siècle que les stalles du chœur. Le grand cloître est formé de galeries sur lesquelles s'ouvrent les soixante cellules des chartreux et qui sont aménagées selon la règle de saint Bruno en ce qui concerne les bâtiments du monastère dont nous avons indiqué les principales dispositions.

CHAPITRE IV

ABBAYES FORTIFIÉES.

Au xiie siècle, les monastères avaient entouré de murs de clôture les différents bâtiments claustraux et leurs dépendances, avec les ateliers et même les fermes de l'exploitation agricole, l'abbaye devant trouver dans son enceinte toutes les choses nécessaires à la vie, afin d'éviter aux moines tout rapport avec le dehors.

Mais, à la fin du xiie siècle, les grandes abbayes se transforment en demeures féodales; elles s'entourent alors de murailles fortifiées s'étendant même autour de la ville qui s'était formée sous leur protection et qui avait suivi leur fortune. C'est ce qui se passa à

Cluny, et la ville, fortifiée par les moines, dut leur payer des dîmes.

Sous Philippe-Auguste et saint Louis, les abbés n'étaient plus seulement les chefs des établissements monastiques, ils étaient devenus des seigneurs féodaux,

Fig. 149. — Abbaye du Mont-Saint-Michel.
Vue d'ensemble prise de la côte sur les enrochements de Couesnon, en 1878, avant la construction de la digue.

les vassaux du pouvoir royal, et cette situation les mettait dans l'obligation de fournir au suzerain des hommes d'armes en temps de guerre ou de tenir garnison[1].

L'abbaye de Tournus fut entourée, comme Cluny, de murailles continuant les remparts de la ville.

L'abbaye de Saint-Allyre, en Auvergne, près de Clermont, était défendue par des murailles et des tours qui

[1]. Voir *l'Architecture militaire*. — *Abbaye du Mont-Saint-Michel*.

L'ARCHITECTURE MONASTIQUE. 235

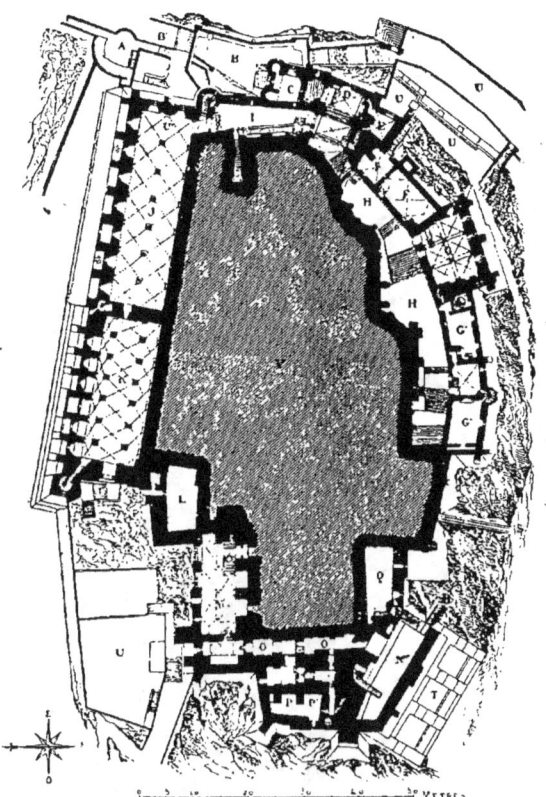

Fig. 150. — Abbaye du Mont-Saint-Michel.
Plan au niveau de la salle des Gardes, de l'aumônerie et du cellier.

LÉGENDE EXPLICATIVE

A, tour Claudine, remparts. — B, barbacane, entrée de l'abbaye. — B', ruine du grand degré. — C, châtelet. — D, salle des Gardes, dit Bellechaise. — E, tour Perrine. — F, procure et bailliverie de l'abbaye. — G, logis abbatial. — G', logements de l'abbaye. — G", chapelle Sainte-Catherine. — H, cour de l'église, grand escalier. — I, cour de la Merveille. — J, K, aumônerie, cellier (merveille). — L, anciens bâtiments abbatiaux. — M, galerie ou crypte de l'Aquilon. — N, hôtellerie (Robert de Thorigni). — O, passages communiquant de l'abbaye à l'hôtellerie. — P, P', prison et cachot. — R, S, ancien et nouveau poulain. — T, murs de soutènement modernes. — U, jardin, terrasses et chemins de ronde. — V, masse du rocher.

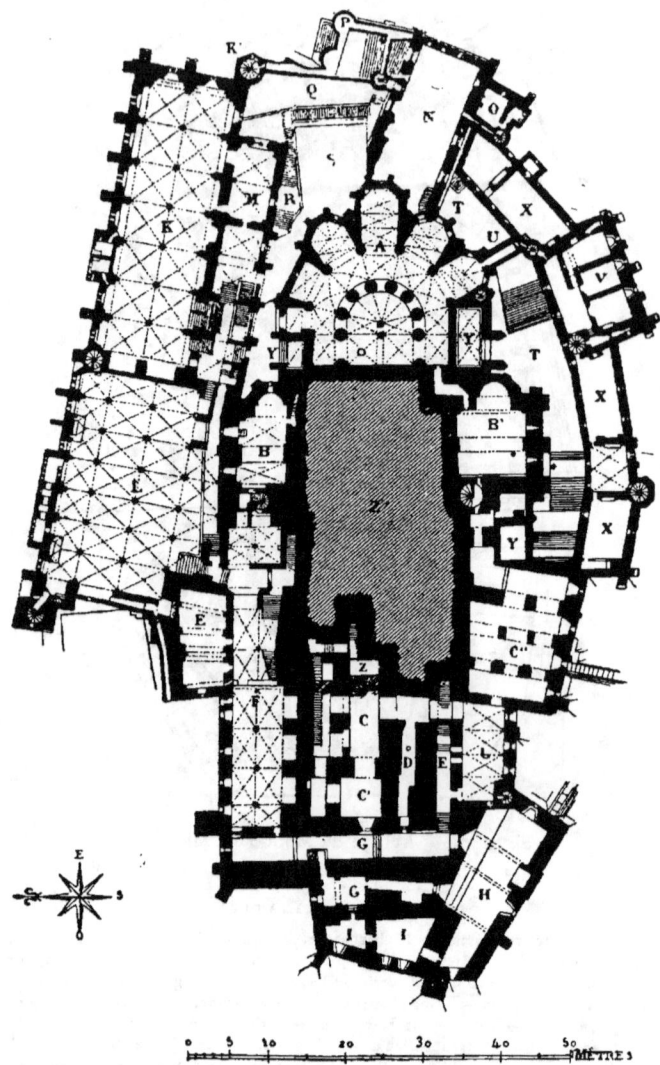

Fig. 151. — Abbaye du Mont-Saint-Michel.
Plan, au niveau de l'église basse, du réfectoire et de la salle du Chapitre, dite des Chevaliers.

LÉGENDE EXPLICATIVE

A, église basse. — B, B', chapelles sous les transsepts. — C, substruction de la nef romane. — C et C' et C", charnier ou cimetière des moines et soubassements de la plate-forme du sud. — D, ancienne citerne. — E, anciens bâtiments claustraux, réfectoire. — F, ancien cloître ou promenoir. — G, passage communiquant avec l'hôtellerie. — H, I, hôtellerie et dépendances (Robert de Thorigni). — J, chapelle de l'hôtellerie (saint Étienne). — K, K', L, M, réfectoire, tour des Corbins. salle du chapitre ou des chevaliers, chapelle des étrangers (Merveille). — N, salle des officiers ou du gouvernement militaire. — O, tour Perrine. — P, crénelage du châtelet. — Q, cour de la Merveille. — R, S, escalier et terrasse de l'abside. — T, cour de l'église. — U, pont fortifié entre l'église basse et l'abbatiale. — V, X, logis abbatial et logements des hôtes. — Y, Y', citernes xve et xvie siècles. — Z, masse du rocher.

paraissent avoir complété au xiiie siècle l'abbaye fondée au ixe siècle en la fortifiant selon les usages du temps.

Bien d'autres monastères présentent des dispositions défensives plus ou moins importantes; mais la plus célèbre, parmi tant d'abbayes élevées par les bénédictins, est certainement celle du Mont-Saint-Michel, qui présente, par des monuments d'une hardiesse et d'une grandeur incomparables, les plus beaux exemples de l'architecture monastique et militaire depuis le xie siècle jusqu'à la fin du xve.

L'abbaye du Mont-Saint-Michel, fondée en 708, suivant les traditions, par saint Aubert, et restaurée à la fin du xe siècle par Richard sans Peur, troisième duc de Normandie, avec l'aide des bénédictins du Mont-Cassin qu'il installa au Mont en 966, prit au xie siècle un grand développement et, vers la fin du xiie siècle, elle était dans un grand état de prospérité. Toutefois les bâtiments du monastère n'avaient pas l'importance qu'ils ont eue dès le siècle suivant[1]. Au xiie siècle, ils

1. *Description de l'abbaye du Mont-Saint-Michel*, par Éd. Corroyer. — Paris, 1877. — Ouvrage couronné par l'Institut en 1879, Concours des antiquités nationales.

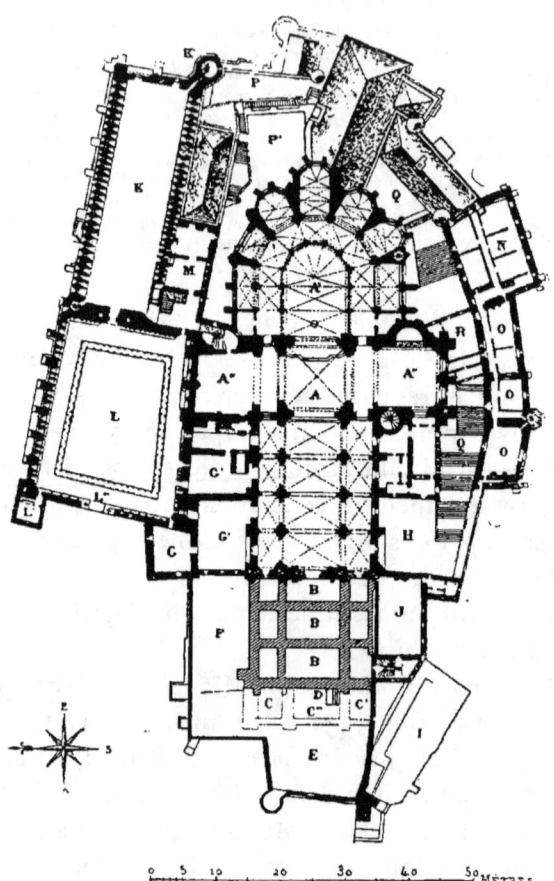

Fig. 152. — Abbaye du Mont-Saint-Michel.
Plan, au niveau de l'église haute, du cloître et du dortoir.

LÉGENDE EXPLICATIVE

A, A', A", église, chœur et transsepts. — B, B', B", les trois premières travées de la nef, détruites en 1776. — C, C', C", tours et porche (Robert de Thorigni). — D, tombeau de Robert de Thorigni. — E, ancien parvis. — F, ancien chapitre. — G, G', anciens bâtiments claustraux, dortoir. — H, plate-forme, entrée sud de l'église. — I, ruine de l'hôtellerie (Robert de Thorigni). — J, infirmeries (xiie siècle). — K, dortoirs du xiiie siècle (Merveille). — K′, tour des Corbins (xiiie siècle) (Merveille). — L, L′, cloitre et chartrier (xiiie siècle) (Merveille). — M, vestiaire (xiiie siècle) (Merveille). — N, logis abbatial. — O, logements des hôtes. — P, cour de la Merveille. — P′, terrasse de l'abside. — Q, cour de l'église et grand degré.

se composaient de l'église, élevée de 1020 à 1135[1], et des *Lieux réguliers,* avec les habitations des serviteurs et des hôtes, s'étendant au nord de la nef de l'église — en G, G′ et F du plan, figure 152. — Restaurés ou reconstruits en grande partie par l'abbé Roger II, au commencement du xiie siècle, ils furent augmentés à l'ouest et au sud-ouest par Robert de Thorigni, de 1154 à 1186.

Le monastère n'était pas fortifié alors.

Placé au sommet d'un rocher dont les escarpements inaccessibles au nord et à l'ouest forment les remparts naturels les plus sûrs, sa position constituait en ce temps son unique défense. Sa situation au milieu des grèves, presque toujours dangereuses à traverser — ce qui l'avait fait désigner au moyen âge : le *Mont-Saint-Michel au péril de la mer,* — rendait impossible toute tentative d'investissement et le mettait même à l'abri d'un coup de main. Des clôtures en pierres ou des palissades en bois l'entouraient sur les points où les pentes du rocher, moins rudes, permettaient un abord relativement facile à l'est, au point où se trouvait l'entrée et au-devant de laquelle des habitations étaient venues se grouper. Formée au xe siècle de quelques familles décimées par les Normands qui dépeuplèrent l'Avranchin après la mort de Charlemagne, la *ville* ne se com-

[1]. *L'Architecture romane,* par Éd. Corroyer. — A. Picard & Kaan, *éditeurs.*

240 L'ARCHITECTURE GOTHIQUE.

posait au xiiie siècle que de quelques maisons établies sur le point le plus élevé du rocher à l'est, afin d'être à l'abri des fluctuations de la mer.

En 1203, l'abbaye fut en grande partie détruite, sauf l'église, pendant les guerres entre Philippe-Auguste, roi de France, et Jean sans Terre, roi d'Angleterre.

Les faits historiques prouvent que l'abbaye et la

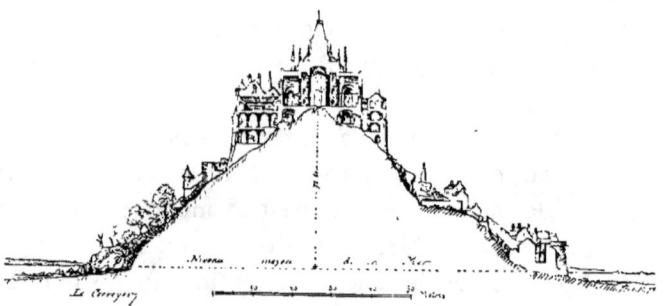

Fig. 153. — Abbaye du Mont-Saint-Michel. — Coupe transversale, du nord au sud[1].

ville n'avaient pas d'ouvrages défensifs proprement dits au xiie siècle ni dans les premières années du xiiie.

A partir de cette époque, les abbayes, particulièrement celles de l'ordre de saint Benoît, deviennent de véritables forteresses capables de soutenir un siège. Les abbés, seigneurs féodaux, fortifièrent leurs monastères pour les mettre à l'abri des désastres qui avaient signalé le commencement du xiiie siècle, et le Mont-Saint-Michel est un des plus curieux exemples de cette transformation.

1. *Description de l'abbaye du Mont-Saint-Michel et de ses abords*, par Éd. Corroyer. — Paris, 1877.

L'ARCHITECTURE MONASTIQUE. 241

Les premiers constructeurs de l'abbaye semblent n'avoir pas voulu diminuer la hauteur de la montagne et, afin de ne rien enlever à la majesté du superbe piédestal de l'église, ils formèrent un vaste plateau dont le centre affleure la crête du rocher et dont les côtés reposent sur des murs et des piles reliés par des voûtes et

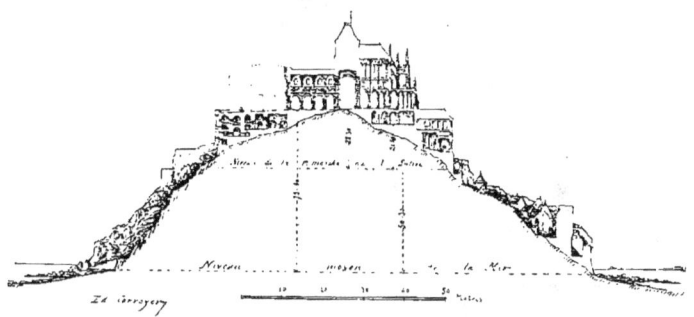

Fig. 154. — Abbaye du Mont-Saint-Michel. — Coupe longitudinale, de l'ouest à l'est.

forment un soubassement d'une solidité parfaite couronné par l'église.

La coupe (fig. 153) faite sur le transsept de l'église donne une idée exacte des constructions des xie et xiie siècles, ainsi que des bâtiments, la Merveille au nord et le logis abbatial au sud, qui se sont groupés successivement autour d'elles, à différentes époques.

La coupe longitudinale (fig. 154) fait voir la crypte ou l'église basse, qui n'a pas été creusée dans le roc, comme on l'a dit, mais qui a été ménagée et bâtie au xve siècle sur les ruines de l'église romane, dans l'espace

Fig. 155. — Abbaye du Mont-Saint-Michel. — Galerie dite de l'Aquilon.

existant entre la déclivité de la montagne et le plateau

Fig. 156. — Abbaye du Mont-Saint-Michel, face nord. — Vue d'ensemble prise de la mer.

artificiel construit par les architectes primitifs. Cette coupe indique les substructions de l'église romane, agrandies au XIIIe siècle par Robert de Thorigni, et qui ont, principalement du côté de l'ouest, des proportions gigantesques.

La figure 155 nous montre la galerie dite de l'Aquilon, une des salles superposées formant, au nord de l'église, une partie des bâtiments claustraux construits au XIIe siècle par l'abbé Roger II, le onzième abbé du Mont (1106-1122).

Après l'incendie de 1203, lorsque l'abbaye fut devenue vassale du domaine royal, son abbé, Jourdain, et ses successeurs la reconstruisirent presque entièrement, sauf l'église.

En raison de la situation et ne pouvant suivre à la lettre les usages adoptés par les bénédictins pour la construction des bâtiments reliés de plain-pied à l'église abbatiale, ils établirent les *Lieux réguliers*, en les superposant, dans les magnifiques bâtiments qu'ils élevèrent au nord de l'église et qui, dès leur origine, furent appelés *la Merveille*.

Cette immense construction peut passer à juste titre pour le plus bel exemple de l'architecture religieuse et militaire au plus beau temps du moyen âge.

La Merveille se compose de trois étages, dont deux sont voûtés. L'étage inférieur comprend l'aumônerie et le cellier; l'étage intermédiaire le réfectoire et la salle des chevaliers; et l'étage supérieur le dortoir et le cloître. Il faut remarquer qu'elle est formée de deux bâtiments juxtaposés et réunis, orientés de l'est à l'ouest et contenant en hauteur : celui de l'est, l'aumô-

Fig. 157. — Abbaye du Mont-Saint-Michel.
L'aumônerie. — Vue perspective prise de l'est à l'ouest (au fond le cellier).

nerie, le réfectoire et le dortoir ; celui de l'ouest, le cellier, la salle des chevaliers et le cloître[1].

1. *Description de l'abbaye du Mont-Saint-Michel et de ses abords*, par Éd. Corroyer. — Paris, 1877.

Ces superbes bâtiments, construits entièrement en granit, furent élevés d'un jet hardi, sur un plan savamment, puissamment conçu sous l'inspiration de l'abbé

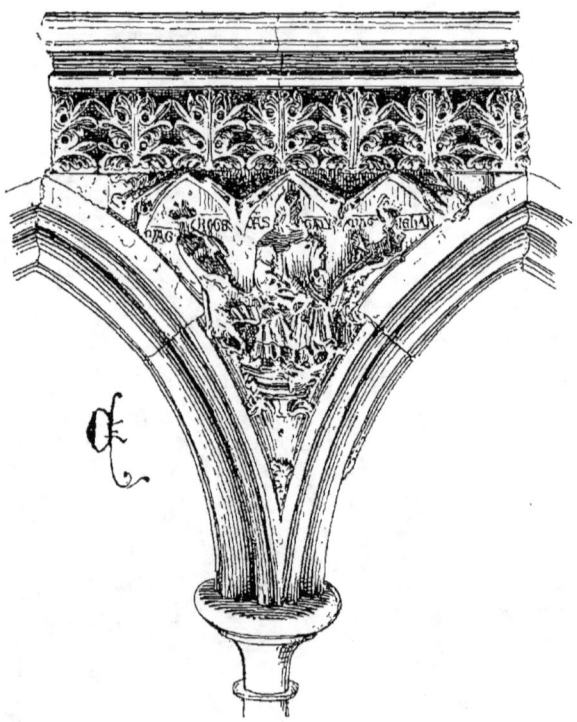

Fig. 158. — Abbaye du Mont-Saint-Michel. — Noms des architectes ou sculpteurs du cloître.

Jourdain et que ses successeurs suivirent rigoureusement jusqu'à la fin.

Commencés en 1203, ils furent achevés en 1228 par le cloître, dont les architectes ou les sculpteurs sont connus par leurs noms gravés dans le tympan d'une des arcatures, dans la galerie sud du cloître.

Fig. 159. — Abbaye du Mont-Saint-Michel. — Cellier. — Vue perspective prise de l'ouest à l'est (au fond l'aumônerie).

Il faut rendre hommage à cette œuvre grandiose et.

l'admirer en songeant aux efforts énormes qu'il a fallu faire pour la réaliser aussi rapidement, c'est-à-dire en

Fig. 160. — Abbaye du Mont-Saint-Michel. — Réfectoire.

vingt-cinq ans, au sommet d'un rocher escarpé, séparé du continent par la mer ou par une grève mobile et dangereuse, cette situation augmentant les difficultés du

transport des matériaux qui provenaient des carrières
de la côte, d'où les moines tiraient le granit nécessaire

Fig. 161. — Abbaye du Mont-Saint-Michel. — Salle du chapitre
dite des chevaliers.

à leurs travaux. Une partie de ces matériaux, fort peu
importante du reste, était extraite de la base du rocher
même; mais si la traversée de la grève était évitée, il

existait néanmoins de grands obstacles pour les mettre en œuvre, après les avoir montés au pied de la Merveille dont la base est à plus de cinquante mètres au-dessus du niveau moyen de la mer. Bien que des différences se remarquent dans la forme des contreforts extérieurs, différences résultant des dispositions intérieures des salles, il n'en est pas moins certain que les deux bâtiments composant la Merveille ont été combinés et construits en même temps. Il suffit, pour être convaincu, d'étudier par les plans, les coupes et les façades, leurs dispositions générales, surtout l'arrangement particulier de l'escalier ménagé dans l'épaisseur du contrefort, au point de jonction de ces deux bâtiments et couronné par une tourelle octogone; cet escalier prend naissance dans l'aumônerie, dessert la salle des chevaliers à l'ouest et aboutit au dortoir, à l'est, puis au crénelage au-dessus au nord.

Les façades est et nord de la Merveille sont d'une mâle beauté, en raison de leur extrême simplicité; elles présentent l'image de la force et de la grandeur. Leur aspect, particulièrement du côté de la pleine mer, au nord, est des plus imposants. Ces immenses murailles, construites en granit, ainsi que tous les bâtiments de l'abbaye, — à l'exception de la galerie intérieure du cloître, — sont percées de fenêtres de formes diverses selon les salles qu'elles éclairent; celles du dortoir sont remarquables. Elles sont longues et étroites, affectant la forme de meurtrières ébrasées largement à l'extérieur; leurs couronnements semblent être, par leur forme particulière, en nids d'abeilles, une réminiscence de l'art arabe entrevu par les croisés français pendant leurs expéditions en Palestine. Les façades sont renforcées extérieurement au droit des poussées des voûtes intérieures par de puissants contreforts qui ajoutent encore à l'effet général par la vigueur de leurs reliefs.

Indépendamment de ses formidables façades qui

Fig. 162. — Mont-Saint-Michel en Cornouailles (Angleterre).

peuvent être considérées comme de véritables fortifications, la Merveille était défendue au nord par une muraille crénelée, flanquée d'une tour qui servait de place d'armes aux chemins de ronde se reliant aux soubassements des ouvrages de l'ouest.

Au milieu, à la hauteur de l'angle nord-ouest de la Merveille, un petit châtelet, aujourd'hui détruit, défendait le passage du Degré, fort roide, fermé de murs crénelés, descendant à la fontaine Saint-Aubert[1].

Les divers bâtiments de l'abbaye furent élevés suc-

1. Voir IIIe partie, *l'Architecture militaire*.

cessivement au xive siècle par la construction, après la Merveille, du logis abbatial avec ses dépendances au sud et de divers ouvrages complétant, à cette époque, les défenses de l'abbaye, qui furent reliées au xive siècle, puis au xve siècle, aux murailles de la ville même, ainsi que nous le verrons dans la troisième partie : l'*Architecture militaire*.

TROISIÈME PARTIE

L'ARCHITECTURE MILITAIRE

Fig. 163. — Abbaye du Mont-Saint-Michel. — Entrée de l'abbaye. Châtelet.

CHAPITRE PREMIER

ENCEINTE DE VILLES.

Au moyen âge, l'architecture *militaire* n'avait de caractère particulier que dans ses dispositions défensives, car le mode de construction était exactement le même que pour toute autre œuvre architectonique. Les rares ornements d'architecture, comme les voûtes intérieures, les profils des consoles et des corniches qui décoraient les ouvrages militaires étaient évidemment de la même famille que ceux des églises, des bâtiments monastiques ou de tout autre édifice du même temps.

Les architectes latins, romains, gallo-romains ou ceux de l'époque dite *romane* ou de la période dite *gothique* construisaient tous les édifices : aussi bien une église qu'une forteresse, une abbaye ou une enceinte fortifiée qui en était souvent le complément nécessaire; un donjon ou un château fort de même qu'un hôtel de ville, un hôpital, une grange rurale ou une simple maison urbaine. L'architecte était alors le constructeur des édifices de toutes destinations et par conséquent de toutes formes et il n'était pas doublé, ainsi que nous le voyons, d'un savant, constructeur spécialiste, chargé de vérifier les *calculs!* Il n'existait pas encore des architectes et des ingénieurs séparant, divisant, par des fonctions spéciales, les diverses parties de construction d'un monument. Il n'y avait que des constructeurs, des maçons si l'on veut, mais qui étaient des architectes dans l'acception véritable du nom ; ils traçaient les épures des ouvrages qu'ils avaient conçus et ils en dirigeaient eux-mêmes l'exécution dans toutes les parties et dans tous les détails, aussi soucieux de la solidité de l'édifice que de sa décoration.

Il est très curieux, sinon fort triste, d'observer que les Français qui ont propagé si généreusement dans toute l'Europe occidentale les principes de l'art au moyen âge sont précisément ceux qui les ont abandonnés les premiers et qui ont laissé s'établir chez eux une division qui n'existe pas dans les autres pays formant aujourd'hui cette même Europe occidentale. En Angleterre, en Belgique, en Hollande, en Suisse et en Allemagne, les architectes sont en même temps ingénieurs, et pour eux l'art est intimement lié à la science. « Aussi certaines de leurs œuvres doivent-elles à cette alliance un caractère particulier qui doit nous inspirer de très sérieuses réflexions, et il serait possible de tirer de ces études comparatives plus d'un utile enseignement. Nous serions obligés tout d'abord de reconnaître que nous subissons actuellement le mouvement, au lieu de l'imprimer comme autrefois[1]. »

L'ingénieur moderne paraît ne s'attacher, quant à présent du moins, qu'à satisfaire les nécessités impérieuses, en considérant comme négligeable tout ce qui n'est pas le produit rigide du calcul intégral. Il a réalisé des progrès réels par l'application mathématique de la science moderne. Il a déjà accompli, il est

---

1. *L'Art à l'Exposition.* — *L'Architecture*, par Éd. Corroyer. — Paris, l'*Illustration* du 25 mai 1889.

vrai, de véritables chefs-d'œuvre industriels qui répondent aux besoins du moment, sinon de l'avenir, par des ponts ou des ouvrages métalliques, surprenants autant qu'éphémères, en attendant qu'on revienne aux bons vieux ponts de pierre, moins étonnants, mais d'une durée certaine, comme ceux qui ont été construits par nos pères architectes.

Cependant il ne faut pas que l'auxiliaire d'hier devienne le maître de demain et que l'architecte, abandonnant ses hautes fonctions, si belles et si nobles jadis, devienne un simple ou même habile décorateur, en laissant s'éteindre des traditions éminemment *françaises* qui ont créé des chefs-d'œuvre *français* et qui doivent en enfanter encore pour la gloire de notre pays.

Il semble d'ailleurs qu'on s'est mépris sur la signification du mot ingénieur, dont l'origine est *engigneur,* et qui était au moyen âge tout autre que celle qu'on lui donne aujourd'hui.

De nos jours, l'architecte et l'ingénieur sont des constructeurs, avec cette différence que le premier aime et cultive l'art, et que le second le dédaigne le plus souvent ou plutôt affecte de le dédaigner.

Au moyen âge, leurs fonctions étaient absolument différentes : l'architecte construisait tous les ouvrages, tandis que l'*engigneur* appliquait toute son ingéniosité à les détruire. L'architecte élevait des remparts formé de murailles cantonnées de tours ; l'*engigneur* les minait, ou les contre-minait suivant qu'il attaquait une place ou la défendait ; il était chargé d'inventer ou de diriger les machines de guerre comme les trébuchets, les mangonneaux, les immenses arbalètes, les gigantesques frondes lançant d'énormes projectiles ou des matières incendiaires; il devait élever les tours mobiles en bois qui étaient approchées des murs pour faciliter leur escalade, diriger les mineurs qui devaient ruiner les murs, construire tous les ouvrages de campagne pour faire le siège qui nécessitait, avant l'invention des armes à feu, des opérations compliquées, aussi longues qu'incertaines. En résumé, les fortifications étaient construites

Fig. 164. — Cité de Carcassonne. — Remparts, face sud-est.

par les *architectes* et l'*engigneur* était chargé de les défendre ou de les attaquer. Ce n'est que du temps de Vauban que les ingénieurs militaires furent établis avec des attributions beaucoup plus étendues. Il s'était formé avant ce temps des constructeurs spéciaux, des entrepreneurs, on peut dire, comme ceux qui ont élevé les murailles d'Aigues-Mortes et qui n'avaient pas les mêmes fonctions que celles qui sont exercées par les ingénieurs modernes.

Avant l'époque féodale, les fortifications des camps ne se composaient que de levées de terre, ou de murs de bois et de terre, ou de palissades entourées de fossés, selon les méthodes romaines de castramétation. Les enceintes des villes, fortifiées par les Romains, étaient composées de murailles renforcées de tours rondes ou carrées; les murs étaient formés de deux parements de maçonnerie laissant un vide de plusieurs mètres rempli par la terre enlevée pour creuser les fossés et mêlée de débris de pierre fortement tassés, la partie

Fig. 165. — Cité de Carcassonne. — Remparts nord-ouest.
Tour romano-visigothe (la 1re à gauche).

supérieure pavée, étant le chemin de ronde défendu extérieurement par un mur crénelé suivant le parement extérieur.

La partie de l'enceinte de la cité de Carcassonne, construite par les Visigoths au VIe siècle, a conservé ces dispositions suivant les traditions romaines. « Le sol de la ville est beaucoup plus élevé que celui du dehors et presque au niveau des boulevards. Les courtines [1], fort épaisses, sont composées de deux parements de petit

[1]. La partie des murs comprise entre les tours.

appareil cubique, avec des assises alternées comprenant plusieurs rangées de briques ; le milieu est rempli non de terre, mais de blocage maçonné à la chaux [1]. » Les tours cantonnant les courtines et s'élevant au-dessus d'elles étaient disposées de manière à pouvoir être isolées des murs par l'enlèvement de ponts mobiles, afin de faire de chaque tour une place d'armes indépendante qui pouvait arrêter l'assaillant.

La figure 165 donne une partie de la face nord-ouest des remparts de la cité de Carcassonne et la première tour ronde ; à gauche du dessin est la tour romano-visigothe, accompagnée à droite et à gauche des courtines du même temps.

Suivant les traditions romaines, l'enceinte des villes, formée par les murailles renforcées de tours, était dominée par une construction, château ou donjon, que nous verrons dans le chapitre suivant ; le château commandait la place, qui était le plus souvent établie sur les rampes d'une colline bordée par un cours d'eau ; le pont communiquant avec l'autre rive était fortifié par un châtelet ou tête de pont qui pouvait défendre le passage.

Les villes avaient souvent deux enceintes séparées par un large fossé, et dès la fin du XIIe siècle les architectes, inspirés par les grands travaux faits par les croisés en Orient, avaient déjà réalisé dans l'architecture militaire les mêmes progrès qui s'étaient manifestés à la même époque dans l'architecture religieuse et monastique.

---

[1]. Viollet-le-Duc, *la Cité de Carcassonne*.

Les conquêtes faites en Orient par les croisés et établissant la possession chrétienne avaient été divisées en fiefs dès le XIIe siècle; elles se couvrirent de châteaux, d'églises et de fondations monastiques, entre autres celles des ordres de Cîteaux et de Prémontré.

D'après G. Rey, on vit alors aux environs de Jérusalem les abbayes ou prieurés du mont Sion, du mont Olivet, de Josaphat, de Saint-Habacuc, de Saint-Samuel, etc.; en Galilée, celles du Mont-Thabor et de Palmarée... L'organisation militaire fut réglée par *les assises de la Haute Cour* indiquant le nombre des chevaliers dus par chaque fief et celui des sergents que les églises et les bourgeoisies devaient pour la défense du royaume... Ce fut vers le milieu du XIIe siècle que les établissements chrétiens de terre sainte furent les plus prospères... Au milieu des guerres dont la Syrie fut le théâtre à cette époque, les Francs s'étaient approprié l'architecture militaire byzantine représentant les traditions de l'antiquité grecque et romaine... Dans la construction des forteresses qu'ils élevèrent alors en Syrie, les croisés prirent aux Grecs la double enceinte flanquée de tours...; plusieurs de leurs forteresses, notamment celle de Morgat, du *Krak* des chevaliers et de Tortose, ont été conçues sur des proportions gigantesques; elles appartiennent à deux écoles : la première est l'école franque, qui paraît avoir pour prototypes les châteaux construits en France aux XIe et XIIe siècles... Les tours de l'enceinte sont presque toujours rondes; elles renferment un étage de défenses, et leur couronnement ainsi que celui des courtines sont crénelés suivant le mode français... Il faut signaler d'abord la double enceinte empruntée aux Byzantins où la seconde ligne commande la première et en est assez rapprochée pour permettre à ses défenseurs de prendre part au combat si l'assaillant emporte la première ligne; ensuite l'application des échauguettes en pierre, — qu'on ne voit apparaître en France qu'à la fin du xiiie siècle, — remplaçant les hourds en bois et efinn l'adoption des talus en maçonnerie, qui, triplant à la base l'épaisseur des murailles, déjouait les attaques des mineurs en affermissant l'édifice contre les tremblements de terre si fréquents dans ces contrées...

La seconde école est celle des templiers; le tracé se rapproche des grandes forteresses arabes et le caractère principal, c'est que les tours, peu saillantes, sont invariablement carrées ou barlongues... La forteresse de Kalaat-el-Hosn[1], ou

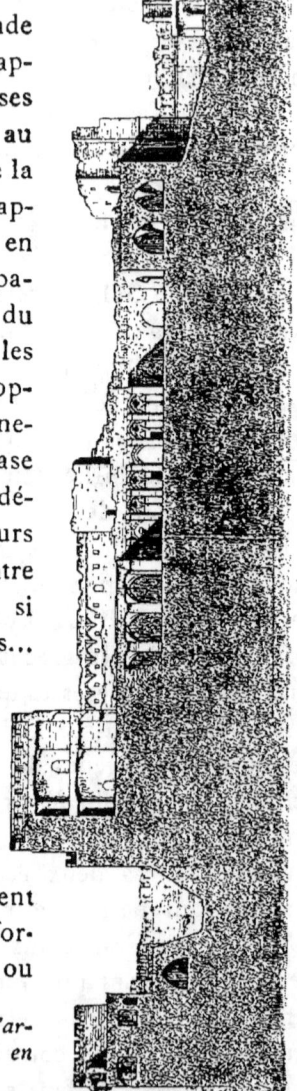

Fig. 166. — Forteresse de Kalaat-el-Hosn en Syrie (le *Krak* des chevaliers), relevé par M. G. Rey.

1. *Étude sur les monuments de l'architecture militaire des croisés en Syrie*, par G. Rey. — Paris, 1871.

L'ARCHITECTURE MILITAIRE. 263

Krak des chevaliers, commandant le défilé par lequel passent les routes de Homs et de Hamah à Tripoli et à Tortose, était une position militaire de premier ordre... Elle formait, avec les châteaux d'Akkar, d'Arcos, de la Colée, de Chastel-Blanc, d'Areynieh, de Yammour,

Fig. 166 *bis*. — Forteresse de Kallaat-el-Hosn en Syrie, (le *Krak* des chevaliers).
Restitution graphique par M. G. Rey [1].

Tortose et Markab, ainsi qu'avec les tours et les postes secondaires, une ligne de défense destinée à protéger le comté de Tripoli contre les incursions des musulmans, restés maîtres de la plus grande partie de la Syrie orientale... La forteresse de Kalaat-el-Hosn,

[1]. *Étude sur les monuments de l'architecture militaire des croisés en Syrie*, par G. Rey. — Paris, 1871.

ou le *Krak* des chevaliers élevé par l'ordre des hospitaliers, comprend deux enceintes que sépare un large fossé en partie rempli d'eau. La seconde enceinte forme réduit et domine la première dont elle commande les ouvrages; elle renferme les dépendances du château :

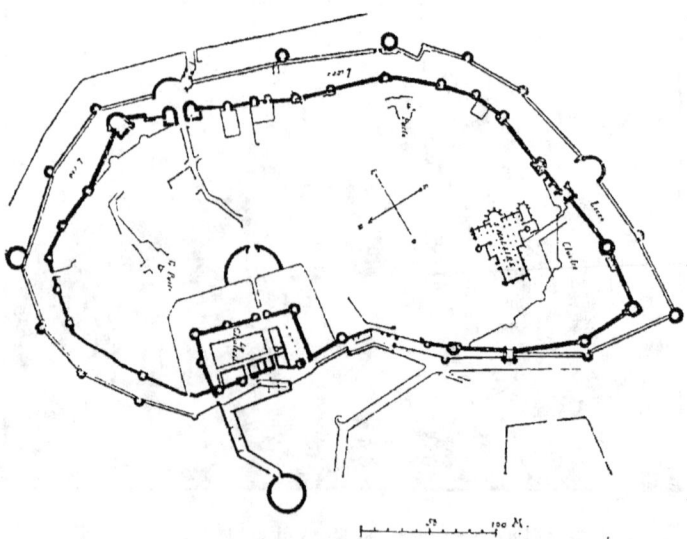

Fig. 167. — Cité de Carcassonne. — Plan au XIIIᵉ siècle.

grande salle, chapelle, logis, magasins, etc.; un long passage voûté et d'une défense facile est la seule entrée de la place... Au nord et à l'ouest, la première ligne se compose de courtines reliant des tourelles arrondies et couronnées d'une galerie munie d'échauguettes et formant sur la plus grande partie du pourtour un véritable hourdage en pierre.

L'action de l'Orient sur l'Occident est évidente par

l'adoption, aux XIIIe et XIVe siècles, des dispositions qui avaient été appliquées par les croisés en Syrie et dont se sont inspirés les architectes de Carcassonne et d'Aigues-Mortes.

A Carcassonne, l'influence orientale est visible par

Fig. 168. — Cité de Carcassonne. — Rempart, angle ouest-sud.

la double enceinte construite à l'exemple des forteresses syriennes.

La cité de Carcassonne est assise sur un plateau dominant la vallée de l'Aude et sur lequel les Romains avaient établi un *castellum*. Possédée au VIe siècle par les Visigoths, qui en firent une place importante, elle s'agrandit considérablement aux Xe, XIe et XIIe siècles; mais du temps de Siméon de Montfort, en 1209, ou de Raymon de Trancavel en 1240, son enceinte n'était pas aussi considérable qu'elle le devint sous saint Louis.

Dès le milieu du XIIIᵉ siècle, ce monarque commença de grands travaux de défense et fit élever l'enceinte extérieure qui existe encore, suivant le plan emprunté à *la Cité de Carcassonne* par Viollet-le-Duc.

Cette enceinte avait surtout pour but de mettre

Fig. 16). — Enceinte d'Aigues-Mortes. — Faces est et sud des remparts.

la place à l'abri d'un coup de main, en permettant d'agrandir ou de compléter les défenses du corps même de la place. Les travaux entrepris par saint Louis, et continués par Philippe le Hardi, firent de Carcassonne une forteresse qui était considérée comme imprenable. « Le fait est qu'elle ne fut point attaquée et n'ouvrit ses portes au prince Noir, Édouard, en 1355, que lorsque tout le Languedoc se fut soumis à ce prince[1]. »

1. Viollet-le-Duc, *la Cité de Carcassonne*.

A Aigues-Mortes, l'influence orientale est tout aussi manifeste qu'à Carcassonne, car le Génois Guillaume Boccanera, qui construisit l'enceinte, connaissait évidemment le système de fortification adopté par les

Fig. 170. — Enceinte d'Avignon. — Courtines, tours et mâchicoulis.

croisés en Syrie. La particularité des échauguettes, qui n'apparaissent en Languedoc, dans les murailles d'Aigues-Mortes, que sous Philippe le Hardi, prouve cette filiation. On voit déjà dans cette place les effets du mode italien par la forme des tours carrées flanquant l'enceinte. En France, les architectes avaient adopté la tour ronde, parce qu'elle présentait plus de solidité et qu'elle était moins attaquable par la sape des mineurs, la circonférence pouvant être battue par les défenseurs placés sur les courtines adjacentes, tandis que les angles de la tour carrée masquaient le mineur attaquant sa face extérieure.

L'enceinte d'Avignon, élevée au xive siècle, paraît avoir été construite selon les méthodes italiennes; elle est flanquée de tours carrées, ouvertes du côté de la ville, munies d'un crénelage fixe porté sur des consoles en pierre ménageant entre elles des mâchicoulis destinés à battre la base des murailles.

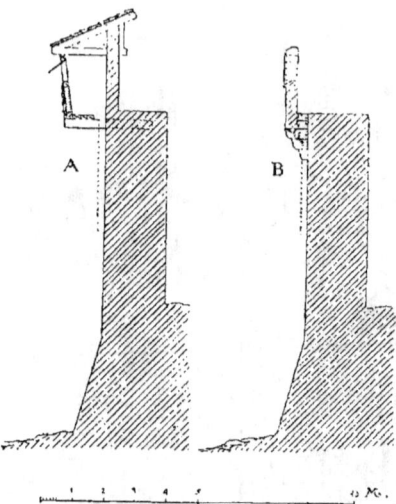

Fig. 170 bis. — *Hourds* en bois et en pierre.

Au xiiie siècle, les murailles et les tours étaient munies de *hourds*, c'est-à-dire d'un échafaud mobile en bois A, établi en temps de guerre sur des poutres, engagées dans les vides ménagés dans la muraille, et placées en saillies pour recevoir une galerie surplombant le parement des murs, afin de pouvoir défendre la base des remparts par des vides ou des trappes : des mâchicoulis ouverts dans le plancher de la galerie. Mais cette galerie étant facilement incendiée par l'assaillant, on construisit au xive siècle des mâchicoulis en pierre B, formés par des consoles en pierre supportant le parapet crénelé et laissant entre son parement intérieur et le parement extérieur de la muraille un vide par lequel on pouvait défendre la base du rempart. Cette disposition, dont les tours carrées d'Avignon présentent un des premiers exemples, fut adoptée par les architectes, qui l'appliquèrent dès lors dans la construction des murs d'enceinte des villes.

« L'art de la fortification, qui avait fait un grand pas au commencement du XIIIᵉ siècle et qui était resté

Fig. 171. — Remparts de Saint-Malo (xvᵉ siècle).

stationnaire pendant le cours de ce siècle, fit de nouveaux progrès en France pendant les guerres de 1330 à 1440. Quand Charles VII eut ramené l'ordre dans le royaume et repris un nombre considérable de places aux Anglais, il fit réparer ou reconstruire toutes les défenses des villes ou châteaux reconquis, et, dans ces nouvelles défenses, il est facile de reconnaître une méthode, une régularité, qui indiquent un art avancé et basé sur des règles fixes[1]. »

L'abbaye du Mont-Saint-Michel résume de la façon la plus intéressante les modifications apportées succes-

---

1. Viollet-le-Duc, *Dictionnaire*, t. Iᵉʳ.

sivement dans la construction des enceintes fortifiées du XIIIe au XVe siècle.

Des fortifications du XIVe siècle, entourant l'ancienne ville au sommet du rocher, et reliant les remparts aux défenses de la Merveille au nord et à celles des bâtiments abbatiaux au sud, il reste encore quelques vestiges, ainsi que la tour du nord tout entière. Les murailles étaient couronnées de mâchicoulis en pierre, selon le système, nouveau alors, qui consistait à installer toute la défense au sommet des remparts. La porte de l'enceinte était au sud-est, suivant les indications fournies par les miniatures du *Livre d'heures de Pierre II*, duc de Bretagne, qui donnent l'emplacement de la première enceinte à la fin du XIVe siècle.

A cette époque, l'abbaye était gouvernée par Pierre Le Roy, qui fut un de ses plus illustres abbés et l'un de ses plus grands constructeurs. Il reconstruisit le sommet de la tour des Corbins (Merveille), restaura et recouvrit les bâtiments abbatiaux, au sud de l'église, commencés par Richard Tustin en 1260, continués par ses successeurs et en partie ruinés par l'incendie de 1374. Il compléta les défenses à l'est, en élevant la tour carrée, appelée Perrine, du nom de son auteur, en O du plan (fig. 151), et dans laquelle il disposa plusieurs chambres pour loger ses soldats. Nous avons vu que les abbés étaient devenus des seigneurs féodaux, et, au Mont-Saint-Michel, l'abbé était en même temps capitaine de la place pour le roi ; et il conféra des fiefs à des seigneurs de la province, à la charge par ceux-ci de venir garder le Mont en des conditions déterminées, dont voici un passage traduit du texte latin [1] : « Ceux qui tenaient ces vavassories les tenaient en foi et hommage, et devaient le relief et treize chevaliers, dont chacun était tenu de venir lui-même pour la garde de la porte de l'abbaye, quand il était nécessaire, c'est-à-dire en temps de guerre; chacun devait la garde pour tout le temps du cours et du décours de la mer, c'est-à-dire de la descente et de la montée de la marée, armé chacun de gambeson, chapel de fer, gantelets, bouclier, lance et toutes armes; et ils devaient se présenter aussi en armes le jour de Saint-Michel, en septembre. »

Au nord de Bellechaise, il construisit, dans les premières années du xv° siècle, le châtelet et la courtine crénelée qui le joint à la Merveille (fig. 163, en tête de ce chapitre). Le châtelet fut élevé en avant de la face nord du bâtiment dit Bellechaise, en D (fig. 150), laissant entre celle-ci et la face sud un espace vide, large mâchicoulis protégeant la porte Nord, celle de la salle des Gardes, devenue la seconde porte intérieure depuis la construction du châtelet. Celui-ci se compose d'un bâtiment carré, flanqué aux angles de la face nord par deux tourelles encorbellées reposant sur des contreforts, et qui semblent être, par leurs formes générales, deux immenses bombardes dressées sur leurs culasses. Entre les piédestaux de ces tourelles s'ouvre la porte, ou la voûte rampante, couvrant l'escalier montant à la salle des Gardes; cette porte était défendue par une herse manœuvrée de l'intérieur, au premier étage du

---

1. Éd. Corroyer, *Description de l'abbaye du Mont-Saint-Michel*, etc. — Paris, 1877.

châtelet, et par trois mâchicoulis disposés au sommet de la courtine, entre les tourelles crénelées. Afin de couvrir le châtelet, Pierre Le Roy éleva la barbacane qui l'enveloppe à l'est et au nord, ainsi que le grand degré au nord. Il modifia en même temps les remparts

Fig. 172. — Mont-Saint-Michel. — Face sud (état en 1875).

des côtés nord et ouest, en élevant la tour Claudine, joignant l'angle nord-est de la Merveille, en ménageant, dans l'étage inférieur de cette tour, un corps de garde dont la poterne communique avec le grand degré et commandant tous les passages par des dispositions très ingénieuses, qui forment un exemple unique en leur genre [1].

En 1411, l'abbé Robert Jolivet obtint du pape Jean XXIII le gouvernement de l'abbaye; élu par les moines, il fut chargé par le roi de la garde du Mont-Saint-Michel, et cependant il vivait à Paris; mais, en 1416, il regagna son abbaye, menacée par les Anglais,

[1]. Éd. Corroyer, *Description de l'abbaye du Mont-Saint-Michel,* etc. — Paris, 1877.

Fig. 173. — Mont Saint-Michel. — Enceinte du xv⁰ siècle. — Restitution graphique d'après les dessins d'Éd. Corroyer.

qui, après la bataille d'Azincourt, en 1415, s'étaient emparés de la basse Normandie. Tandis que les Anglais fortifiaient Tombelaine, Robert Jolivet achevait de bâtir les murs et quelques tours qui cernent la ville, et qui existent encore. Pour subvenir à ces dépenses, l'abbé fut autorisé par le roi à prendre quinze cents livres sur les revenus des aides de la vicomté d'Avranches, et un autre subside sur le maître de la Monnaie de Saint-Lô.

A l'époque où Robert Jolivet éleva la nouvelle enceinte, de 1415 à 1420 environ, la ville s'était agrandie vers le sud, et, indépendamment de la nécessité de la défendre contre les Anglais retranchés à Tombelaine, il était indispensable d'opposer à l'attaque un front de défense beaucoup plus développé que celui du rempart du xive siècle. Robert Jolivet vint souder ses nouvelles murailles à l'est sur celles qui devaient être élevées pendant le siècle précédent, et qui descendent des escarpements du rocher, défendues par la tour du Nord, jusque sur la grève. Il flanqua ses murs, d'abord, d'une tour formant un saillant considérable destiné à battre les courtines adjacentes et à défendre le front de l'ouvrage; puis il continua les murs au sud, en les renforçant de cinq autres tours. La dernière, dite tour du Roi, constitue le saillant sud-ouest de la place et défend en même temps la porte de la ville à l'ouest.

Les murailles et leurs bases en glacis sont défendues par des mâchicoulis fixes, en pierre, placés au sommet, et dont les consoles supportent des parapets découverts et crénelés; plusieurs tours étaient couvertes et servaient de place d'armes pour les défenseurs des remparts. A partir de la tour du Roi, les murailles se retournent à angle droit, se relient par des degrés, des chemins de ronde crénelés, commandés par un corps de garde, aux rampes abruptes du rocher inaccessible, dont les crêtes sont pourtant fortifiées et communiquent avec les défenses de l'abbaye au sud.

Dans les premières années du xve siècle, et surtout vers la fin du même siècle, l'artillerie à feu, qui commençait à être employée avec succès dans les sièges, avait fait de si rapides progrès que les conditions de l'attaque, et par conséquent celles de la défense, furent complètement changées. Les tours devinrent des bastillons, ou bastions, dont la partie supérieure, terrassée, était transformée en batterie, dont les épaulements remplaçaient les crénelages ; les mâchicoulis, qui n'étaient plus qu'une décoration traditionnelle, disparurent, et l'art militaire, de progrès en progrès, remplaça l'architecture, dont le concours était désormais inutile.

CHAPITRE II

CHATEAUX ET DONJONS.

Les premiers châteaux semblent avoir eu pour but, au moyen âge, de s'opposer aux invasions et de servir de refuges aux populations décimées par les incursions des Normands. Ils ne se composaient alors que d'un retranchement plus ou moins étendu. Entouré d'un fossé formé par des terrassements dont l'escarpement était entouré de palissades, il rappelait le camp romain, au milieu duquel, à l'exemple du *prætorium,* s'élevait la *motte,* élévation conique formée par la na-

Fig. 174. — Château d'Angers.

ture ou par l'amoncellement des terres ; la motte était couronnée par un bâtiment construit le plus souvent en bois, qui servait de poste d'observation ou de réduit moins accessible que l'enceinte même du château.

Il est permis de voir, dans ces dispositions rudimentaires, l'origine des châteaux et des donjons féodaux, qui ont eu une importance si considérable pendant le moyen âge, et principalement pendant la période dite gothique.

Ces ouvrages défensifs avaient été créés sur divers points du domaine royal exposés aux incursions dévastatrices des pirates scandinaves, afin d'assurer la sécurité publique ; mais les concessions temporaires de l'empereur Charles le Chauve furent considérées comme définitives par ceux à qui il les avait faites. « Aussi, quand le faible empereur proclama, à Quierzy-sur-Oise, en 877, l'hérédité des fiefs, principale garantie de l'indépendance seigneuriale, il ne fit que sanctionner un fait accompli... Lorsque la féodalité se fut bien assise et que les seigneurs songèrent à maintenir leurs usurpations à la fois contre les rois de France, contre l'étranger et leurs propres voisins, ils choisirent à loisir les meilleures positions stratégiques de leurs domaines et s'appliquèrent à les fortifier d'une manière durable. Ils avaient de bonnes redevances et leurs serfs étaient corvéables à merci[1]. » Alors s'élevèrent des châteaux de pierre, suivant les dispositions primitives. En 980, Frotaire en construisit cinq autour de Périgueux, sa ville épiscopale.

En 991, Thibault File-Étoupe bâtit sur la colline de Montlhéry, près des résidences royales de Paris et d'Étampes, une forteresse qui fut redoutable aux cinq premiers Capétiens, et qui, plus tard, entre les mains de la royauté, fut un des boulevards de la banlieue parisienne.

Au moyen âge, le château était à la ville fortifiée ce que le donjon était au château féodal, et l'histoire de l'un se lie directement à celle de l'autre.

Dans l'enceinte des villes, le château était le logis du seigneur et de ses soldats ; il se rattachait au sys-

1. Anthyme Saint-Paul, *Histoire monumentale de la France.*

tème défensif de la place, et il avait avec le dehors une ou plusieurs sorties spéciales; il était, en outre, fortifié contre la ville même, en formant une forteresse ayant ses défenses particulières.

Le château de la cité de Carcassonne est un exemple

Fig. 175. — Château de Carcassonne. — Vue prise de l'angle nord-est (voir le plan fig. 167).

célèbre de ces dispositions défensives et offensives. Élevé dans les premières années du xiie siècle, il est formé de bâtiments destinés au seigneur et à la garnison, et défendus, à l'est et au nord, du côté de la cité, par des courtines et des tours (fig. 175). A l'angle sud-ouest du château, des donjons et des réduits, indépendants les uns des autres, commandent les cours et les abords. Son front ouest regarde la campagne, et c'est sur ce point que se trouve la porte communiquant avec les dehors, qui était défendue par une série d'ouvrages formidables et des plus ingénieux pour déjouer toute surprise.

Pendant les époques dites *romane* et *gothique,* le *château* était une petite ville ayant son enceinte forti-

Fig. 176. — Château de Loches. — Donjon.

fiée, composée de murailles renforcées par des tours, qui constituaient autant de places d'armes interrompant au besoin la circulation et formant autant de réduits capables d'arrêter l'assaillant.

Le *donjon* était le château de la petite ville, c'est-à-dire le logis temporaire du seigneur, dont les vassaux habitaient les dépendances intérieures, et les soldats les bâtiments de la porte et les tours de l'enceinte. Le seigneur s'ingéniait à donner à son habitation particulière l'aspect le plus formidable, afin d'inspirer la crainte, précaution de première nécessité en ces temps de luttes incessantes qui faisaient des amis de la veille les ennemis les plus irréconciliables du lendemain. « En temps de paix, le donjon renfermait les trésors, les armes, les archives de la famille; mais le seigneur n'y logeait point; il ne s'y rendait seulement, avec sa femme et ses enfants, qu'en temps de guerre. Comme il ne pouvait y demeurer et s'y défendre seul, il s'entourait alors d'un plus ou moins grand nombre d'hommes d'armes dévoués qui s'y renfermaient avec lui. De là, exerçant une surveillance minutieuse sur la garnison et sur les dehors, car le donjon est toujours placé en face du point attaquable de la forteresse, ses fidèles et lui tenaient en respect les vassaux et leurs hommes entassés dans les logis; à toute heure, pouvant sortir et rentrer par des issues masquées et bien gardées, la garnison ne savait pas quels étaient les moyens de défense, et, naturellement, le seigneur faisait tout pour qu'on les crût formidables[1]. »

Les châteaux et les donjons construits en pierre s'élevaient le plus souvent sur les escarpements naturels d'un promontoire dominant deux vallées, et souvent dans le voisinage d'une rivière plutôt que sur les *mottes* féodales primitives, qui étaient souvent artificielles et dont le sol ne présentait pas la consistance nécessaire pour supporter les masses de maçonnerie des nouveaux ouvrages.

Dès la fin du xe siècle et dans les premières années

---

1. Viollet-le-Duc, *Dictionnaire*. t. V.

du XIᵉ, « Foulques Nerra couvre de châteaux ses terres d'Anjou et toutes les bonnes positions dont il peut s'emparer sur son voisin le comte de Blois et de Tours; celui-ci construit également des forteresses pour résister à l'agresseur et complète le réseau de places fortes qu'avait commencé son père Thibault le Tricheur, un des seigneurs les plus turbulents de son époque [1] ».

Le donjon de Langeais, construit sur une colline escarpée dominant la Loire, fut fondé par Foulques Nerra à la fin du Xᵉ siècle; il en reste encore trois faces de murs qui portent la marque des traditions gallo-romaines par le mode de construction des murailles en pierre de petit appareil et les fenêtres, dont les claveaux du cintre sont en pierre et en briques.

Un grand nombre de châteaux et de donjons ont été construits aux XIᵉ et XIIᵉ siècles; on peut citer les châteaux du Plessy-Grimoult, du Pin, celui de la Pommeraye, élevé sur une *motte* entourée de fossés profonds séparant trois enceintes; de Beaugency-sur-Loire dont le vaste donjon avait quatre étages; de Loches, qui aurait été fondé par Foulques Nerra, mais qui paraît appartenir au XIIᵉ siècle, époque à laquelle l'architecture militaire avait accompli de grands perfectionnements. Le donjon de Loches peut passer pour le plus beau de France; il s'élève encore à plus de 30 mètres; l'enceinte paraît avoir été élevée au XIIIᵉ siècle; les tours présentent en plan un arc brisé afin d'offrir plus de résistance au point qui était attaqué le plus souvent par la sape des mineurs.

[1]. Anthyme Saint-Paul, *Histoire monumentale de la France.*

Au château de Falaise, élevé, comme celui de Domfront, sur un promontoire escarpé, les remparts sont moins anciens que le donjon, dont les détails architectoniques semblent appartenir au XIIe siècle, observa-

Fig. 177. — Château de Falaise. — Donjon.

tion qui est appuyée par un passage des chroniques de Robert du Mont, cité par M. de Caumont. — En 1123, Henri Ier fit refaire le donjon et les murs d'enceinte du château d'Arques, et il exécuta des travaux semblables à Gisors, à Falaise, à Argentan, à Exmes, à Domfront, à Amboise et à Vernon.

Les donjons de Sainte-Suzanne, de Nogent-le-Rotrou, ceux de Broue, de l'Islot, de Tonnay-Boutonne, de Pons, de Chamboy, de Montbazon, de Lavardin, de Montrichard, de Huriet dans le Bourbonnais, sont également très intéressants par leur situation, leurs plans et les détails de leur construction. Ces ouvrages,

Fig. 178. — Château de Lavardin. — Donjon.

et ceux que nous avons étudiés d'abord, présentent cette particularité d'être construits sur un plan carré ou rectangulaire qui paraît avoir été adopté par les architectes.

Dès la fin du xiie siècle, la forme cylindrique prédomine dans la construction des donjons et des tours; elles résistaient mieux aux efforts destructifs de l'assaillant, leur surface convexe présentant la même résistance, et sa forme permettait, ainsi que nous l'avons vu dans le chapitre précédent, pour les tours, de défendre, par les courtines adjacentes, l'approche de la base de

Fig. 179. — Donjon d'Aigues-Mortes. — Tour de Constance.

ces tours et de s'opposer plus efficacement aux travaux de sape. D'ailleurs, les progrès réalisés pendant la période de l'architecture dite *gothique* par l'adoption géné-

L'ARCHITECTURE MILITAIRE.

rale de la voûte sur croisée d'ogives, si simple et d'une construction si facile, avaient évidemment exercé une

Fig. 180. — Château de Provins. — Donjon.

grande influence sur les dispositions architectoniques des ouvrages militaires. Les lourds planchers en bois des donjons primitifs, si souvent incendiés, furent remplacés par de légères voûtes reliant solidement les murs circulaires, donnant aux différents étages un sol moins tremblant et plus durable que les énormes poutres et solives qui formaient les planchers.

D'ailleurs, les toitures aiguës sur plan circulaire des donjons et des tours résistaient mieux, par leurs formes, aux projectiles ou aux matières incendiaires, qui brisaient les angles de la toiture des donjons carrés et en brûlaient les charpentes.

Cependant, la forme des donjons a beaucoup varié au xiie siècle; à Houdan, le donjon est une grosse tour cantonnée de quatre tourelles; à Étampes, il est composé de quatre tours réunies formant en plan un *trèfle* à quatre feuilles; les étages voûtés présentent des dispositions curieuses, entre autres celle d'un puits très profond dont l'orifice se trouvait dans la salle du premier étage. Quelques historiens font remonter cet ouvrage au xie siècle, mais les détails de l'architecture et des sculptures indiquent qu'il est prudent de ne l'attribuer qu'aux premières années du règne de Philippe-Auguste.

Le donjon de Provins, du xiie siècle, élevé sur une *motte* en maçonnerie, présente des dispositions très originales; l'enceinte est circulaire, la base du donjon est carrée, et aux angles s'élèvent quatre tourelles cantonnant les pans de l'octogone partant de ce carré, et se relient à la tour, également octogone, par des arcs-boutants. Le donjon de Gisors a également la forme d'un octogone dont un des pans est tangent à l'enceinte circulaire couronnant la *motte* féodale; construit au xiie siècle, le château de Gisors fut considérablement agrandi par l'enceinte que Philippe-Auguste éleva sur un grand espace autour de la motte dont les murs sont renforcés de tours carrées.

Le château Gaillard, élevé à la fin du xiie siècle sur le promontoire dominant le cours de la Seine aux Andelys, présente des dispositions très spéciales, car le

Fig. 181. — Château de Chinon. — Face sud.

donjon rond est entouré d'une première enceinte circulaire, ou plutôt de la forme d'un carré dont trois angles auront été arrondis, et qui est elle-même enveloppée d'une autre enceinte elliptique, se rattachant aux défenses du château, composée de demi-tours ou plutôt de segments réunis par une très étroite courtine, ouvrage puissant où l'architecture ne s'est manifestée que par la solidité de ses robustes maçonneries. C'est le donjon dans toute sa rudesse militaire, qui ne comporte aucune espèce d'ornement.

Philippe-Auguste, après avoir fait de Gisors une forteresse aussi puissante que celle du château Gaillard dont il s'empara, fit aussi bâtir le château de Dourdan et, pour sa demeure à Paris, le palais-forteresse du Louvre. Au moment de la mort de son suzerain,

288 L'ARCHITECTURE GOTHIQUE.

Enguerrand III fit commencer à Coucy une forteresse qu'il termina, en moins de dix ans, — 1223 à 1230, — qui dépassa par ses proportions grandioses et

Fig. 182. — Château de Clisson. — Donjon.

ses défenses formidables tout ce qui avait été construit jusqu'à cette époque, manifestation superbe affirmant les prétentions ambitieuses, qu'il exprima, dit-on, pendant la minorité de ce prince et dont la forteresse de Coucy peut être considérée, au point de vue architectonique, comme l'expression la plus caractéristique.

Parmi les châteaux et les donjons les plus importants construits au XIIIe siècle, il faut citer, après ceux que nous avons indiqués : la tour blanche d'Issoudun, la tour de Blandy, le donjon octogone de Châtillon-

Fig. 183. — Villeneuve-lez-Avignon. — Château de Saint-André.

sur-Loing, Semur, les forteresses royales d'Angers, élevées par saint Louis; de Montargis, Boulogne, Chinon et Saumur; le donjon ou tour Constance à Aigues-Mortes, attribuée à saint Louis, le château de Najac, élevé par son frère, Alphonse de Poitiers; ceux de Bourbon-l'Archambault, de Chalusset, de Clisson, reconstruit ou commencé par Olivier Ier, sire de Clisson, après son retour de terre sainte, etc., etc.

L'architecture militaire se développe encore au XIVe siècle par le remaniement d'anciennes forteresses, suivant les progrès réalisés dans l'attaque et, par conséquent, dans la défense des places dont les sièges avaient fait constater les défauts. Il en fut de même pour la construction des tours qui, jusqu'à cette époque, avaient plusieurs étages d'archères ou de meurtrières,

Fig. 184. — Château de Tarascon.

disposition excellente pour défendre les courtines adjacentes et les abords, mais qui avait pour inconvénient dangereux d'indiquer les parties les plus faibles et les plus faciles à détruire. L'usage des canons eut pour premier effet de faire augmenter l'épaisseur des murs avant de modifier les forteresses, en reportant les défenses au sommet des murs couronnés par des mâchicoulis fixes en pierre. Les principaux châteaux furent construits à Vincennes, près Paris, par Philippe de Valois et Charles V, et à Avignon, par les papes Benoît XII, Clément VI, Innocent VI et Urbain V, les gigantesques bâtiments que nous étudierons dans la quatrième partie. Gaston Phœbus, comte de Foix et de Béarn, construisit des donjons carrés à la Bastide de Béarn, à Montaner, à Mauvezin; à Lourdes et à Foix, un donjon circulaire.

Au nombre des châteaux et donjons achevés ou construits entièrement au XIVe siècle, on peut citer, d'après Anthyme Saint-Paul, ceux de Roquetaillade, de Bourdeilles, de Polignac, de Briquebec, d'Hardelot, de Rambures, de Lavardin, fondé au XIIe siècle, de Montrond, de Turenne, de Billy, Murat et Hérisson, le curieux donjon de Montbard, ceux de Romefort, de Pouzanges, de Noirmoutier, etc., etc.

Dans les dernières années du XIVe siècle et dès les premières du XVe, Louis d'Orléans, fils de Charles V, profita de la démence de son frère Charles VI pour se fortifier dans des places sur lesquelles il pût appuyer ses entreprises ambitieuses. En 1393 et les années suivantes, il acquit plusieurs domaines dans le Valois : Montépilloy, Pierrefonds et la Ferté-Milon qu'il rebâtit complètement; il acheta la seigneurie même de Coucy en 1400, après la mort du dernier descendant mâle d'Enguerrand III.

Coucy, Pierrefonds, la Ferté-Milon sont trop connus par des ouvrages spéciaux, surtout ceux de Viollet-le-

Duc, pour que nous ayons à les reproduire ; mais nous les avons cités parce que ces colossales forteresses, ces immenses donjons sont l'expression suprême de la puissance féodale, qui s'est manifestée par de superbes bâti-

Fig. 185. — Château de Vitré.

ments, aussi admirables par leurs proportions grandioses que par les détails raffinés de leur construction.

Il se construisit encore quelques châteaux en Albigeois, en Auvergne, en Limousin, en Guyenne, en Vendée, en Provence, notamment à Tarascon ; les donjons de Trèves en Anjou.

Au XVe siècle, la Bretagne se couvrit de châteaux importants, comme ceux de Combourg, de Fougères, de Montauban, de Saint-Malo, de Vitré, d'Elven, de Sucinio, de Dinan, de Tonquédec, etc.

Vers la fin du xve siècle, on construisit un grand nombre de châteaux remarquables par leurs dispositions et la richesse de leurs décorations; mais si ces beaux ouvrages sont dignes de l'attention des artistes, ils échappent à nos recherches, qui avaient pour but d'étudier par les monuments les principaux caractères de *l'architecture militaire* à l'époque dite *gothique*.

CHAPITRE III

PORTES ET PONTS.

D'après les études qui précèdent sur les enceintes de villes, les châteaux, les donjons, on peut, sans remonter aux époques romaines et en se bornant à circonscrire les recherches historiques à la période de l'architecture dite *gothique,* se faire une idée de l'importance que les architectes attachaient à la construction des portes qui défendaient l'enceinte et à celle des ponts qui précédaient l'entrée ou les abords.

Portes. — A l'exemple des forteresses élevées en Syrie par les Francs après les premières croisades et qui paraissent avoir exercé une grande influence dès leur origine, les architectes du temps de Philippe-Auguste et de saint Louis avaient réduit autant que possible le nombre des entrées dans les forteresses ou les enceintes fortifiées; leur construction était sévèrement calculée, afin de déjouer toute tentative d'envahissement par un coup de force; aussi, la plupart du temps, les places de guerre étaient enlevées par surprise, ruse ou trahison plutôt que par un siège en règle.

Les portes construites dans les enceintes du xiie siècle, et principalement dans celles du xiiie, sont les ouvrages de la place les plus fortement défendus; elles étaient précédées d'un pont traversant les fossés pour donner accès à la porte et dont le passage pouvait être interrompu immédiatement en avant de la porte même par l'enlèvement d'un pont mobile. Le passage de la porte, fort étroit, s'ouvrait entre deux tours saillantes, percées d'archères, réunies par une courtine, l'ensemble étant un châtelet qu'il fallait traverser pour pénétrer dans l'intérieur de la forteresse. Ce passage était défendu par une ou deux herses entre lesquelles de larges ouvertures, vastes mâchicoulis, permettaient d'assommer l'assaillant pendant le temps qu'il essayait de forcer les herses composées d'une forte charpente bardée de fer, dont les tiges verticales reliant les traverses étaient armées de pointes à la partie basse.

La porte du château, à Carcassonne, construite vers 1120 et qui existe encore, donne un exemple de cette disposition.

On peut même étudier sur cet ouvrage les précautions minutieuses prises par les architectes pour éviter les surprises qui réussissaient parfois, surtout si elles étaient facilitées par les défenseurs mêmes.

Les architectes accumulaient les obstacles dans les passages par des herses dont les treuils étaient placés à des étages différents, afin d'éviter toute entente entre les soldats, mercenaires pour la plupart, qui étaient au plus offrant. A la porte du château de Carcassonne, la première herse en entrant était levée ou baissée par des chaînes, munies de contrepoids, s'enroulant sur un

Fig. 186. — Cité de Carcassonne. — Porte du château.

treuil qui était placé au deuxième étage du châtelet, tandis que la seconde herse était manœuvrée, par le même procédé, du premier étage dans un local n'ayant aucune espèce de communication avec celui du haut, auquel on n'accédait d'ailleurs que par un escalier en bois placé à l'intérieur dans la cour du château.

Au XIIIe siècle, les constructeurs augmentèrent encore

les précautions contre les surprises par des ouvrages extérieurs ; la porte de Laon, à Coucy, si bien décrite par Viollet-le-Duc, en est une preuve célèbre. Ces ou-

Fig. 187. — Cité de Carcassonne. — Porte des Lices, dite porte de l'Aude.

vrages, désignés sous le nom de *barbacanes*, étaient destinés à défendre au dehors l'approche de la porte.

A Carcassonne, la cité entourée de murailles avait été enveloppée dans une seconde enceinte élevée par saint Louis et n'ayant qu'une entrée donnant accès dans les lices (fig. 187), c'est-à-dire dans l'espace compris entre les murailles de la ville et celles de la seconde enceinte; puis il construisit une énorme tour, appelée la Barbacane, à l'ouest du château auquel elle était reliée par des murailles crénelées et des murs intérieurs placés en échelons (plan fig. 167), ouvrage destiné à faciliter les

Fig. 188. — Cité de Carcassonne. — Porte Narbonaise.

sorties de la garnison et à couvrir les communications par le pont qu'il jeta sur l'Aude. Cette tour était plutôt un ouvrage avancé qu'une barbacane comme celle qui fut élevée par Philippe le Hardi, vers la fin du XIII° siècle, en avant de la porte Narbonaise, à l'est de la cité.

La porte Narbonaise présente une disposition analogue à celle du château, mais elle indique les perfectionnements qui s'étaient réalisés depuis un siècle dans la construction des places de guerre. Les tours de la porte sont munies d'un éperon, qui avait été inventé pour éviter les attaques des mineurs et empêcher l'action des béliers en exposant les assaillants aux traits lancés des courtines adjacentes. La porte s'ouvrait de plain-pied sur les lices, et, en avant, la barbacane, en demi-cercle, crénelée, reliée aux parapets également crénelés des lices, en défendait l'approche; on n'accé-

Fig. 189. — Enceinte d'Aigues-Mortes. — Porte de la Gardette.
Pont-levis (à droite du dessin, la tour Constance, bâtie par saint Louis).

dait à la barbacane que par un étroit passage précédé d'un pont facile à défendre par le redan adjacent à la poterne de la barbacane.

Le passage de la porte était défendu par deux herses semblables à celles de la porte du château, puis par des vantaux derrière la première herse, qui était précédée d'un large mâchicoulis protégeant la première herse vers l'entrée.

Le mode de construction des portes d'enceintes fortifiées suivit les progrès réalisés par les architectes militaires, progrès que nous avons étudiés dans le chapitre premier de cette troisième partie, au point de vue de la défense des places qui, pendant le xive siècle, paraît avoir été supérieure à l'attaque. Les méthodes de construction se perfectionnèrent alors dans les détails, jusqu'au moment où l'artillerie à feu changea les conditions de l'attaque et, par conséquent, celles de la défense des forteresses.

Les portes des enceintes fortifiées se modifièrent au xive siècle, non seulement dans la forme des tours défendues au sommet par des *hourds* fixes — en pierre remplaçant désormais les *hourds* mobiles en bois — ou des passages munis de herses, de vantaux et de mâchicoulis, mais encore par l'invention des *ponts-levis*. On sait que le pont-levis consiste en un tablier, en charpente, suspendu à l'aide de chaînes à des poutres en bascule; abaissé en dehors pour franchir le fossé, ce tablier, se

Fig. 190. — Enceinte de Dinan. Porte du Jerzual.

relevant par l'abaissement à l'intérieur des poutres-leviers pivotant sur un axe, venait s'appliquer sur la face extérieure de la courtine, formant ainsi un premier vantail qu'il fallait enfoncer ou abattre en coupant les chaînes de suspension.

Il est facile de comprendre que ce nouveau mode de pont était d'un usage plus utile et plus sûr que l'ancien pont dont nous avons parlé à propos de la porte du château de Carcassonne ; ce pont mobile en avant de la porte devait être enlevé pièce à pièce par une manœuvre assez longue et, par conséquent, qui ne pouvait s'effectuer sur-le-champ en cas d'alerte.

Une des premières applications de ce système semble avoir été faite à Aigues-Mortes. Les portes à l'est, à l'ouest et au sud sont construites selon l'usage adopté au XIIIe siècle, principalement à Carcassonne ; mais la porte du nord, dite de la Gardette, construite ou modifiée au XIVe siècle, montre les rainures des bras d'un pont-levis et la porte en arc brisé est encadrée d'une feuillure carrée destinée à recevoir le tablier relevé.

L'usage des ponts-levis en avant des portes se généralisa au XIVe siècle et donna naissance à des combinaisons très ingénieuses. La porte du *Jerzual*, à Dinan, qui paraît remonter à la fin du XIVe siècle, nous en donne un exemple des plus curieux. Elle n'est pas ouverte entre deux tours selon l'usage ordinaire ; elle a été pratiquée dans une des tours mêmes de l'enceinte fortifiée ; le tablier était attaché à deux leviers dont on voit les rainures extérieures, qui devaient former une sorte de vantail dont les bras-leviers étaient le prolongement ;

celui-ci, manœuvré de l'intérieur de la tour, se levant à
l'aide d'une chaîne passant dans l'ouverture carrée de
la voûte, en pivotant horizontalement sur les consoles

Fig. 191. — Château de Vitré. — Porte du Châtelet.

externes, abaissait le tablier extérieur. En cas d'alerte,
il suffisait de lâcher la chaîne intérieure pour que
le vantail des bras, en s'abaissant, relevât le tablier
du pont qui venait s'appliquer sur lui entre les consoles, et formait ainsi un double vantail difficile à
enfoncer.

Au XVe siècle, l'usage des ponts-levis était adopté partout, et il s'ensuivit un perfectionnement intéressant : c'est la création, dans la courtine entre les tours, d'une poterne, à côté de la porte principale ; chacune de ces

Fig. 192. — Enceinte de Guérande. — Porte Saint-Michel.

ouvertures était munie de son pont-levis : à deux bras pour la porte principale destinée aux cavaliers et aux voitures, et à un seul bras pour la passerelle à l'usage des gens de pied, et dont le tablier était soutenu par une fourche au sommet de laquelle s'attachait la chaîne de suspension.

Le château de Vitré, construit ou complété dans les

dernières années du xive siècle ou le commencement du xve, nous en donne la preuve dans la porte de son châtelet.

La porte Saint-Michel, à Guérande, construite comme les murailles de la ville, en 1431, par Jean V, duc de Bretagne, indique par la rainure latérale la disposition et la forme de la suspension du tablier de la poterne.

Les tabliers des ponts-levis relevés fermaient les ouvertures de la porte et de la poterne, en laissant béant le fossé creusé profond, ou rempli d'eau, qui séparait la porte de la voie d'accès.

L'abbaye du Mont-Saint-Michel, que nous avons étudiée dans les chapitres précédents, nous donne encore de curieux renseignements sur l'architecture militaire en ce qui concerne les portes. Suivant l'usage du temps, l'abbé Pierre Le Roy construisait en avant de la porte de l'abbaye une *bastille* ou *châtelet* (fig. 163) commandant le passage par une herse et un large mâchicoulis; puis il enveloppa ce châtelet d'une barbacane où aboutissaient, au sud et au nord, les degrés conduisant à l'abbaye; le grand degré du côté nord est particulièrement intéressant par les arrangements très ingénieux des portes donnant aussi dans la barbacane entourant le châtelet. Elles étaient fermées par un vantail occupant toute la largeur des ouvertures; il se mouvait horizontalement et se manœuvrait par un système particulier qui s'explique par la situation exceptionnelle du Mont-Saint-Michel dont les bâtiments, ainsi que les ouvrages militaires, se superposent et ne se relient que par une série de degrés et de rampes de toute espèce. Les vantaux des portes pivotaient sur leurs axes horizontaux; reposant sur les pieds-droits saillants dans l'ébrasement des portes, ils s'ouvraient parallèlement à la pente de l'emmarchement et, à la moindre alerte, ils se baissaient rapidement, entraînés par leur propre poids; ils étaient maintenus fermés par des verrous fixés latéralement et dont on voit encore les gâches scellées dans les pieds-droits des portes[1].

La porte de l'enceinte fortifiée, construite de 1415 à 1420, s'ouvre dans la courtine ouest de la place flanquée par la tour du Roi. Précédées d'un fossé que l'on franchissait sur les ponts-levis baissés, formant une première fermeture lorsqu'ils étaient relevés, la porte principale et la poterne latérale donnent accès dans la ville. Au-dessus des portes était le logis du gardien de la porte; au-dessous, le passage principal et celui de la poterne communiquent de plain-pied avec un premier corps de garde ménagé dans l'étage inférieur de la tour du Roi. Le grand passage était fermé, outre le pont-levis relevé, par deux vantaux et par une herse en fer, qui existe encore, engagée dans ses rainures latérales. La grande baie est surmontée d'un tympan sur lequel étaient sculptées les armoiries réunies du roi, de l'abbaye et de la ville.

Les ouvrages destinés à défendre une rivière dans la traversée d'une ville fortifiée ou l'entrée d'un port se rattachent directement à l'architecture militaire des portes. A Troyes, les arches percées dans les murs de la ville étaient défendues par des grilles ou des herses en fer. A Paris, le passage de la Seine était fermé par

1. Éd. Corroyer, *Description de l'abbaye du Mont-Saint-Michel et de ses abords.* — Paris, 1877.

L'ARCHITECTURE MILITAIRE. 305

des chaînes fixées dans les murailles de l'enceinte bordant les rives et s'appuyait dans la largeur du fleuve

Fig. 193. — Enceinte du Mont-Saint-Michel. — Porte du Roi.

sur des pieux ou des bateaux ancrés solidement. A Angers, les murailles de la ville aboutissaient à deux tours dites la Haute-Chaîne et la Basse-Chaîne, qui étaient destinées à recevoir les treuils manœuvrant les chaînes qu'on tendait la nuit pour barrer la Maine qui traverse la ville.

Les ports de mer étaient défendus par des tours élevées à l'entrée des passes, qui pouvaient être barrées

Fig. 194. — Entrée du port de la Rochelle. — Tour de la Chaîne et tour Saint-Nicolas (avant la restauration).

par des chaînes se manœuvrant de l'intérieur des tours. Le port de la Rochelle présente un exemple de cette disposition. D'après des archéologues dignes de foi, la tour dite de la Chaîne (à gauche du dessin) serait plus ancienne que celle de Saint-Nicolas (à droite du dessin), qui aurait été élevée au XVIe siècle sur la tour contemporaine de celle qui existe encore de l'autre côté du chenal. Les pilotis sur lesquels elles sont bâties paraissent s'être affaissés, ce qui a causé le déversement *sensible* de la tour Saint-Nicolas. Ces deux tours ne semblent pas avoir été reliées par un grand arc, comme le suppose un projet moderne de *haute fantaisie;* cet arc *inutile* aurait été couronné de défenses, non moins *inutiles,* car il est facile de comprendre qu'une simple chaîne, tendue entre les deux tours pendant la haute mer — le port étant inaccessible à la basse mer, — était bien suffisante pour arrêter les navires de ce temps, dans leurs tentatives de forcer l'entrée du port.

Ponts. — Ainsi que tous les autres édifices construits par les architectes, les ponts remontent aux Romains,

Fig. 195. — Pont d'Avignon. — Ruines du pont de Saint-Bénézet.

qui décoraient ces ouvrages d'arcs de triomphe, comme celui de Saint-Chamas en Provence, connu sous le nom de pont *Flavien,* et qui paraît remonter aux premiers siècles de l'ère chrétienne.

Plus tard, ces arcs de triomphe se changèrent en ouvrages militaires; ils devinrent des têtes de pont, des bastilles ou des châtelets crénelés, non plus pour orner le pont ou glorifier son fondateur, mais pour défendre le passage de la rivière qu'il franchissait et protéger l'enceinte fortifiée à laquelle il s'attachait.

Parmi les ponts construits au moyen âge par les architectes, le plus ancien paraît être celui de Saint-

Bénézet : *pont d'Avignon*. Commencé vers 1180 et terminé dix ans après, ce pont est un ouvrage des plus remarquables, aussi bien par les difficultés de sa construction que par ses détails architectoniques. Il traverse, ou plutôt il traversait le Rhône, — le bras vers le rocher des Doms étant le plus étroit, mais le plus profond, — dont les crues sont aussi rapides que dangereuses, sur dix-neuf arches, franchissant le fleuve de la rive avignonnaise au pied des Doms pour aboutir, après une légère inflexion au sud, à la tour de Villeneuve, sur la rive droite.

Le châtelet de la rive gauche, dont il reste encore des vestiges, aurait été construit par les papes au xive siècle pour assurer le péage de compte à demi avec le roi de France.

Le pont d'Avignon paraît avoir été l'une des premières œuvres de la confrérie des hospitaliers-pontifes, instituée au xiie siècle pour construire les ponts, secourir les voyageurs, et dont le supérieur était saint Bénézet, à l'époque de la construction du pont sur le Rhône. Cette confrérie comptait dans ses rangs d'habiles architectes, car la construction du pont d'Avignon est remarquable. Les arches, de forme elliptique, sont composées de quatre arcs-doubleaux extradossés, indépendants et simplement juxtaposés, afin d'assurer l'élasticité et, par conséquent, la solidité des arcs; ils ne sont rendus solidaires que par la maçonnerie de remplissage des reins, rappelant le parti architectonique de l'aqueduc, dit le pont du Gard; sa largeur est de cinq mètres. Les arcs reposent sur des piles munies, en amont et en aval, d'un éperon très aigu pour résister au courant ordinaire et à la débâcle des glaces en hiver.

Au-dessus de chaque pile, une arcade en plein cintre, traversant les reins des arches, est destinée au passage de l'eau pendant les grandes crues qui couvrent complètement les piles.

Le pont ne compte plus aujourd'hui que quatre

Fig. 196. — Pont de Montauban. — Pont dit des Consuls.

arches et, sur la pile la plus rapprochée de la rive gauche du fleuve, s'élève la chapelle dédiée à saint Nicolas qui existe encore aujourd'hui. On y accède par un escalier formé de marches encorbellées descendant au niveau du sol de la chapelle, et par un palier porté sur une trompe bandée de la pile au flanc de l'arche.

Le vieux pont de Carcassonne paraît être contemporain de celui d'Avignon, mais ses arches sont en plein cintre dont les claveaux sont reliés à l'intrados, et ses piles, munies d'éperons aigus, s'élèvent jusqu'au tablier, où elles forment des garages nécessaires en raison du peu de largeur de l'ouvrage.

Parmi les ponts construits au xiii siècle, on peut citer celui de Béziers dont les arches en plein cintre et en arc brisé ressemblent à celles de Carcassonne comme construction; mais les piles ne s'élèvent que de quelques assises au-dessus des sommiers des arcs et leurs reins sont percés d'arcades pour faciliter le passage de l'eau pendant les crues.

Le pont qui franchit le Rhône à Saint-Savournin-du-

Fig. 197. — Pont de Cahors. — Pont dit de Valentré.

Port, dit le pont Saint-Esprit, construit par un abbé clunisien vers 1265, ressemble au pont d'Avignon par la disposition des piles surmontées d'arcades d'écoulement, mais dont les arches sont en plein cintre; son tablier, large de cinq mètres, était fermé par des portes établies pour le péage et celle du côté de la petite ville se relia à la tête du pont qui fit corps plus tard avec la forteresse commandant en amont le cours du Rhône.

La question du péage était importante en ce temps et elle donna lieu à plus d'une querelle; les tours et les châtelets qui s'élevaient sur les ponts étaient des locaux destinés à la perception des droits de passage aussi bien que des ouvrages militaires.

Le pont, dit des Consuls, à Montauban, commencé vers la fin du xiiie siècle, ne fut terminé qu'au commencement du siècle suivant, grâce aux secours apportés par Philippe le Bel, mais à la condition d'établir sur ce pont trois tours dont il se réservait la propriété et la garde afin de percevoir le péage à son profit.

Le pont de Montauban, construit tout entier en briques, se compose de sept arches en arc brisé reposant sur des piles munies d'éperons et surmontées d'une arcade également en arc brisé, aussi élevées que les arches afin de faciliter le passage des eaux pendant les crues fréquentes du Tarn.

Un des plus beaux ponts construits au xive siècle est celui de Cahors, qui est resté intéressant *malgré* les restaurations qu'il a subies, principalement dans ces dernières années.

Commencé en 1308 par Raymond Panchelli (Raymond II), évêque de Cahors de 1300 à 1312, le pont, dit de Valentré, n'aurait été terminé qu'en 1355. Il se compose de six arches en arc brisé se rapprochant du plein cintre; les piles, s'élevant jusqu'au parapet où leur couronnement forme un abri, sont triangulaires en amont et carrées en aval du pont. Le passage était commandé aux extrémités par des ouvrages crénelés formant châtelet ou tête de pont sur chaque rive et, au milieu, par une tour élevée, munie de portes qui pouvaient intercepter la circulation ou retenir l'assaillant en cas de surprise d'un des deux châtelets.

Le pont d'Orthez présente une grande analogie avec celui de Cahors; il doit remonter au même temps et il devait être défendu, indépendamment de la tour du milieu, par des têtes de pont dont une au moins a été détruite pour établir la voie ferrée de Bayonne à Pau.

Les ponts avaient, au moyen âge, une grande importance comme voie publique ou comme ouvrage militaire et sur certains points, notamment au confluent

Fig. 198. — Pont d'Orthez

de deux rivières, les ponts étaient reliés fortement à des ouvrages défensifs considérables, comme à Sens, à Montereau, etc.

A Paris, à Orléans, à Rouen, à Nantes et dans un grand nombre de villes traversées par des fleuves ou des rivières, les ponts étaient des ouvrages militaires importants pour la défense et des plus intéressants au point de vue de l'architecture.

Enfin le Mont-Saint-Michel nous montre un pont fortifié construit au xv° siècle. Bien qu'il ne franchisse pas une rivière, ce pont est cependant un ouvrage remar-

Fig. 199. — Abbaye du Mont-Saint-Michel.
Pont fortifié communiquant de l'église basse à l'abbatiale.

quable. Il témoigne du talent et de l'adresse des architectes de ce temps, construisant, avec la même science et le même art, le chœur de l'église abbatiale dont les proportions gigantesques, aussi bien que la perfection d'exécution, sont à juste titre dignes d'admiration, le pont défendant par ses mâchicoulis les passages intérieurs de l'abbaye et reliant par un tablier crénelé l'église basse aux bâtiments abbatiaux, et nous donnant par l'ensemble de ces ouvrages magnifiques de véritables chefs-d'œuvre de l'architecture religieuse, monastique et militaire.

QUATRIÈME PARTIE

L'ARCHITECTURE CIVILE

Fig. 200. — Maison commune à Saint-Antonin (Tarn-et-Garonne).
La partie supérieure du beffroi a été refaite complètement vers 1860.

CHAPITRE PREMIER

GRANGES, HOPITAUX, MAISONS, HOTELS.

Jusqu'à la fin du XIIIe siècle, l'architecture civile n'apparaît pas avec un caractère particulier ; elle subissait l'influence religieuse et monastique parce que la plupart des édifices étaient élevés par des architectes religieux ou par les disciples laïques qu'ils avaient formés à leurs écoles.

Ce n'est que pendant le siècle suivant que, s'affranchissant des traditions religieuses, l'architecture prend, dans les monuments publics aussi bien que dans les hôtels ou les maisons privés, des dispositions appropriées à leur destination. Les ornements cessent dès lors d'être empruntés aux sujets religieux pour s'inspirer des scènes de la vie contemporaine et se séparent des formes et des détails *convenus* par l'étude de la nature.

Granges. — Les granges, les hôpitaux et les maisons, pendant l'époque dite *romane* et la période dite *gothique*, étaient construits selon les méthodes architectoniques du temps. Nous ne parlons que des monuments montrant des dispositions architecturales intéressantes.

Les *granges* et les *greniers d'abondance* étaient des bâtiments ruraux dépendant des abbayes, mais en dehors des *lieux réguliers*. Ces bâtiments faisaient partie du *prieuré* ou de la ferme. Ils étaient accessibles sur le pignon par la porte principale s'ouvrant sur la cour et par des portes secondaires ménagées dans les façades latérales ; souvent même, une petite porte s'ouvrait, à côté de la grande, sur la façade, pour assurer le service

Fig. 201. — Grange de Perrières (Calvados). — Fin du xiie siècle (d'après de Caumont).

ordinaire. Le grand vantail ne s'ouvrait que pour le passage des charrettes, qui entraient par une porte et ressortaient par une autre grande porte ouverte sur le pignon opposé, comme à la grange de Perrières, située en Normandie, mais qui dépendait de l'abbaye de Marmoutier, près de Tours.

L'ARCHITECTURE CIVILE.

La grange était, le plus souvent, un grand bâtiment divisé en trois nefs; la nef centrale communi-

Fig. 201 *bis*. — Grange de Perrières. — Coupe.

quait avec les bas côtés par des arcades ou des piles en pierre ou en bois, supportant la charpente du comble à deux pentes qui couvrait les trois nefs.

Dans les unes, le froment, blé ou seigle, était entassé dans le centre et dans un des bas côtés; dans d'autres, la nef centrale était réservée à la circulation et l'on entassait les grains dans les bas côtés.

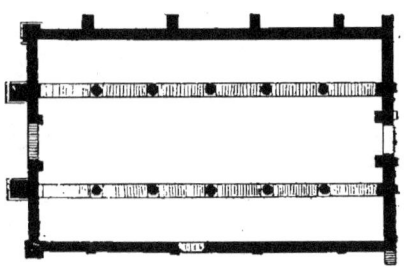

Fig. 201 *ter*. — Grange de Perrières Plan.

Les façades sont les mêmes, à quelques détails près; elles consistent en un vaste pignon, accusant la forme du comble, renforcé de pilastres, et percé d'une grande porte avec sa poterne, et de jours étroits dans le haut des triangles, destinés à éclairer ou plutôt à aérer la grange.

Les granges aux dîmes avaient presque toujours

Fig. 202. — Grange aux dîmes, à Provins.

des dispositions analogues, ou bien elles avaient deux étages, selon leur importance, comme celle de Provins.

Elles n'étaient pas voûtées généralement, mais les greniers d'abondance comportaient souvent plusieurs étages; le rez-de-chaussée, et même le premier étage étaient voûtés; celui de l'abbaye de Vauclair, — dans le département de l'Aisne, — construit vers la fin du xiie siècle, en donne un exemple des plus intéressants.

On peut juger par ces quelques détails de l'importance des établissements monastiques à cette époque. Les abbayes puissantes représentaient une petite ville et leurs prieurés, qui dépendaient de la maison mère, se composaient des vastes fermes autour desquelles se formaient de gros villages. On sait que les prieurés étaient de grandes fermes et, si les moines, fermiers agriculteurs, célébraient les offices conventuels, les prieurs avaient aussi et peut-être surtout pour mission de faire rentrer les redevances en nature, comme les dîmes ou autres revenus, et de les garder, de même que les récoltes, et enfin d'administrer les revenus de tout genre, des biens, des terres, des bois, des étangs et rivières qui appartenaient à l'abbaye.

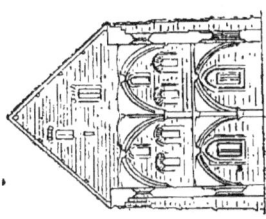
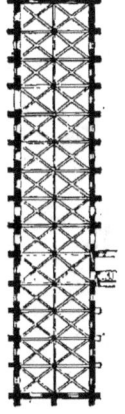

Fig. 203. — Grenier d'abondance de l'abbaye de Vauclair.

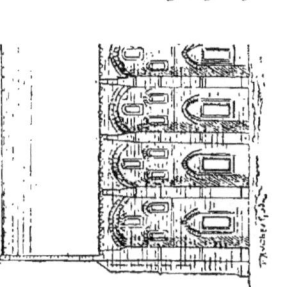

Hôpitaux. — Un grand nombre d'établissements charitables, désignés au moyen âge sous les noms d'*Hôtel-Dieu, Maison-Dieu, hospice, hôpital, mala-*

drerie et *léproserie*, s'étaient fondés dès le xie siècle et se développèrent dans des proportions considérables pendant les deux siècles suivants.

Il existait un hôpital dans la plupart des abbayes,

Fig. 204. — Hôpital d'Angers. — xiie siècle. — Grande salle.
D'après les relevés d'A. Verdier.

ou tout au moins dans leurs dépendances. Les cités avaient également des hospices fondés ou desservis par des religieux.

Il s'était également fondé des *léproseries* qui s'étendaient à la fin du xiie siècle dans toute l'Europe occidentale : du Danemark en Espagne et de l'Angleterre jusqu'en Bohême et en Hongrie. Ces derniers établissements hospitaliers ne comportaient aucune disposition architecturale, car ils ne se composaient que d'un enclos contenant quelques cellules isolées et une chapelle

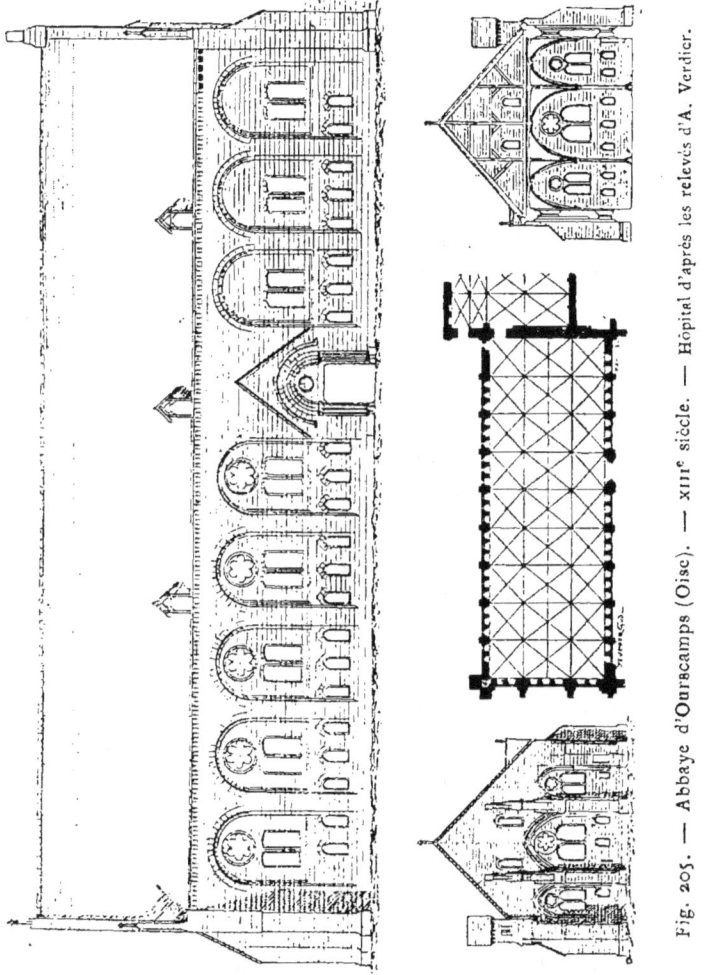

Fig. 205. — Abbaye d'Ourscamps (Oise). — XIIIe siècle. — Hôpital d'après les relevés d'A. Verdier.

commune, près de laquelle étaient bâtis les logements des religieux chargés de soigner les lépreux.

Mais les hospices, ou hôpitaux, construits de la fin du XIIe siècle au XIVe, sont souvent de superbes édifices dont les dispositions ressemblent à celles des diverses grandes salles des abbayes.

Il faut se rappeler que, pendant le moyen âge, l'hospitalité étant obligatoire, les monastères avaient établi un service d'aumônerie comprenant des bâtiments spéciaux destinés aux religieux chargés de soigner les malades et de distribuer des secours, à eux et aux autres voyageurs ou pèlerins.

Dès l'époque carlovingienne, nous dit Viollet-le-Duc, des impôts étaient affectés à secourir les pauvres, les pèlerins et les malades. Charlemagne, dans ses ordonnances et capitulaires, avait recommandé à ses sujets d'offrir l'hospitalité et il n'était pas permis alors de refuser aux voyageurs le couvert, le feu et l'eau.

Les communes rivalisèrent avec les rois, les seigneurs, les abbés et les bourgeois. Des hospices et des maladreries furent établis dans des bâtiments abandonnés ou construits pour leur destination spéciale.

On éleva même des refuges sur les routes fréquentées par les pèlerins, pour servir d'asile aux voyageurs qui ne pouvaient pénétrer de nuit dans les villes et on construisit des hospices en dehors des murs, dans le voisinage des portes.

Au moyen âge, et surtout aux XIIIe et XIVe siècles, les pèlerinages étaient très suivis. Ceux de Saint-Michel, en Normandie, et de Saint-Jacques de Compostelle, en Espagne, attiraient la foule des pèlerins. Dès les premières années du XIVe siècle, un hospice avait été fondé dans la campagne, près de la porte Saint-Denis, à Paris, et il était dédié à saint Jacques.

La confrérie de Saint-Jacques-aux-Pèlerins desser-

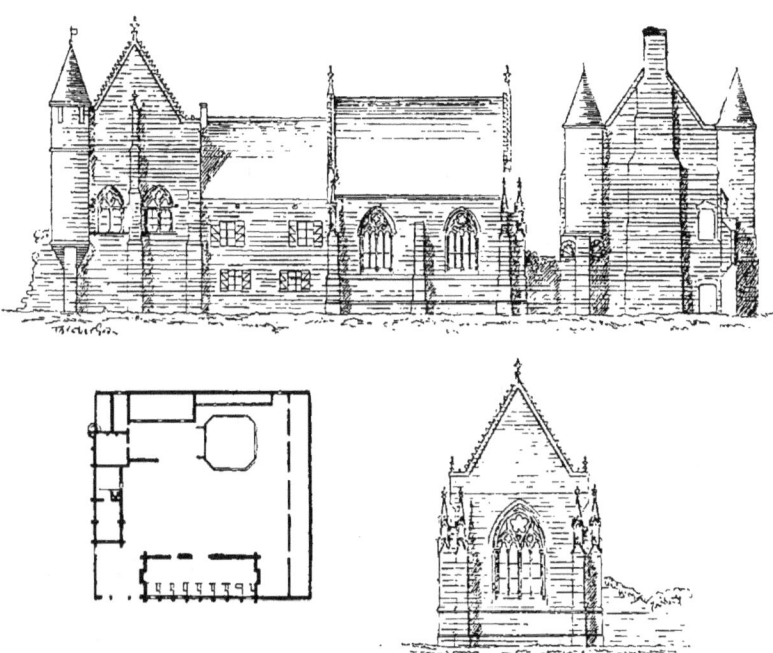

Fig. 206. — Maladrerie du Tortoir (Aisne) (xive siècle).
D'après les dessins d'A. Verdier.

vait cet hôpital qui, avec sa chapelle, était destiné à héberger gratuitement chaque nuit des pèlerins de passage à Paris. Un emplacement de deux arpents était couvert de bâtiments, et une grande *salle en pierre,* qui avait vingt-deux toises de long sur six toises de large et voûtée sur *croix d'ogives,* y fut construite pour y coucher les malades.

Dans les notes d'une liasse terminée par une requête du xvᵉ siècle, on trouve que, pour recevoir les pèlerins — *y a lieu pour ce faire* xviij *liz qui depuis le premier jour d'aoust* mccclxviij (1368) *jusques au jour de Mons. S. Jacques et Christofle ensuivant* (25 juillet, donc un an) *ont esté logés et hébergés en l'hospital de céans* xviᵐviᶜiiiiˣˣx *pèlerins* (16,690) *qui aloient et venoient au Mont-Saint-Michel et austres pèlerins. Et encore sont logés continuellement chascune nuict de* xxxvi *à* xl *povres pèlerins et austres povres, pourquoy le povre hospital est moult chargé et en grant nécessité de liz, de couvertures et de draps*[1].

Dans les premières années du xivᵉ siècle, *plusieurs centaines* d'Hôtels-Dieu, de maladreries et de léproseries étaient secourues par le roi de France. Saint Louis fonda l'hospice des *Quinze-Vingts* pour les aveugles et, sans compter les léproseries, un grand nombre de villes créèrent des maladreries et des hôpitaux pour les fous, les vieillards et les infirmes. Les femmes en couches avaient déjà des hôpitaux spéciaux, et une chapelle avait été fondée à leur intention, sous le vocable de *Notre-Dame-la-Gisante*, de *Tombelaine en Normandie*, dans la crypte ou église basse de la Sainte-Chapelle du Palais, à Paris[2].

Il existe encore plusieurs hôpitaux élevés par les architectes de la période dite *gothique*. A Angers, l'hôpital Saint-Jean est remarquable, aussi bien par ses dispositions générales, comprenant la grande salle à trois

---

1. Éd. Corroyer, *Description de l'abbaye du Mont-Saint-Michel de ses abords*. — Paris, 1877.
2. *Idem*.

nefs voûtées sur croisée d'ogives et la chapelle adjacente qui datent de la fin du XIIe siècle ou des premières années du siècle suivant, de même que le grenier d'abondance, fort curieux par son plan et ses détails de construction qui ressemblent à ceux des granges et greniers dont nous avons parlé.

L'Hôtel-Dieu de Chartres est à peu près du même temps.

L'hôpital d'Ourscamps, près de Noyon, montre le même parti de construction, qui semble avoir été suivi par les architectes religieux au XIIe et principalement pendant le XIIIe siècle.

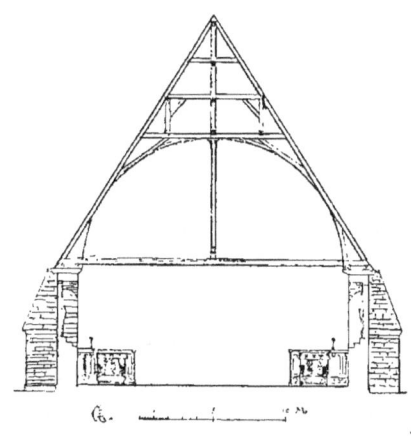

Fig. 207. — Hôpital de Tonnerre.
Coupe de la grande salle des malades.

Il présente cette particularité que ce grand bâtiment, dont les proportions grandioses rappellent les vastes salles, voûtées sur croisée d'ogives, des abbayes contemporaines de Saint-Jean-des-Vignes, à Soissons, et de la Merveille, au Mont-Saint-Michel, semble avoir été bâti — en dehors des lieux réguliers du monastère — avec la destination spéciale d'un hospice affecté aux malades, aux pèlerins et aux pauvres.

L'hospice de Tonnerre paraît avoir été reconstruit au XIVe siècle sur un vaste plan, largement exécuté.

La grande salle, qui a plus de dix-huit mètres de largeur et quatre-vingt-dix mètres de longueur, est couverte par une charpente apparente dont le berceau lambrissé en plein cintre est d'un grand effet.

L'établissement est remarquable par ses aménagements intérieurs très ingénieux ; la galerie en bois, construite à mi-étage, dominant les cellules à ciel ouvert, permet d'exercer une surveillance permanente sans déranger les malades.

L'hôpital de Beaune est trop connu pour qu'il y ait lieu de le décrire de nouveau. Ce curieux édifice semble procéder de Tonnerre par la voûte en charpente, lambrissée et peinte, de la salle des malades qui, fort malheureusement, a été dénaturée par la construction d'un plafond dont les solives reposent sur les entraits des fermes apparentes. Mais la cour intérieure, avec sa galerie, son puits, son lavoir, a conservé son aspect originel, que des descriptions et des publications nombreuses ont fait connaître depuis longtemps ; elles indiquent l'arrangement pittoresque du grand comble des bâtiments du côté du sud, orné de deux rangées de lucarnes richement couronnées d'ornements en plomb martelé.

Pendant le xve siècle et le suivant, les grandes salles d'hospices n'étaient plus voûtées en pierre. En France et dans les Flandres, ces grands vaisseaux étaient couverts par des charpentes apparentes, lambrissées en plein ceintre ou en arc brisé, ayant une grande analogie avec Tonnerre ou Beaune.

On donnait le nom de *maladrerie* aux petits hospices élevés en grand nombre en France, dans le voisinage des abbayes ou de leurs prieurés, qui étaient souvent éloignés des villes et des grands centres religieux.

La maladrerie du *Tortoir*, fondée au xiv⁰ siècle, non loin de Laon, sur la route de la Fère, est un exemple de ces hospices ruraux et elle rappelle par son plan et les détails de sa construction l'hôpital de Tonnerre, et particulièrement par ses ingénieux arrangements intérieurs.

Les architectes du moyen âge montraient, dans l'établissement de ces institutions charitables, l'esprit ingénieux qui les distinguait dans la construction des monuments religieux. C'est un singulier préjugé, nous dit Viollet-le-Duc, de vouloir que ces architectes eussent été si subtils, lorsqu'ils élevaient des églises, et si grossiers quand ils bâtissaient des édifices civils. Ce n'est pas leur faute si l'on a détruit depuis le xvi⁰ siècle la plupart de ces établissements si bien disposés, pour les remplacer par des hôpitaux dans lesquels on cherche à concentrer le plus grand nombre possible de malades. Louis XIV a gratifié les hôpitaux, élevés sous son règne, des biens provenant des bénéfices affectés aux maladreries et aux léproseries, qui n'avaient plus de raison d'être, puisque de son temps il n'y avait plus de lépreux; mais les hôpitaux qu'il a bâtis ne sont pas des modèles à suivre comme salubrité et hygiène, tandis que les hospices construits au moyen âge ont un aspect simple et monumental, et les malades y ont de l'espace, de l'air et de la lumière. Aussi, sans prétendre que le système cellulaire, appliqué fréquemment dans les hôpitaux établis du xii⁰ au xv⁰ siècle, soit préférable au système de la salle commune adopté de nos jours, est-il permis de dire qu'il présentait de grands avantages au point de vue moral. Il faut constater, ajoute le savant architecte, qu'il émanait d'un sentiment délicat de charité très noble chez les nombreux fondateurs et constructeurs de nos *Maisons-Dieu* du moyen âge.

Maisons et hôtels. — L'histoire de l'habitation

Fig. 208. — Maison à Cluny (xiie siècle).

humaine nécessiterait un ouvrage spécial en raison de l'intérêt qui s'attache à un semblable sujet. Il a été fait d'ailleurs, et fort bien fait par un architecte célèbre [1].

Sans remonter aux temps préhistoriques ni aux Mérovingiens, ni parler des maisons rurales, des

[1]. Ch. Garnier, membre de l'Institut, dont on se rappelle les études savantes présentées sous une forme pittoresque par ses maisons de tous les temps, depuis l'époque lacustre jusqu'à nos jours et qui ont eu un si grand succès à l'Exposition de 1889.

L'ARCHITECTURE CIVILE.

masures, qui présentent cependant un vaste sujet d'études par leur expression, variable selon les pays, nous devons borner nos études *rapides* à la période architectonique qui va du milieu du xiie siècle à la fin du xve, selon le cadre qui nous est assigné sous la dénomination arbitraire d'*Architecture gothique*.

Fig. 208 *bis*. — Maison à Cluny (xiie siècle).

Il n'est rien resté des habitations construites avant le xiie siècle, sinon le souvenir transmis par des textes, des manuscrits ou des bas-reliefs, en des termes concis ou sous des formes vagues; cependant on peut croire que les maisons étaient alors bâties en bois, ce qui se comprend en raison des forêts qui couvraient notre sol. La plus grande partie des monuments étaient en bois, ce qui explique que la plupart des églises construites vers le xiie siècle étaient élevées sur l'emplacement d'autres édifices détruits par le feu.

Les maisons romaines, gallo-romaines ou mérovingiennes étaient disposées suivant les habitudes du temps ; elles étaient éclairées par des jours s'ouvrant

Fig. 209 et 210. — Maisons à Vitteaux (Côte-d'Or) et à Saint-Antonin (Tarn-et-Garonne) (xiiie siècle).

sur des cours intérieures, selon les usages antiques qui séparaient l'appartement des femmes des autres parties de l'habitation.

Mais dès la fin du xiie siècle, la maison urbaine est faite pour la famille vivant en commun. La maison ouvre ses portes et ses fenêtres sur la rue ; elle se compose généralement d'une salle ou boutique, consacrée à l'exercice de divers métiers ou à la vente de différents produits fabriqués, éclairée par une large arcade en plein cintre ou en arc brisé, et élevée de quelques marches au-dessus du sol de la rue ou même de plain-pied avec celle-ci; en arrière, une autre pièce, éclairée par

Fig. 211. — Maison à Provins (xive siècle).

des fenêtres ouvrant sur une cour, servait de cuisine et

de salle à manger. A gauche de l'arcade, sur la façade,

Fig. 212. — Maison à Laon (XIVe siècle).

s'ouvrait une petite porte donnant accès à l'escalier

desservant le premier étage, où se trouvait la grande

Fig. 213. — Maison à Cordes-Albigeois (xive siècle).

chambre qui servait de salle de réception et, à côté, une

autre chambre éclairée sur la cour; au-dessus se trouvaient les logements du personnel de la maison.

L'architecture des maisons varie selon le climat, les matériaux du pays et les usages des habitants. Quand il ne s'agit que d'ouvrir des jours, portes et fenêtres dans les façades pour éclairer l'habitation, les maisons n'ont pas de caractère particulier ; mais dès que ces jours prennent une certaine richesse et que des moulures ou des sculptures décorent quelques parties de la façade, les ornements sont empruntés aux édifices voisins : églises ou abbayes construites par les moines-architectes, soit par suite de l'influence des écoles monastiques, esprit d'imitation ou la force de l'habitude.

Les maisons de Cluny, qui remontent au xiie siècle, nous fournissent plusieurs exemples; celles qui existent encore sont bâties presque entièrement en pierre. Les arcatures des ouvertures rappellent certains détails de l'église abbatiale ou des bâtiments claustraux que les constructeurs ont tout naturellement imités.

Il en est de même pour les autres maisons dont nous donnons les dessins exprimant les caractères des constructions urbaines des xiiie et xve siècles. On peut suivre par l'étude des habitations privées les effets consécutifs des transformations qui s'étaient faites dans l'architecture religieuse et monastique et qui s'étaient manifestées dans les édifices élevés au même temps.

Ce n'est que vers la fin du xive siècle et particulièrement pendant le siècle suivant que cette influence s'efface et le changement, sinon le progrès, s'accuse par la forme des ouvertures qui ne ressemblent plus aux arcatures des cloîtres ou des églises, mais qui

deviennent surbaissées, en anse de panier ou carrées et
qui, dans les fenêtres, ne sont plus divisées par des

Fig. 214. — Maison au Mont-Saint-Michel (xvᵉ siècle).

réseaux de pierre, ornés d'arcs brisés et d'accolades,
mais simplement par des meneaux et des traverses for-

Fig. 215. — Maison en bois à Rouen (xve siècle).

mant des subdivisions carrées qu'il était possible de

L'ARCHITECTURE CIVILE 339

Fig. 216. — Maison en bois aux Andelys (xve siècle).

clore par des châssis vitrés mobiles dont la manœuvre
était des plus faciles.

Les façades sont généralement construites en pierre ou en brique, c'est-à-dire en matériaux résistants, le bois n'étant plus en usage que pour les planchers et la charpente des combles.

Au xv⁰ siècle, dans les provinces du Nord où la pierre est rare, celle-ci n'était employée que dans la partie basse, les étages établis en encorbellement étaient composés de charpente dont les vides étaient maçonnés en briques; les membrures principales : les poutres encorbellées, les poteaux, les saillies, les cadres des fenêtres étaient ornés de moulures et de sculptures; ces étages étaient, le plus souvent, couronnés d'un pignon accusant la forme par un arc brisé en saillie, de la charpente du comble ou bien par des lucarnes en bois richement décorées.

Dans les climats pluvieux, la charpente était recouverte d'ardoises ou de bardeaux, en bois fendu en lames, afin de la préserver de l'humidité.

Suivant un usage adopté dans le Nord, chaque maison était séparée, à son sommet, quand elle ne l'était pas par une ruelle étroite ou par un espace vide, non seulement pour satisfaire la vanité du bourgeois qui voulait avoir pignon sur rue et le faire voir, mais surtout pour éviter la propagation des incendies si fréquents dans les cités dont les maisons étaient presque toutes bâties en bois, et dont les conséquences étaient désastreuses, alors qu'il n'existait que des moyens rudimentaires pour combattre le fléau.

Pendant le xv⁰ siècle et surtout pendant le siècle suivant, on éleva de grandes habitations, des *maisons nobles* qui n'existaient guère avant ce temps, les seigneurs habitant leurs châteaux forteresses. Ces grandes maisons seigneuriales diffèrent essentiellement des habitations du bourgeois ; l'hôtel occupait un espace assez étendu, comprenant des cours et souvent des jar-

Fig. 217. — Hôtel Lallemand, à Bourges (fin du xve siècle).

dins, la maison du bourgeois ou du marchand donnait directement sur la rue, tandis que les bâtiments de l'hôtel étaient disposés dans une cour intérieure, souvent très richement décorée et que des communs, écuries, remises et logement des gens bordaient la rue sur laquelle s'ouvrait la porte principale donnant accès à la cour et aux bâtiments intérieurs.

A Paris, au xive siècle et surtout au xve, il existait des hôtels dont les noms au moins ont été conservés : des Tournelles, de Saint-Pol, de Sens, de Nevers, de la Trémoille, détruit en 1840. L'hôtel de Cluny, construit vers 1485, est un des plus curieux exemples de cette disposition, et il est d'autant plus intéressant qu'il a été conservé presque tout entier.

A Bourges, il existe encore plusieurs grandes maisons

Fig. 218. — Hôtel de Jacques Cœur, à Bourges. — Façade sur la place Berry (xve siècle).

du même temps, entre autres, l'hôtel Lallemand, construit vers la fin du xve siècle, dont la cour intérieure présente un grand intérêt, et principalement l'hôtel ou plutôt le château de Jacques Cœur.

Élevé dans la seconde moitié du xve siècle, en partie sur les remparts de la ville, ce superbe édifice est trop connu pour que nous en donnions des images et une nouvelle description de l'entrée et de la cour intérieure ; mais la façade sur la place Berry, pour être moins somptueusement décorée, n'en est pas moins intéressante. Elle montre les deux grosses tours de l'enceinte fortifiée, assises sur leurs soubassements gallo-romains, les corps de logis de l'immense hôtel rappelant encore le château féodal, qui témoignent en même temps de la richesse et de la puissance de l'argentier de Charles VII, aussi célèbre par sa haute fortune que par ses malheurs immérités.

CHAPITRE II

MAISONS COMMUNES, BEFFROIS, PALAIS.

L'évolution sociale qui produisit l'affranchissement des communes commença dès le XIe siècle, mais la manifestation de ce grand événement politique ne se produisit que beaucoup plus tard.

Jusqu'au XIVe siècle, les communes eurent à souffrir des vicissitudes sans nombre pour exercer les droits que leur donnaient les chartes consenties par les suzerains, non sans difficultés et résistances, toutes naturelles d'ailleurs, puisque ces droits qu'ils avaient octroyés étaient une atteinte portée à leur despotique autorité seigneuriale. Aussi dès qu'ils pouvaient reprendre ce qu'ils avaient donné et abolir la commune, ils exigeaient d'abord la démolition de la maison de ville et du beffroi. Ce qui explique qu'il ne soit resté que de très rares vestiges des maisons communes antérieures au XIVe siècle.

Maisons communes. — Quelques grandes cités du Midi avaient élevé des maisons communes : à Bordeaux, dès le XIIe siècle et suivant les traditions romaines ; à Toulouse, vers la même époque, où la maison de ville était une véritable forteresse.

Mais la plupart des communes naissantes étaient dans une grande misère ; les charges et les redevances qui leur étaient imposées étaient si lourdes qu'il leur était impossible de songer à bâtir la maison commune.

Au XIVe siècle, la commune de Paris même n'avait qu'une maison de ville des plus modestes, car c'est seulement en 1357 que le receveur des gabelles vendit à Étienne Marcel, prévôt des marchands, un petit logis consistant en deux pignons et qui tenaient à plusieurs maisons bourgeoises. Ce qui prouverait que, jusqu'à cette époque, la maison communale n'avait rien qui la distinguât des autres habitations.

A la fin du même siècle, Caen possédait une maison commune qui avait quatre étages de hauteur.

Pendant le XIIIe siècle, la monarchie, la noblesse et le clergé, l'expression des pouvoirs en ce temps, avaient créé des villes et des communes nouvelles.

Dans le Nord : Villeneuve-le-Roi, Villeneuve-le-Comte et Villeneuve-l'Archevêque durent leur existence matérielle et communale à la manifestation de la puissance de ces divers pouvoirs.

Dans le Midi, la guerre des Albigeois avait ravagé, ruiné et même détruit plusieurs cités. Ces mêmes pouvoirs publics reconnurent la nécessité de repeupler ces pays décimés par une guerre cruelle. Les seigneurs

Fig. 219. — Maison commune de Pienza (Italie) (fin du xive siècle).

féodaux, laïques et religieux attirèrent dans des centres

les populations dispersées en leur concédant des terres pour former des villes nouvelles et ils les fixèrent par l'apparence de la liberté qu'ils leur donnaient en leur octroyant des franchises communales.

D'après de Caumont et Anthyme Saint-Paul, les *villes neuves* ou *bastides* sont reconnaissables à leurs noms, à la régularité de leur plan ou à ces caractères réunis.

Quelques noms marquaient soit une dépendance ou une origine royale plus particulière, comme Réalville ou Montréal, soit des privilèges octroyés à la ville, comme Bonneville, la Sauvetat, Sauveterre, Villefranche, ou simplement la Bastide ou Villeneuve.

Enfin un certain nombre portent les noms de provinces et de villes françaises, ou même étrangères, cités par Ant. Saint-Paul dans l'*Annuaire de l'archéologie française* : Barcelone ou Barcelonnette, Beauvais, Boulogne, Bruges, Cadix, Cordes (pour Cordoue), Fleurance (pour Florence), Bretagne, Cologne, Valence, Miélan (pour Milan), la Française et Francescas, Grenade, Libourne (pour Livourne), Modène, Pampelonne (pour Pampelune), etc.

Une ville neuve ou bastide a généralement la forme d'un rectangle dont deux des côtés mesurent environ deux cent vingt-cinq mètres et les deux autres cent soixante-quinze, comme Sauveterre d'Aveyron, par exemple. Au milieu est ménagée une place à laquelle quatre rues aboutissent, partageant la ville en quatre parties. Cette place est entourée de galeries, en plein cintre ou en arc brisé, qui sont couvertes par une charpente, ou des voûtes, ou des arcades transversales, d'où est venu le nom de place des *Couverts,* encore usité dans certaines villes du Midi.

Au centre de la place se trouvait la maison commune dont le rez-de-chaussée servait de halle publique. La

Fig. 220. — Maison commune et beffroi d'Ypres (Belgique).

bastide de Montréjeau a conservé cette disposition et on peut citer pour leur régularité les villes de Montpazier, avec ses rues couvertes par de grandes arcades en arc brisé; puis, Eymet, Domme et Beaumont, Libourne, Sainte-Foy et Sauveterre de Guyenne, Damazan et Montflanquin, Rabastens, Mirande, Grenade, l'Isle d'Albi et Réalmont, etc. Plusieurs bastides ont été fondées en Guyenne par les Anglais. Enfin la ville basse de Carcassonne, fondée en 1247, et Aigues-Mortes, en

Fig. 221. — Halle et beffroi de Bruges (Belgique).

1248, sont également des villes neuves ou des bastides[1].

1. Voir la 11ᵉ partie, *l'Architecture militaire*.

L'ARCHITECTURE CIVILE. 349

Fig. 222. — Hôtel de ville de Bruges (Belgique).

« L'ère des bastides méridionales, ouverte en 1222 par

la fondation de Cordes-Albigeois, fut close en 1344 par une protestation des Capitouls de Toulouse, sur laquelle le roi interdit désormais toute création nouvelle. Il existe encore en Guyenne, en Gascogne, en Languedoc et dans les pays circonvoisins, au moins deux cents bastides dont plusieurs, n'ayant pas prospéré, sont restées de petits villages; sur certains points elles étaient trop rapprochées les unes des autres pour ne pas se porter un préjudice mutuel[1]. »

L'architecture civile était arrivée au xve siècle à une prospérité si grande que, par un effet de réaction qu'il est intéressant de noter, tout au moins, elle apporta des modifications à l'architecture religieuse, d'où elle était sortie, en lui transmettant certaines formes comme l'arc en accolade ou en anse de panier, adoptées dès la fin du xve siècle et pendant le siècle suivant qui fut, du reste, l'apogée de l'architecture civile.

Les communes du Midi conservèrent leurs franchises jusqu'au xvie siècle, l'époque néfaste des guerres de religion qui causèrent la destruction d'un grand nombre d'édifices de toute nature.

La maison commune de Saint-Antonin (Tarn-et-Garonne) est peut-être la seule qui fut épargnée et elle nous est restée comme un exemple, à peu près intact, sauf le sommet du beffroi, des dispositions prises par les architectes au xiiie siècle, date probable de cet édicice municipal (fig. 200).

La petite ville de Saint-Antonin, qui avait obtenu sa charte communale dès 1136, eut beaucoup à souffrir

---

1. Anthyme Saint-Paul, *Histoire monumentale de la France*.

de sa fidélité au comte de Toulouse, Raymond VI, et,

Fig. 223. — Hôtel de ville de Louvain (Belique).

pendant la guerre contre les Albigeois, elle fut prise

deux fois par Simon de Montfort, puis vendue par son fils Gui de Montfort à saint Louis en 1226. C'est sans doute à cette époque que fut élevé l'édifice qui subsiste et porte le caractère particulier de la maison commune : le *beffroi*, c'est-à-dire la manifestation monumentale de l'autorité et de la juridiction communale.

L'édifice se compose d'un simple bâtiment de forme rectangulaire à trois étages, dominés par le beffroi carré ; le rez-de-chaussée est une halle communiquant avec un marché adjacent et la rue, étroite, qui passe sous le beffroi ; au premier étage se trouve la salle communale et une petite salle dans la tour; le deuxième étage est semblable au premier.

On sait quelle fut la force d'expansion de l'art français dès la fin du xiie siècle et nous en avons étudié les effets dans l'*architecture religieuse;* l'influence française paraît s'être exercée également par l'architecture civile, car nous voyons des édifices municipaux, élevés vers la fin du xive siècle en Italie, — à Pienza et autres villes, — qui présentent une analogie, une ressemblance même avec celui de Saint-Antonin construit vers le milieu du xiiie siècle.

Les maisons communes du Nord, en Allemagne et en Belgique, semblent avoir été bâties sur un plan à peu près uniforme; un beffroi s'élevait au centre de la façade qui accuse de grandes salles, à droite et à gauche au premier étage, et dont l'étage inférieur était une halle pour la vente de diverses marchandises.

La maison commune d'Ypres, en Belgique, — dite la halle aux draps depuis la construction au xviie siècle du nouvel hôtel de ville, — qui existe encore, est un des plus beaux exemples de cette disposition.

Fig. 224. — Beffroi de Tournai (Belgique).

Elle fut commencée en 1202 et terminée en 1304.

La façade, qui mesure 140 mètres de longueur, est percée de fenêtres en arc brisé. Chaque extrémité est marquée par une élégante tourelle et le centre est magnifiquement accusé par un immense beffroi carré, qui est la partie la plus ancienne de l'édifice dont la première pierre a été posée en 1200 par Baudouin IX, comte de Flandre.

A Bruges, le beffroi, ou tour des halles, commencé à la fin du xiiie siècle et terminé un siècle plus tard, est également un exemple intéressant des maisons communes des villes de ce temps.

L'édifice contient les halles, les salles communales, et l'ensemble des bâtiments municipaux est dominé par un beffroi qui atteint une hauteur de 105 mètres.

L'hôtel de ville de Bruges, remplaçant la première maison commune, fut élevé sur la place du Bourg, de 1376 à 1387 et dans un caractère architectural tout différent, car son aspect, très élégant par ses détails, le fait ressembler plutôt à une chapelle somptueusement décorée qu'à un édifice municipal.

Enfin, comme spécimen des hôtels de ville élevés en Belgique aux xive et xve siècles, il faut citer celui de Louvain. Il rappelle Bruges par son architecture couverte d'ornements et surtout par sa disposition générale qui donne l'impression d'un monument religieux.

Il fut construit de 1448 à 1463 par *Mathieu de Layens, maître maçon de la ville et de sa banlieue*. L'édifice, avec ses trois étages, est de forme rectangulaire dont les pignons, percés de trois étages de fenêtres en arc brisé, sont d'une extrême richesse de moulures, de statues et d'ornements sculptés. Il est couvert par un comble

L'ARCHITECTURE CIVILE.   355

très aigu, décoré de plusieurs étages de lucarnes ; les

Fig. 225. — Beffroi de Gand (Belgique).

pignons sont couronnés par trois élégantes tourelles

ajourées et surmontées de délicates pyramides. Les façades latérales sont ornées de trois étages de statues et de sculptures allégoriques, couvrant toute la surface avec une véritable profusion; aussi ces dentelles de pierre, trop délicates, ont subi les atteintes un peu rudes du climat et elles ont dû être refaites en partie vers 1840.

Beffrois. — Dès les premiers temps de l'affranchissement des communes, le signal des réunions était donné par les cloches, qui n'existaient alors que dans les tours des églises et qui ne pouvaient être sonnées qu'avec l'autorisation du clergé. On conçoit que le nouvel état de choses occasionna des conflits sans cesse renaissants, le clergé régulier n'étant pas disposé à favoriser ce mouvement — *séparatiste* — qui était une atteinte portée à ses droits féodaux. Afin d'éviter ces luttes incessantes les bourgeois établirent des cloches au-dessus des portes des villes; puis vers la fin du xiie siècle et dès le commencement du xiiie, ils élevèrent des tours destinées à contenir les cloches de la ville.

C'est l'origine du *beffroi*, expression visible des franchises communales. Il faisait corps avec la maison commune, mais il était aussi souvent un édifice isolé.

Le beffroi isolé était une grosse tour carrée, à plusieurs étages et couronnée par un comble en charpente, recouvert d'ardoises ou de plomb; l'un des étages renfermait les cloches et au sommet se trouvaient les clochettes du carillon.

A l'étage supérieur un logement, ouvert sur le pourtour d'une galerie, était ménagé pour le guetteur qui avertissait les habitants de tous les dangers ou événe-

Fig. 226. — Beffroi de Calais (France).

ments extérieurs et signalait les incendies. Les cloches du beffroi sonnaient le lever du soleil et le couvre-feu.

Le carillon indiquait les heures et leurs divisions, et il mêlait, aux jours de fête, les notes joyeuses de ses clochettes à la voix profonde et solennelle de la grosse cloche.

L'usage de sonner la grosse cloche pour signaler les incendies est encore suivi dans un grand nombre de villes du Nord, dont la plupart ont conservé leurs beffrois malgré les modifications qu'ils ont subies à différentes époques.

La tour du beffroi contenait ordinairement une prison, une salle de réunion pour les échevins, des dépôts d'archives, des magasins d'armes; elle fut longtemps l'unique maison commune.

En Belgique, les beffrois isolés — celui de Tournai, fondé en 1187, reconstruit en partie à la fin du XIVe siècle; celui de Gand, qui date de la fin du XIIe siècle pour la tour carrée surmontée d'une flèche moderne — nous donnent des exemples de ces premiers édifices municipaux.

En France, il existe encore quelques édifices de ce genre particulier.

Le beffroi de Calais, dont la tour carrée, construite pendant les XIVe et XVe siècles, est couronnée par une flèche octogone commencée à la fin du XVe siècle et ne fut terminée que pendant les premières années du XVIIe siècle.

Le beffroi de Béthune, qui remonte au XIVe siècle, se compose d'une tour carrée cantonnée d'échauguettes hexagones encorbellées sur trois de ses angles; le quatrième est de même forme, mais il monte de fond et renferme l'escalier à vis qui dessert les divers étages de la tour et aboutit à une plate-forme crénelée; au-dessus

L'ARCHITECTURE CIVILE.   359

s'élève une élégante pyramide couronnée par la tourelle

Fig. 227. — Beffroi de Béthune (France).

du guetteur, dont les détails, aussi bien que la forme,

ont dû inspirer l'architecte de Louvain pour la forme

Fig. 228. — Beffroi d'Evreux.

des tourelles qui couronnent les pignons de l'hôtel de

ville. Dans l'étage supérieur se trouvent les grosses

Fig. 229. — Beffroi d'Avignon.

cloches et, dans le campanile au-dessus, sont disposées

les clochettes du carillon. Au sommet de la tour et sur

Fig. 230. — Porte-beffroi de la *grosse cloche*, à Bordeaux

chaque face, un grand cadran marque les heures suivant l'usage établi depuis le xive siècle, après l'application courante des grandes horloges.

Les villes d'Auxerre, de Beaune, d'Amiens, d'Évreux, d'Avignon ont conservé leurs beffrois.

A Amiens, le beffroi, élevé au xiiie siècle, a été sur-

Fig. 231. — Bourse des draps, dite la Loge, à Perpignan.

monté, au siècle dernier, d'un dôme carré; mais il a conservé, dit-on, sa grosse cloche du xive siècle.

Le beffroi d'Évreux existe encore tout entier à peu près tel qu'il a été construit au xve siècle. Celui d'Avignon, de la fin du xve siècle, a été fort heureusement conservé lors de la reconstruction de l'hôtel de ville moderne.

A Bordeaux, la porte de l'hôtel de ville, dite la *grosse cloche*, nous montre un exemple de la tradition ancienne, suivant laquelle on établissait un beffroi au-dessus des portes de ville. Le beffroi de Bordeaux, qui paraît être de la fin du xv⁰ siècle, est particulièrement remarquable ; il est formé de deux tours, reliées par une courtine dans laquelle s'ouvre un passage couvert par des arcs ; un autre arc au-dessus abrite la grosse cloche, et l'ouvrage est couronné par un comble central accosté des deux combles coniques des tours latérales.

Les halles, les entrepôts et les Bourses étaient souvent des dépendances des maisons communes et, s'il reste encore quelques exemples de ces établissements : halles et entrepôts, les Bourses ou salles de réunion destinées aux marchands sont plus rares. Nous pouvons cependant signaler, à Perpignan, une maison dite la Loge, construite en 1396 pour servir de Bourse au commerce des draps de la Catalogne française et du Roussillon, et qui est remarquable par les détails de sa construction et de sa décoration, qui rappellent les caractères de l'architecture espagnole du xiv⁰ siècle.

Palais. — Au moyen âge, on désignait sous ce nom la demeure du suzerain, et la partie *capitale* de son palais était la *basilique,* c'est-à-dire la grande salle où se rendait la justice.

Les seigneurs suivirent l'exemple du roi en construisant des palais dans la capitale de leurs seigneuries, comme celles de Dijon, de Troyes et de Poitiers principalement.

Les résidences urbaines des archevêques et des évêques prenaient également le nom de palais.

Les cours, les parlements et les tribunaux de l'officialité se tenaient dans le palais du suzerain ou dans celui de l'évêque, et certains bâtiments étaient publics. Une grande salle, la *grand'salle,* était la partie la plus importante de ces palais; elle occupait un vaste espace

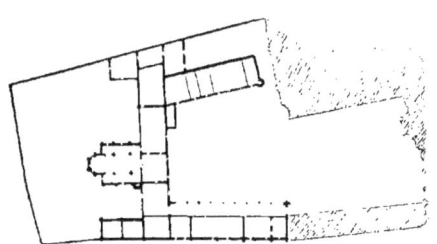

Fig. 232. — Palais épiscopal, à Laon.

couvert dans lequel se tenaient les cours plénières, les assemblées des vassaux et se donnaient les banquets. Elle était desservie par des galeries ou promenoirs, et une chapelle était toujours comprise dans le plan du palais. Celui-ci se composait du logis du seigneur et de ses gens, avec les dépendances souvent très étendues; puis des bâtiments pour les archives, des magasins, des prisons et toute espèce de constructions accessoires divisées par des cours et souvent même par des jardins.

A Paris, le *palais* proprement dit, élevé dans l'île

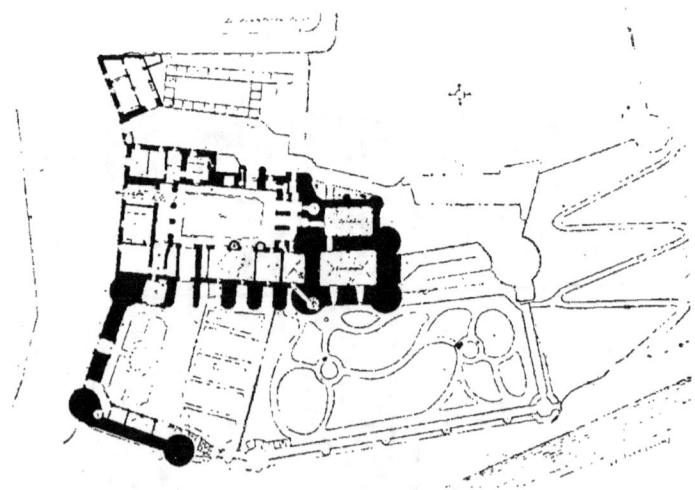

Fig. 233. — Archevêché d'Albi. — Plan.

de la Cité, comprenait des bâtiments construits depuis saint Louis jusqu'à Philippe le Bel et, à partir de l'époque de Charles V, il fut affecté spécialement au service de la justice.

Il paraît ne rester actuellement des constructions de saint Louis que la Sainte-Chapelle, les deux grosses tours et la courtine qui les relie, sur le quai de l'Horloge, ainsi que la tour carrée à l'angle du quai.

Parmi les palais des seigneurs on peut citer celui de Troyes, construit par les comtes de Champagne, et qu'ils habitèrent jusqu'au xiiie siècle, époque à laquelle ils établirent à Provins leur demeure seigneuriale; le palais des comtes de Poitiers, à Poitiers, était un des plus remarquables; il fut brûlé par les Anglais, en 1346, puis réparé ou rebâti à la fin du xive siècle par le frère du roi Charles V, le duc Jean de Berry, qui fit

Fig. 234. — Archevêché d'Albi. — Vue d'ensemble.

élever, entre autres ouvrages, la curieuse cheminée de la grande salle, qui sert aujourd'hui de promenoir, ou de salle des pas perdus, au Palais de Justice.

Les palais des évêques ont un caractère différent. Ils étaient le plus souvent à côté des cathédrales avec lesquelles ils communiquaient et ils s'élevaient au nord ou au sud, selon les dispositions locales. Le signe caractéristique du pouvoir épiscopal qui était tout à la fois religieux et civil, tout au moins dans les premiers

368   L'ARCHITECTURE GOTHIQUE.

siècles du moyen âge, c'est la grande salle qui devint plus tard l'officialité et la salle synodale. L'évêché de Paris, reconstruit vers 1160, par Maurice de Sully, conservait ce caractère particulier qui est encore plus accusé à Sens, par une salle magnifique dépendant de l'évêché et dite salle synodale.

Les habitations des chanoines étaient placées égale-

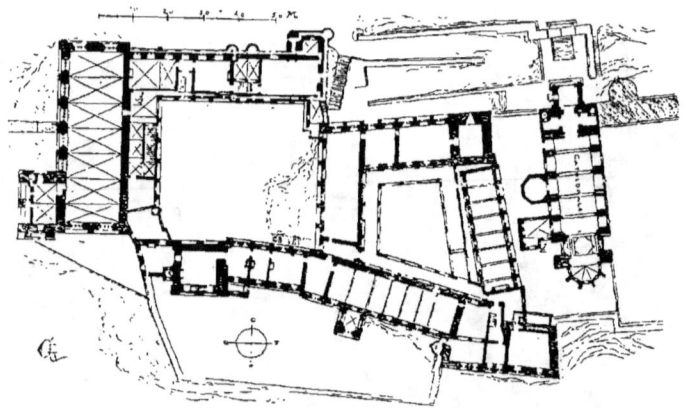

Fig. 235. — Palais des papes, à Avignon. — Plan.

ment près des cathédrales, mais du côté opposé au palais épiscopal; elles étaient entourées d'une enceinte fermée le soir. Les chanoines étaient destinés à aider l'évêque pour desservir la cathédrale, et ils vivaient en commun dans les dépendances de la cathédrale avec laquelle elles étaient reliées par des galeries et un cloître [1].

[1]. Voir l'*Architecture monastique,* les cloîtres du Puy-en-Velay et d'Elne en Roussillon.

Les palais épiscopaux étaient souvent remarquables par les recherches de leur construction ; ceux de Beauvais, d'Angers, de Bayeux, d'Auxerre, ont conservé des vestiges de leurs bâtiments primitifs.

L'ancien palais épiscopal de Laon [1] montre les progrès réalisés par les architectes du XIIIe siècle, qui faisaient quelquefois du palais même une seconde ligne de défense se rattachant, comme à Laon, aux remparts de la cité.

Cette disposition existait également à Narbonne. Rebâti à la fin du XIIIe siècle et pendant le siècle suivant, l'évêché était alors une place forte, témoignant de la puissance de ses évêques par l'importance de leur palais, qui était, après celui d'Avignon, une des plus grandes résidences épiscopales.

Du reste, à partir de cette époque, la demeure des évêques prend des proportions considérables, en rapport avec les immenses cathédrales qui s'achevaient ou s'élevaient en ce temps ; le palais épiscopal s'agrandissait dans ses bâtiments principaux et dans ses dépendances selon la puissance temporelle et la richesse de l'évêché ; on peut en avoir une idée par la chapelle particulière de l'archevêché de Reims, élevée vers le milieu du XIIIe siècle.

L'archevêché d'Albi présente cette particularité qu'il ressemble à un château féodal, avec ses bâtiments dominés par un donjon, et défendu par des murs, des tours qui se relient aux remparts de la cité et à la grande forteresse, c'est-à-dire la cathédrale, commandée elle-

---

[1]. Le siège de l'évêché a été transféré à Soissons depuis 1809.

même par un clocher qui est plutôt un formidable donjon [1].

Ces dispositions défensives, transformant l'église et la demeure de l'évêque en forteresse, s'expliquent par les guerres dont ce pays avait été le théâtre et dont

Fig. 236. — Palais des papes, à Avignon. — Vue d'ensemble.

Albi avait, plus que toute autre ville, subi les terribles conséquences.

Le palais des papes, à Avignon [2], commencé au xive siècle par le pape Benoît XII, est, avec le palais des évêques à Narbonne, un des plus beaux exemples des évêchés-forteresses du moyen âge.

1. 1re partie, *Cathédrale d'Albi*, fig. 70 à 73.
2. Pour le palais des papes, voir Albert Lenoir et Viollet-le-Duc.

Au commencement du xive siècle, les papes, ayant fait d'Avignon leur nouvelle résidence, élevèrent une vaste habitation sur le rocher des Doms, dominant le Rhône. Benoît XII détruisit le palais de son prédécesseur et il commença en 1336, sur les plans de l'architecte français Pierre Obrier, l'immense palais-forteresse qui existe encore aujourd'hui. Continué par les successeurs de Benoît XII, les papes Clément VI, Innocent VI, Urbain V qui fit creuser le puits de la cour principale, et Grégoire XI, le palais des papes était achevé, ou du moins en état de défense lorsque Pierre de Luna, élu pape sous le nom de Benoît XIII, y soutint en 1398 un siège mémorable.

Cet immense édifice, dont les constructions grandioses couvrent un espace considérable, fut élevé en moins de soixante ans et cet ensemble formidable fut complété, dans le même temps, par l'enceinte fortifiée de la ville, qui se développe sur une étendue de près de cinq kilomètres.

Le palais des papes à Avignon, par la conception d'ensemble, la science architectonique qui a présidé à sa construction, aussi bien que par le goût de sa décoration, est supérieur à tous les édifices élevés en Allemagne et en Italie, soumises alors à l'influence française.

Cet admirable monument est une œuvre entièrement et absolument française, réunissant comme à souhait tous les caractères : religieux, monastique, militaire et civil de l'architecture dite *gothique,* mais qui mérite, à juste titre, la dénomination que nous aurions voulu lui donner : *l'Architecture nationale au moyen âge.*

C'est à bon droit qu'il faudrait enfin lui rendre justice, car les immenses églises, les superbes cathédrales, les formidables châteaux et les palais forteresses, tous les chefs-d'œuvre de l'art qui sont l'honneur de nos musées, toutes les manifestations de l'art, enfin, qui sont et resteront, non des motifs d'imitation, mais d'admirables sujets d'études, ont été créés par des *architectes français*.

Ce sont nos ancêtres architectes, religieux ou laïques, qui ont donné à l'art *national*, c'est-à-dire l'*architecture*, cette force d'expansion qui répandit partout son action civilisatrice pendant le moyen âge. Ce sont les architectes français qui ont propagé dans tous les pays, surtout en Allemagne et en Italie, les méthodes monumentales et les enseignements de l'art sous toutes ses formes. Ce sont nos constructeurs et nos artistes qui ont établi dans toute l'Europe occidentale, et jusqu'en Orient, la suprématie de l'art français. Et si une évolution qui s'est produite au xvie siècle a exercé sur nous une influence éphémère, il ne faut pas oublier que ce mouvement, novateur en apparence, avait été préparé par les artistes français qui ont porté, haut et loin, la gloire et la renommée de notre cher pays.

TABLE DES GRAVURES

		Pages.
Figure	1. — Plan d'une des coupoles de Saint-Front, à Périgueux.	19
—	2. — Pendentif d'une des coupoles de Saint-Front, à Périgueux.	20
—	3. — Coupe d'un pendentif sur la diagonale	21
—	4. — Plan d'une des coupoles d'Angoulême ou de Fontevrault.	22
—	5. — Coupe d'une travée des coupoles d'Angoulême.	22
—	6. — Coupe d'une travée de l'église de Saint-Avit-Senieur.	23
—	7. — Plan d'une voûte sur arcs ogifs ou croisée d'ogives.	24
—	8. — Coupe d'un arc ogif ou croisée d'ogives.	25
—	9. — Plan d'une travée de la nef à Saint-Maurice d'Angers	26
—	10. — Coupe transversale de la nef, à Saint-Maurice d'Angers	27
—	11. — Plan d'une travée de la nef. — Sainte-Trinité, à Laval.	28
—	12. — Coupe de deux travées de la nef. — Sainte-Trinité, à Laval.	29
—	13 et 14. — Coupes comparées des églises d'Angoulême et d'Angers	30
—	15. — Vue perspective des voûtes de la nef. — Saint-Maurice, à Angers.	31
—	16. — Plan du sommier des voûtes de la nef. — Sainte-Trinité, à Laval	32
—	17. — Plan d'un des piliers de la nef. — Sainte-Trinité, à Laval.	32
—	18. — Plan de la nef de l'église de Saint-Maurice, à Angers.	34
—	19. — Plan de l'église de la Sainte-Trinité, à Angers.	35
—	20. — Coupe d'une travée de la Sainte-Trinité, à Angers.	36
—	21. — Coupe transversale de la Sainte-Trinité, à Angers.	37
—	22. — Coupe d'une église à nef unique voûtée sur croisée d'ogives et maintenue par des contreforts.	38
—	23. — Coupe d'une église à trois nefs voûtée sur croisée d'ogives et maintenue par des arcs-boutants	39
—	24. — Église de Durham (Angleterre). — Coupe.	43
—	25. — Église de Noyon. — Plan.	44

		Pages.
Figure 26. — Église de Noyon. — Coupe transversale		45
— 27. — Église de Tournai (Belgique). — Transsept nord extérieur		46
— 28. — Église de Moissac. — Voûte de la salle au-dessus du porche		47
— 29. — Église de Tournai (Belgique). — Transsept nord extérieur		47
— 30. — Cathédrale de Soissons. — Transsept sud. — Coupe de l'arc-boutant		48
— 31. — Cathédrale de Soissons. — Vue perspective du transsept sud		49
— 32. — Église de Laon. — Plan		51
— 33. — — — Vue intérieure de la nef		53
— 34. — — — Façade principale		54
— 35. — — — Façade de l'abside		55
— 36. — — — Coupe sur la nef		56
— 37. — Notre-Dame de Paris. — Plan		57
— 38. — — — Coupe sur la nef		58
— 39. — — — Arcs-boutants et tour sud		59
— 40. — Cathédrale de Sens. — Plan d'une travée		60
— 41. — — — Coupe sur la nef		61
— 42. — — — Vue intérieure		62
— 43. — Cathédrale de Bourges. — Coupe sur la nef		63
— 44. — Cathédrale de Reims. — Plan		65
— 45. — — — Coupe sur la nef		67
— 46. — — — Arcs-boutants de l'abside		68
— 47. — Cathédrale d'Amiens. — Plan		69
— 48. — — — Coupe sur la nef		70
— 49. — Cathédrale de Beauvais. — Abside		71
— 50. — — — Façade nord		72
— 51. — — — Coupe transversale		73
— 52. — Cathédrale de Chartres. — Rose du transsept nord		74
— 53. — Cathédrale du Mans. — Plan		75
— 54. — — — Arcs-boutants de l'abside		76
— 55. — — — Coupe sur le chœur		77
— 56. — Cathédrale de Coutances. — Tour nord du portail		78
— 57. — Cathédrale de Rodez. — Façade ouest		81
— 58. — Cathédrale de Bordeaux. — Chœur et portail nord		82
— 59. — Cathédrale de Lichfield (Angleterre). — Façade occidentale		83

TABLE DES GRAVURES.

		Pages.
FIGURE 60.	— Cathédrale de Lincoln (Angleterre). — Plan.	85
— 61.	— — — — Façade occidentale	86
— 62.	— Cathédrale de Lincoln (Angleterre). — Transsept.	87
— 63.	— — — — Abside et salle capitulaire.	89
— 64.	— Cathédrale de Bruxelles (Belgique). — Façade de Sainte-Gudule	91
— 65.	— Cathédrale de Cologne (Allemagne). — Façade latérale sud.	93
— 66.	— Cathédrale de Burgos (Espagne). — Façade occidentale	95
— 67.	— Cathédrale du dôme de Sienne (Italie). — Façade.	96
— 68.	— Eglise de Saint-François, à Assise (Italie). — Abside et cloître.	97
— 69.	— Eglise de Saint-Ouen, à Rouen. — Tour abside et façade sud.	99
— 70.	— Cathédrale d'Albi. — Plan	101
— 71.	— — — Coupe sur la nef.	104
— 72.	— — — Abside.	105
— 73.	— — — Clocher-donjon et face sud.	107
— 74.	— Eglise d'Esnandes. — Eglise fortifiée.	109
— 75.	— Abbaye du Mont-Saint-Michel. — Arcs-boutants du chœur.	110
— 76.	— Abbaye du Mont-Saint-Michel. — Plan du chœur.	111
— 77.	— — — Détails de l'abside	113
— 78.	— Cathédrale d'Alençon. — Façade.	114
— 79.	— Cathédrale de Sainte-Sophie. — Ile de Chypre.	115
— 80.	— Cathédrale de Saint-Nicolas. —	117
— 81.	— - — —	118
— 82.	— Eglise de Sainte-Sophie. —	119
— 83.	— Clocher de Vendôme (France).	121
— 84.	— Campanile, à Florence (Italie).	122
— 85.	— Cathédrale de Bayeux. — Tour clocher.	123
— 86.	— Cathédrale de Senlis. — Tour clocher.	124
— 87.	— Cathédrale de Salisbury (Angleterre). — Tour. Clocher central	126
— 88.	— Eglise de Langrunes (Calvados). — Tour Clocher central	127
— 89.	— Eglise des Jacobins, à Toulouse. — Clocher central.	129

		Pages.
Figure 90.	— Eglise de Saint-Pierre, à Caen. — —	130
— 91.	— Eglise de Saint-Michel, à Bordeaux. — —	131
— 92.	— Cathédrale de Fribourg en Brisgau. — —	132
— 93.	— Cathédrale d'Anvers (Belgique). — —	133
— 94.	— Cathédrale de Reims. — Façade occidentale. — Statuaire..........	141
— 95.	— Cathédrale de Reims. — Façade occidentale. — Statuaire..........	144
— 96.	— Cathédrale de Reims. — Façade occidentale. — Statuaire..........	145
— 97.	— Cathédrale de Reims. — Porte principale. — Statuaire et ornements........	146
— 98.	— Cathédrale de Reims. — Porte principale. — Statuaire et ornements........	147
— 99.	— Cathédrale de Paris. — Porte principale. — Rinceaux........	148
— 100.	— Cathédrale de Paris. — Porte principale. — Rinceaux.	149
— 101.	— Cathédrale de Chartres. — Portail nord. — Statuaire.	150
— 102.	— — — Portail sud. — Statuaire.	151
— 103.	— — d'Amiens. — Porte centrale......	152
— 104.	— — — Portail sud. — Statuaire.	153
— 105.	— — — Stalles du chœur. — Ornements........	154
— 106.	— Abbaye du Mont-Saint-Michel. — Cloîtres. — Ornements........	155
— 107.	— Statuette en bois, xiiie siècle. — Ateliers de la Chaise-Dieu (Auvergne)........	156
— 108 et 108 bis.	— Deux statuettes en ivoire (xiiie siècle). — Ateliers de Paris........	157-158
— 109.	— Statuette en bois (xive siècle). — Ateliers de Paris.	159
— 110 et 110 bis.	— Deux diptyques en ivoire (xive siècle). — Ateliers de l'Ile-de-France........	160-161
— 111 et 111 bis.	— Diptyque et plaque en ivoire (xive siècle). — Ateliers de l'Ile-de-France........	162-163
— 112.	— Tête en vermeil repoussé (xiiie siècle). — Ateliers des orfèvres de Paris.........	164
— 113.	— Groupe en bois sculpté (xve siècle). — Ateliers d'Anvers.........	165
— 114.	— Statuette en bois peint et doré (xve siècle). — Ateliers de Bruxelles.........	166

TABLE DES GRAVURES.

Pages.

- FIGURE 115. — Statuette en bois peint doré (xvie siècle). — Ateliers de Munich (Allemagne). 167
- — 116. — Cathédrale de Cahors. — Peintures. — Projection horizontale de la coupole. 169
- — 117. — Cathédrale de Cahors. Peintures. — Dessin d'un des prophètes de la coupole. 171
- — 118. — Cathédrale de Cahors. — Peintures. — Fragment de la frise centrale de la coupole. 173
- — 119-120. — Vitraux du commencement du xiie siècle. — Église de Saint-Remi, à Reims. 176
- — 121. — Vitrail du xiie siècle. — Eglise de Bonlieu (Creuse). 177
- — 122. — Vitrail du xiiie siècle. — Cathédrale de Chartres. . 178
- — 123. — Vitrail du xiiie siècle. — Cathédrale de Chartres. . 179
- — 124. — Vitrail du xiiie siècle. — Eglise de Saint-Germer, à Troyes. 180
- — 125. — Vitraux du xive siècle. — Eglise de Saint-Urbain, à Troyes. 181
- — 126. — Vitrail du xive siècle. — Cathédrale de Châlons-sur-Marne. 183
- — 127. — Vitrail du xve siècle. — Cathédrale d'Evreux. . . 184
- — 128. — Email du xie siècle. — Plaque-couverture d'un manuscrit 185
- — 129. — Email du xiiie siècle. — Plaque-couverture d'un évangéliaire. 187
- — 130. — Émail du xiiie siècle. — Châsse-reliquaire de saint Thomas Becket. 188
- — 131. — Émail du xvie siècle. — Notre-Dame des Sept-Douleurs. 189
- — 132. — Abbaye du Mont-Saint-Michel. — Cloître (xiiie siècle). 192
- — 133. —   — de Cluny. — Porte d'entrée. 203
- — 134. —   —   — Plan. 205
- — 135. —   —   — Porte de l'église abbatiale. . 207
- — 136. —   — de Saint-Étienne, à Caen. — Façade. . . . 215
- — 137. —   — de Saint-Alban (Angleterre). 216
- — 138. —   — de Montmajour. — Cloître. 217
- — 139. —   — d'Elne. — Cloître. 218
- — 140. —   — de Fontfroide. — Cloître. 219
- — 141. —   — de Maulbronn (Wurtemberg). — Plan. . . 221
- — 142. —   — de Fontevrault. — Cuisines. 223
- — 143. — Cathédrale du Puy-en-Velay. — Cloître. 224
- — 144. — Abbaye de la Chaise-Dieu. — Cloître. 225

L'ARCHITECTURE GOTHIQUE

	Pages.
FIGURE 145. — Chartreuse de Villefranche de Rouergue. — Plan	228
— 146. — — — — Vue cavalière	229
— 147. — Grande-Chartreuse. — Cloître	231
— 148. — — — Vue générale	232
— 149. — Abbaye du Mont-Saint-Michel. — Vue d'ensemble	234
— 150. — — — — Plan au niveau de l'entrée	235
— 151. — Abbaye du Mont-Saint-Michel. — Plan au niveau de l'église basse	236
— 152. — Abbaye du Mont-Saint-Michel. — Plan au niveau de l'église haute	238
— 153. — Abbaye du Mont-Saint-Michel. — Coupe du nord au sud	240
— 154. — Abbaye du Mont-Saint-Michel. — Coupe de l'ouest à l'est	241
— 155. — Abbaye du Mont-Saint-Michel. — Galerie dite de l'Aquilon	242
— 156. — Abbaye du Mont-Saint-Michel. — Face nord	244
— 157. — — — — L'aumônerie	245
— 158. — — — — Un des tympans du cloître	246
— 159. — Abbaye du Mont-Saint-Michel. — Le cellier	247
— 160. — — — — Le réfectoire	248
— 161. — — — — Salle du chapitre dite des chevaliers	249
— 162. — Mont-Saint-Michel en Cornouailles (Angleterre)	251
— 163. — Abbaye du Mont-Saint-Michel. — Entrée. — Châtelet	254
— 164. — Cité de Carcassonne. — Remparts sud-est	258
— 165. — — Remparts nord-ouest	259
— 166. — Forteresse de Kalaat-el-Hosn. — Coupe	262
— 166 bis. — — Vue d'ensemble	263
— 167. — Cité de Carcassonne. — Plan au XIIIe siècle	264
— 168. — — Remparts, angle ouest-sud	265
— 169. — Enceinte d'Aigues-Mortes. — Faces est et sud	266
— 170. — Enceinte d'Avignon. Courtines et tours	267
— 170 bis. — *Hourds* en bois et en pierre	268
— 171. — Remparts de Saint-Malo	269
— 172. — Mont-Saint-Michel. — Face sud	272

TABLE DES GRAVURES. 379

Pages.
FIGURE 173. — Mont-Saint-Michel. — Face sud. — Restitution
graphique................... 273
— 174. — Château d'Angers............ 276
— 175. — — de Carcassonne.......... 278
— 176. — — de Loches. — Donjon........ 279
— 177. — — de Falaise. — Donjon........ 282
— 178. — — de Lavardin. — Donjon........ 283
— 179. — Donjon d'Aigues-Mortes........... 284
— 180. — Château de Province. — Donjon...... 285
— 181. — — de Chinon............ 287
— 182. — — de Clisson. — Donjon....... 288
— 183. — — de Villeneuve-lez-Avignon....... 289
— 184. — — de Tarascon............ 290
— 185. — — de Vitré............ 292
— 186. — Cité de Carcassonne. — Porte du château..... 295
— 187. — — Porte des Lices...... 296
— 188. — — Porte Narbonaise..... 297
— 189. — Enceinte d'Aigues-Mortes. — Pont-levis..... 298
— 190. — — de Dinan. — Porte du Jerzual...... 299
— 191. — Château de Vitré. — Porte du châtelet...... 301
— 192. — Enceinte de Guérande. — Porte Saint-Michel.... 302
— 193. — — du Mont-Saint-Michel. — Porte du Roi.. 305
— 194. — Entrée du port de la Rochelle.......... 306
— 195. — Pont d'Avignon............. 307
— 196. — — de Montauban.............. 309
— 197. — — de Cahors............. 310
— 198. — — d'Orthez............. 312
— 199. — — fortifié au Mont-Saint-Michel........ 313
— 200. — Maison commune, à Saint-Antonin (Tarn)..... 316
— 201. — Grange des Perrières (Calvados).......... 318
— 201 bis. — Grange des Perrières (Calvados). — Coupe... 319
— 201 ter. — — — Plan.... 319
— 202. — Grange aux dîmes, à Provins........... 320
— 203. — Grenier d'abondance. — Abbaye de Vauclair... 321
— 204. — Hôpital d'Angers.............. 322
— 205. — Hôpital d'Ourscamps (Oise)........... 323
— 206. — Maladrerie du Tortoir (Aisne).......... 325
— 207. — Hôpital de Tonnerre (coupe).......... 327
— 208 et 208 bis. — Maisons à Cluny........... 330-331
— 209-210. — Maisons à Vitteaux et à Saint-Antonin..... 332

L'ARCHITECTURE GOTHIQUE.

		Pages.
Figure 211-212. — Maisons à Provins et à Laon		333-334
— 213. — Maison à Cordes-Albigeois		335
— 214. — Maison au Mont-Saint-Michel		337
— 215-216. — Maisons en bois à Rouen et aux Andelys		338-339
— 217. — Hôtel Lallemand à Bourges		341
— 218. — Hôtel de Jacques Cœur à Bourges		342
— 219. — Maison commune à Pienza (Italie)		345
— 220. — Maison commune et beffroi d'Ypres (Belgique)		347
— 221. — Halle et beffroi à Bruges (Belgique)		348
— 222. — Hôtel de ville à Bruges (Belgique)		349
— 223. — Hôtel de ville à Louvain (Belgique)		351
— 224. — Beffroi de Tournai (Belgique)		353
— 225. — Beffroi de Gand (Belgique)		355
— 226. — Beffroi de Calais (France)		357
— 227. — Beffroi de Béthune (France)		359
— 228. — Beffroi d'Evreux (France)		360
— 229. — Beffroi d'Avignon (France)		361
— 230. — Porte. — Beffroi. La grosse cloche, à Bordeaux		362
— 231. — Bourse (la Loge), à Perpignan		363
— 232. — Palais épiscopal, à Laon		365
— 233. — Palais archiépiscopal, à Albi. — Plan		366
— 234. — — — Vue d'ensemble		367
— 235. — Palais des Papes, à Avignon. — Plan		368
— 236. — — — Vue d'ensemble		370

TABLE DES MATIÈRES

                                                Pages

INTRODUCTION 5

PREMIÈRE PARTIE

L'ARCHITECTURE RELIGIEUSE

CHAPITRE Ier. — Influence de la coupole sur l'architecture dite gothique. 13
— II. — Origine de la croisée d'ogives. 18
— III. — Premières voûtes sur croisée d'ogives. 26
— IV. — Édifices voûtés sur croisée d'ogives. 33
— V. — Origine de l'arc-boutant 41
— VI. — Églises et cathédrales des XIIe et XIIIe siècles. . . 50
— VII. — Cathédrales du XIIIe siècle 64
— VIII. — Cathédrales et églises des XIIe et XIVe siècles. . 80
— IX. — Églises des XIVe et XVe siècles, en France et en Orient. 98
— X. — Tours ou clochers. Chœur. — Chapelles. 120
— XI. — La sculpture. 143
— XII. — La peinture 168

DEUXIÈME PARTIE

L'ARCHITECTURE MONASTIQUE

CHAPITRE Ier. — Origine. 193
— II. — Abbayes de Cluny, de Cîteaux et de Clairvaux. . 201
— III. — Abbayes et chartreuses. 213
— IV. — Abbayes fortifiées. 233

TROISIÈME PARTIE

L'ARCHITECTURE MILITAIRE

	Pages.
Chapitre 1er. — Enceintes de villes.	255
— II. — Châteaux et donjons.	275
— III. — Portes et ponts	293

QUATRIÈME PARTIE

L'ARCHITECTURE CIVILE

Chapitre 1er. — Granges, hôpitaux, maisons et hôtels	317
— II. — Maisons communes, beffrois, palais.	343

Table des gravures 373

FIN DES TABLES

Lib.-Imp. réunies, 7, rue Saint-Benoit. Paris. — 11903.

ALCIDE PICARD et KAAN, Éditeurs, 11, rue Soufflot, PARIS

BIBLIOTHÈQUE
DE L'ENSEIGNEMENT DES BEAUX-ARTS

PUBLIÉE SOUS LE PATRONAGE DE L'ADMINISTRATION DES BEAUX-ARTS
Couronnée par l'Académie française (Prix Montyon)
et par l'Académie des Beaux-Arts (Prix Bordin)

Directeur de la publication : M. Jules Comte
Ancien inspecteur général des Écoles des Beaux-Arts

Chaque volume, de format in-4° anglais, est imprimé avec luxe sur papier teinté. Il contient environ 400 pages, illustrées de 150 à 200 gravures inédites, spéciales à la collection et exécutées d'après les originaux.

Prix de chaque volume broché............ 3 fr. 50
Reliure artistique, pleine toile........... 4 fr. 50
Demi-reliure d'amateur................ 6 fr. »

57 VOLUMES PARUS

Anatomie artistique (l') par M. MATHIAS DUVAL, membre de l'Académie de médecine, professeur d'anatomie à l'École des Beaux-Arts.

Anatomie plastique (Histoire de l') par MM. MATHIAS DUVAL, et EDOUARD CUYER, professeur suppléant d'anatomie à l'École des Beaux-Arts de Paris, professeur à l'École des Beaux-Arts de Rouen.

Archéologie chrétienne (l'), par M. PÉRATE, ancien membre de l'École française de Rome.

Archéologie égyptienne (l'), par M. MASPERO, membre de l'Institut, professeur au Collège de France.

Archéologie étrusque et romaine (l'), par M. MARTHA, ancien membre de l'École française d'Athènes, maître de conférences à la Faculté des Lettres de Paris.

Archéologie grecque (l'), par M. MAX COLLIGNON, professeur d'Archéologie à la Faculté des Lettres de Paris.

Archéologie orientale (l'), par M. E. BABELON, bibliothécaire au département des Médailles et Antiques de la Bibliothèque nationale.

Architecture gothique (l'), par M. ED. CORROYER, inspecteur général des édifices diocésains.

Architecture grecque (l'), par M. V. LALOUX, architecte du Gouvernement.

Architecture de la Renaissance (l'), par M. LÉON PALUSTRE.

Architecture romane (l'), par M. ED. CORROYER.

Armes (les), par M. M. MAINDRON.

Art arabe (l'), par M. AL. GAYET.

Art byzantin (l'), par M. BAYET, directeur de l'Enseignement supérieur au ministère de l'Instruction publique.

Art chinois (l'), par M. PALÉOLOGUE secrétaire d'ambassade.

Art des jardins (l'), par M. GEORGES RIAT, bibliothécaire au cabinet des Estampes.

Art de la Verrerie (l'), par M. GERSPACH, directeur de la Manufacture nationale des Gobelins.

Art héraldique (l'), par M. GOURDON DE GENOUILLAC.

Art indien (l'), par M. MAURICE MAINDRON.

Bibliothèque de l'Enseignement des Beaux-Arts (Suite)

Art indo-chinois (l'), par M. A. De Pouvourville.

Art japonais (l'), par M. L. Gonse, membre du Conseil sup. des Beaux-Arts.

Art persan (l'), par M. Al. Gayet.

Broderie et Dentelles, par M. Lefebure, manufacturier.

Composition décorative (la), par M. Henri Mayeux, architecte du Gouvernement, professeur d'art décoratif à l'École nationale des Beaux-Arts.

Costume en France (le), par M. A. Renan.

Faïence (la), par M. Th. Deck, directeur de la Manufacture de Sèvres.

Gravure (la), par M. le Vic. H. Delaborde, secrétaire perpétuel de l'Académie des Beaux-Arts.

Gravure en pierres fines (la), par M. E. Babelon.

Lexique des termes d'Art, avec 1400 figures, par M. Jules Adeline.

Lithographie (la), par M. H. Bouchot, conservateur du département des Estampes de la Bibliothèque nationale.

Livre. Impression et reliure (le) par M. H. Bouchot.

Manuscrits et la Miniature (les), par M. Lecoy de la Marche.

Meuble (le), t. I et II, par M. Alfred de Champeaux, inspecteur des Beaux-Arts à la Préfecture de la Seine.

Monnaies et Médailles, par M. F. Lenormant, membre de l'Institut, professeur d'archéologie près la Bibliothèque nationale.

Mosaïque (la), par M. Gerspach, directeur de la Manufacture nationale des Gobelins.

Musique (la), par M. H. Lavoix fils, administrateur de la Bibliothèque Sainte-Geneviève.

Musique allemande (la), par M. Albert Soubies.

Musique française (la), par M. H. Lavoix fils.

Musique en Russie (la), par M. Albert Soubies.

Mythologie figurée de la Grèce (la), par M. Max. Collignon.

Peinture anglaise (la), par M. Ernest Chesneau, ancien inspecteur des Beaux-Arts.

Peinture antique (la), par M. Paul Girard, ancien membre de l'École française d'Athènes, maître de conférences à la Faculté des Lettres de Paris.

Peinture espagnole (la), par M. Paul Lefort, inspecteur des Beaux-Arts.

Peinture flamande (la), par M. A. J. Wauters, couronné par l'Académie royale de Belgique.

Peinture française (la), du IXe siècle à la fin du XVIe, par M. P. Mantz, avec une introduction par M. O. Merson.

Peinture française (la), aux XVIIe et XVIIIe siècles, par M. O. Merson.

Peinture hollandaise (la), par M. Henry Havard, inspecteur des Beaux-Arts.

Peinture italienne (la), t. I, par M. Georges Lafenestre, conservateur au Musée du Louvre, membre de l'Académie des Beaux-Arts, professeur au Collège de France.

Porcelaine (la), par M. Vogt.

Précis d'Histoire de l'Art, par M. Bayet.

Procédés modernes de la Gravure (les), par M. A. de Lostalot, secrétaire de la rédaction de la *Gazette des Beaux-Arts*.

Sceaux (les), par M. Lecoy de la Marche, des Archives nationales.

Sculpture antique (la), par M. P. Paris, ancien membre de l'École française d'Athènes, maître de conférences à la Faculté des Lettres de Bordeaux.

Styles français (les), par M. Lechevallier-Chevignard.

Tapisserie (la), par M. Eug. Muntz, conservateur de la Bibliothèque des Archives et du Musée à l'École des Beaux-Arts.

Vitraux (les), par M. O. Merson.

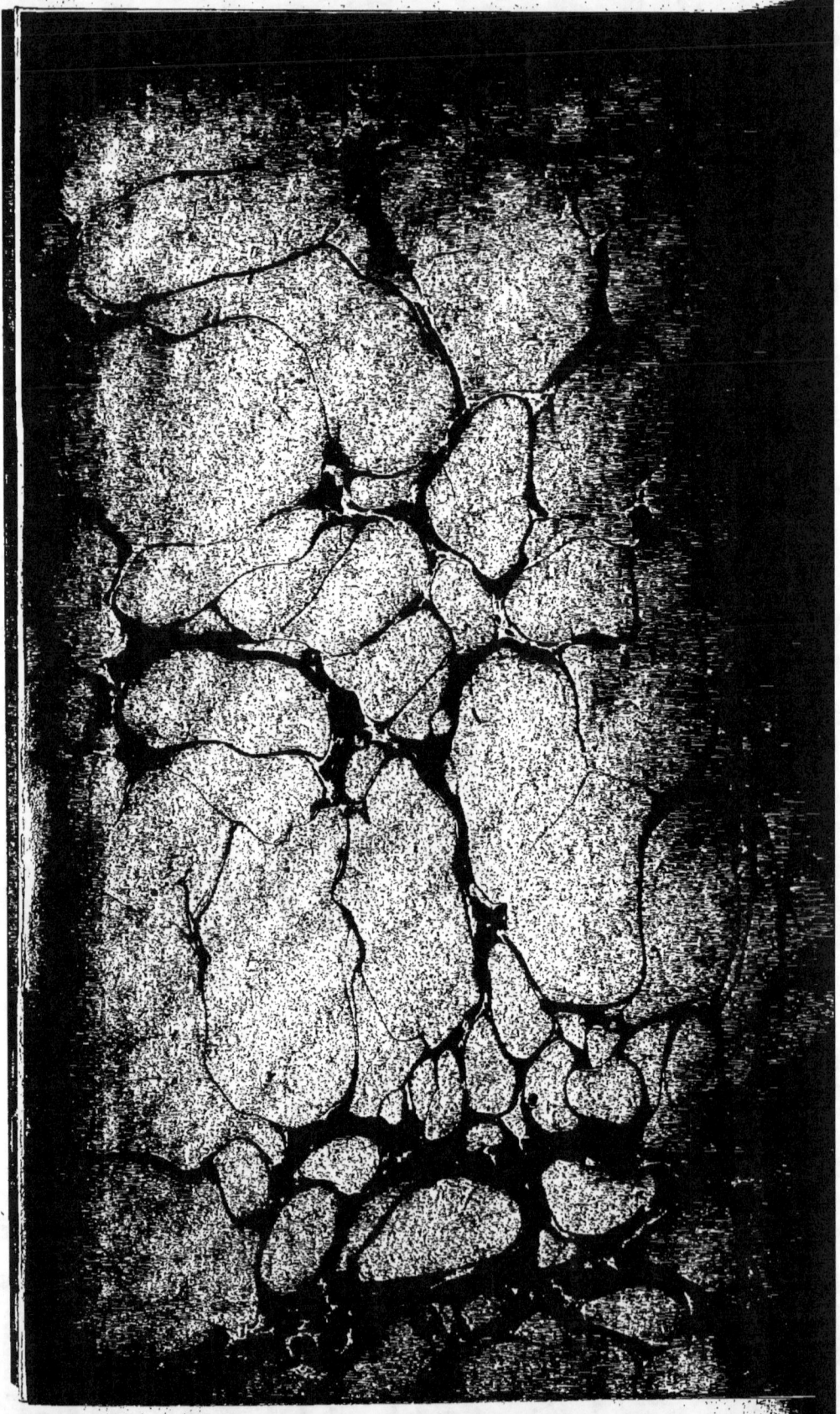

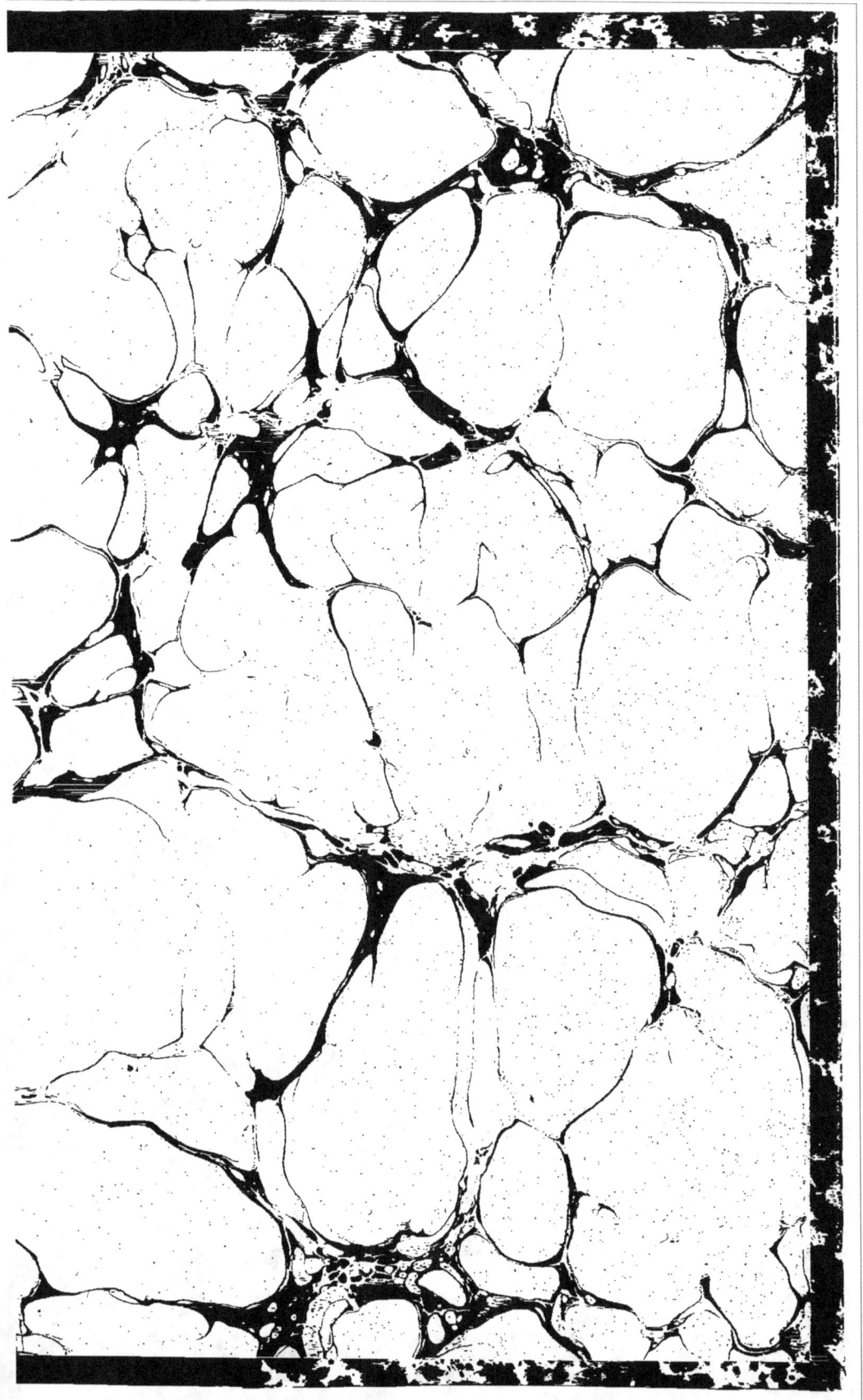